幼兒園課程設計

盧美貴　總主編

盧美貴　黃月美　黃秋華　著

五南圖書出版公司 印行

總主編序

半畝方塘一鑑開，天光雲影共徘徊。
問渠哪得清如許？爲有源頭活水來。

　　　　　　　　　　　　　　　　　—— 宋・朱熹

　　「五南」文化事業機構創立於民國64年（1975），歷經風華絕代的半個世紀，以出版人文、社會、學術著作和大專教材爲主體，是個全方位的卓越出版機構；堅持傳播文化和弘揚學術爲其宗旨。楊榮川董事長和楊士清總經理更於民國106年（2017）時成立經典永恆、名著常在的「經典名著文庫」——我被這對父子及團隊勇於梳理與出版經典名著的「智慧」與「理想」所震攝～在平面媒體出版逐漸式微的年代，他們成爲「中流砥柱」的王者先鋒，與出版界的風骨典範。

　　「幼兒教育」總扮演著叫好不叫座的角色，楊秀麗總編輯和黃文瓊副總編輯邀約我擔任教保系列的「總主編」。抱持著一生懸命的幼教專業與熱忱，邀約臺灣幼保界理論與實務俱佳的重磅泰斗名師，他們在日理萬機之餘，願意沉澱與精鍊他們在教保殿堂耕耘多年的心血結晶，將其公諸於世，分享給幼教界的夥伴。除了感謝五南圖書出版公司協力的支持外，近二十位菁英學者專家們，不遺餘力的從爽快答應到孜孜矻矻埋首專書的撰寫，感謝學者專家們願意協助我完成這椿「專業」與「志業」的教保大夢——特別在此表示我萬分的敬意與謝意：

- **幼兒園課程設計**

  盧美貴（亞洲大學幼教系講座教授）

  黃秋華（屏東大學幼教系助理教授）

  黃月美（台灣首府大學幼教系前助理教授）

- **高瞻課程—理論與實踐**

  郭李宗文（臺東大學幼教系教授）

  吳茉莉（臺東高瞻及多多璐幼兒園園長）

- **幼兒認知與學習—歷程導向的幼兒課程與教學**

  黃秋華（屏東大學幼教系助理教授）

- **幼托專業倫理**

  沈繻淯（台南應用科技大學幼保系副教授）

  高家斌（南臺科大幼保系教授）

  林以凱（朝陽科大師培中心助理教授）

- **幼兒教育—政策與課程**

  盧美貴（亞洲大學幼教系講座教授）

  黃月美（台灣首府大學幼教系前助理教授）

- **幼兒語言發展**

  卓美秀（亞洲大學幼教系助理教授）

- **幼兒園行政**

  蕭美華（臺北市立大學幼教系副教授）

- **幼兒園融合教育—課程調整與實踐**

  宣崇慧（嘉義大學幼教系教授）

- **幼兒園教材教法**

  陳昇飛（亞洲大學幼教系副教授）

- **教育哲學—幼兒園教室理論與實踐**

  郭木山（臺中教育大學、暨大、亞大等多校兼任助理教授）

- **兒童氣質發展**

  王珮玲（臺北市立大學幼教系教授）

- ## 幼兒園課程經營

  蔡佳燕（東華大學副教授）

  潘瑩芳（花蓮大進國校附幼教師兼主任）

  陳淑美（花蓮明恥國小附幼教師）

　　臺灣的幼兒教育多年來一直存在著「多個」一元共存，而非真正立基於幼兒園本位課程的「多元」。期待這套教保系列書籍的出版，引領臺灣幼教夥伴們的思想模式，不再是被「綁架」的「獨白」，而是在深度「理解」課程意義的蘊涵後，回歸教育本質──練就「自慢」絕活的功夫，成就一名海闊天空的專業「創客」……

盧美貴

亞洲大學人文社會院

幼兒教育學系

2021年元月20日

作者序

改革是旅程　不是一張既定的藍圖

　　沒有人能左右變化，我們選擇走在變化之前……

　　改革是非線性的，旅程中充滿各種不確定性與變數，改革宛若「乘著一艘會漏水的破船，在不合作的水手駕駛下，駛向沒有航海圖水域的有計畫的旅程。」

—— Fullan M.

　　自從1918年Bobbitt出版《課程》（*The Curriculum*）一書以來，課程研究才逐漸成為一門獨特的領域，此後各大學紛紛成立課程實驗室。課程研究學會於1936年成立，至1940年「課程」才成為大學學系中的新成員，各種有關課程的專書也在此時如雨後春筍般的出籠，此時課程研究儼然成為教育學中的「顯學」。

　　科學實證典範時期（1918-1960）以Bobbitt、Bruner和Tyler等為代表，強調「工具理性」、「工作分析」，課程發展以有效達成目標作為評量，課程在一個標準化及合理化的過程下進行，其目標是可控制且可預期的；然而此一時期的線性發展（linear approach）卻忽略了學習過程中，「價值」的問題和學校以外「社經」的因素。

　　再概念化時期（1970-1980）以Greene和Willis等為代表，希望把泰勒（Tyler）工具理性中過於線性的「技術」模式，充分把握學習者與教師之間有意義及價值創造的過程。因此，課程開始強調人的價值、情感、直覺和意義的創造，兼具理性與浪漫，同時也是師生共同參與的歷程，這個百花齊放的階段被稱為「課程研究第三勢力」（the third in curriculum studies）。

　　後現代多元文化時期（1980-至今）以Pinar、Doll等為代表，量化和質性研究的結合，使得「人種誌研究」對教室、學校生活等「敘述研究」（narrative inquiry）和行動研究，展開課程本質的探討和意義、價值和創造等社會實踐的行動研究。無可諱言的認可與尊重「他人的他性」（other's otherness），以及「對話性會話」就成了後現代課程核心發展的重點：「跨界」或「跨領域」的「間際」（in-between）對話與合作，成了後現代課程核心研究之所在。

　　把西方近百年的課程發展分做三階段特色的概述，主要說明每當這20多年來我在和學生進行「幼兒園課程設計」探討，尤其是幼兒園課程類型設計或創新課程在幼兒園的實踐時，我幾乎是無法呈現系列完整的有關「臺灣」、「華人」，甚或「東方」本土幼兒園的課程設計。我常在臺灣外來重要幼兒教育課程類型的講述後，和學生討論「文化霸權」，像是殖民帝國在政治、經濟及軍事上宰割東方國家，如：菲律賓、印度和臺灣等，連同教育文化也都受其控制與影響。臺灣成為歐美心理與教育學的附庸，當然這也包括「臣服式」的「邊陲」概念，包括理論、概念和工具等，顯然缺乏臺灣本土的創造性，也未見原生的理論和方法，我們是未經分析、批判就採用或複製模仿歐美。人們往往把「現代化」誤解等於「西化」，這是在「創新」與「轉化」方面顯得有氣無力的重要原因。華人或臺灣人的「文化」應有其「自發性」與「獨特性」，否則充其量只能亦步亦趨成為他國學術的「附庸」。華人或臺灣文化學者跨領域的研究，或可提供臺灣目前「淺層化」的移植，或者空有西方的「殼」，卻沒有臺灣當地子民特殊文化脈絡與價值體系，亦即缺乏「靈魂」的教育與課程論述，這是我自己的想法，相信本書合撰的兩位學者教授也應與我有同感，這也就是作者執教多年本課程卻遲遲未敢動筆撰寫成書的原因。而今撰寫此──《幼兒園課程設計》並不是表示作者已參透或頓悟「華人」或「臺灣」的教育文化脈絡，我只是想開啟另一扇置身其中（situated）、由內向外（in sider）觀看世界的立論及觀點，藉此呼朋引伴──「華人」文化工作夥伴，共同解惑與早日研發有成，注入幼教課程活水的「華人」本土

教育及課程的元素。

　　本課程內容分成十章，除一般課程應有的基本概念與理論基礎外，也融入了教保活動課程大綱理念與統整課程的實施，更重要的是本書提供六種臺灣目前幼兒園常用，但有些幼兒園可能還須提點或加深加廣其案例示範的參考。因此，單元、華德福、方案、蒙特梭利、高瞻和幼兒園本位課程，我們在理論的敘述外，案例的設計與精選是本書「畫龍點睛」的重點。「創新特色課程」在幼兒園的實踐，是近日教學火紅的課題，也是「摘星祕密客」（Food Hunter）王凱傑（Jason Wang）主持人，發現「米其林」主廚的創作祕密——「米其林」桂冠的榮銜不是只有在「廚房」的動手或舌尖上的工夫，作者深受其用味蕾記錄旅程，用手腳親自翻山越嶺踏查當季食材或農場特產，這些「摘星」的祕密客深入捷克、奧地利和匈牙利等地，在視覺口感上，都帶來了美食「本土」與「創新」的革命……。

　　「摘星祕密客」用「行腳」證實這些餐點之所以榮登「米其林」寶座的實事求是，這或可給臺灣幼兒園多年來總在top-down的教學法打轉繞圈，而非真正落實在了解自己幼兒園的「體質」需求後，量身訂做適合自己幼兒園文化與人、事、物、地特色願景實現的「多元」價值。

　　臺灣幼兒園課程要「根植中華・花開國際」絕非一朝一夕可及，但只要「幼教人」明白臺灣幼兒園的課程及其設計，不能永遠「複製」西方國家而成為「附庸」，有了這些覺知與點點滴滴的努力，相信以「華人」或「臺灣」為「主體」的在地化的課程總有實現的一天……。

　　承蒙五南圖書出版公司黃文瓊副總編輯的厚愛，邀我主編「教保系列」專書，《幼兒園課程設計》是此系列中第一本出版的專書。本書醞釀籌劃多年，我是抱著要叫好又叫座的心情與努力——章節系統周延、內容深入淺出、有理論又具實踐性，期待能獲得使用本書的學者專家和學生們的愛不釋手……。

　　緯來「摘星祕密客」對米其林「美食」製作、採訪與食材探源的專注與用心，是這本書撰寫與出版的「榜樣」。我和兩位作者創新與創意的介

紹臺灣幼教課程的史脈，同時展望臺灣幼教課程的翻轉未來，我相信「教學摘星客」（Teaching Hunter）的「桂冠」應可指日而待！當然更期許「幼教」好夥伴們給予本書更多的提點，以及更豐足另類創意教學法的建議。

　　這本書共同作者黃月美與黃秋華兩位教授，以其專業與敬業加入撰寫此書的行列，是我要深表敬意與謝意的；陳伯璋講座教授在《幼兒園課程設計》的構思與撰寫，總是扮演著宮牆萬仞亦師亦友，仰之彌高的「隱形者」角色，我把這份專業與志業獻給在另一個國度的「他」。許淑蘋、盧宜芳和黃美辰三位同學勤謹的協助打字與校閱是我要稱許的；感謝蕭世育、林昱嫺、郭美雲、張美惠、吳茉莉、陳嵐儀、陳韶聿、陳凱音，以及周思妤等人，提供各類優秀創新的教學案例，謝謝各位園長、老師和學生們，共構協力完成這本醞釀多年，以及期待已久的《幼兒園課程設計》專書出版。

　　「自慢」是一個人對生命的承諾與永遠的志業追求，「一生懸命」是我為學與工作的認真態度，還盼我摯愛的「幼教人」共同砥礪和給予指教……。

盧美貴

亞洲大學幼兒教育學系

人文社會學院

2021年元月太極湖畔

目錄　Contents

課程的基本概念

CHAPTER 1

🙂第一節　課程定義與課程結構

壹、課程定義

一、「課程」用詞的歷史溯源

　　「課程」一詞，在我國文獻中最早見於唐朝孔穎達對《詩經·小雅·巧言》的作疏：「教護課程，必君子監之，乃得依法制也。」不過，這裡「課程」的詞義是「監督進度」，和當今一般所理解的「課程」並不相同。

　　宋代朱熹在《朱子全書》〈論學〉中多次使用「課程」一詞，如「寬著期限，緊著課程」、「小立課程，大作工夫」等。這裡的「課程」，指的是功課及其進程，已經相當接近現在人們對「課程」的理解，意指功課、課業的章程或進程（楊龍立，2014）。

　　在西方，「課程」一詞源自拉丁文currere，原意是指「跑道」（race-course），隱含學習時間的結構化，以及包含一套可以被完成的程序，因而「結構」、「程序」、「完成」就成為一般用來表述「課程」的中心概念（Reid, 1999），指的是學生所遵循的、長期的學習計畫與內容，而不單是簡短的教學單元（Hamilton, 1989）。

二、課程的定義

　　因為不同的教育研究典範，以及研究視角的差異，課程的定義有不同的論述方式和重點。綜合各文獻可以歸納為下列幾項：

(一) 課程即科目──將課程視為學科、學習內容或科目的總和

　　1. 課程是所有科目知識的總和（Phenix, 1962）：例如Hutchins（1936）認為課程是由固定的學科所構成，包含文法規則、閱讀、修辭學與邏輯學、數學，甚至還包含西方世界的經典書籍。Bestor（1956）則是主張課程基本上包含母語、數學、自然科學、歷史及外語等五大領域的學科科目。

2. **課程是教材的內容**：認為課程是條列出來的教材內容綱要，也就是「教材大綱」（Bruner, 1967），或有教師認為課程是學校所教導的「科目」（Wills, Schubert, Bullough, Kridel, & Holton, 1994），甚至認為課程是出版社編輯設計出版的「教科書」（Glatthorn, 1987）。

(二) 課程即目標——強調有意圖的學習結果

Tyler（1949）認為從教育行政和管理層面而言，課程是學校為學習者所規劃、主導的所有學習活動，而學習者的學習目的在於達成教育目標。

1960年代，教育場域格外重視績效責任（accountability），認為課程是教育的實施成效和結果（Wiles & Bondi, 2007），例如Johnson（1967）主張課程是一系列具有結構性的、預期的學習結果，而Pophan和Baker（1970）則認為課程是學校所負責之有計畫的學習結果。

課程即目標的論點，是將課程定義為有意圖的學習目標和學習結果，並從行政管理的角度，強調達成教育目標的績效責任。

(三) 課程即計畫——強調學校規劃的學習活動和程序

Taba（1962）主張課程是學習的計畫，包含了目的與目標、內容之組織與選擇、教與學的模式、對學習結果的評價等要素。MacDonald和Leeper（1965）認為課程是教學前的計畫；Saylor、Alexander和Lewis（1981）則主張課程是有計畫的學習程序，在於達成廣泛的教育目的；Oliva（2005）說明課程是為學生設計的一種計畫或方案，讓學生獲得在學校指導下的一切學習經驗。

課程即計畫的觀點，雖同樣強調教育目標的達成，但重視教育過程的程序性和計畫性。

(四) 課程即經驗──強調學生在學習過程所獲得的整體經驗

廣義的課程，是指學生所應對和經歷的一切（Bobbitt, 1918）；是學校所設立的具有程序的經驗，透過團體思考活動方式，教育兒童和青少年（Smith, Stanley, & Shores, 1957）；或是學習者在學校的指導下，藉由正式和非正式的學習內容和過程，而獲得之知識、技能、評論和價值（Doll, 1996; Sowell, 2000）；也是一套價值觀或目標的組合，透過教育過程提供給學生的整體學習經驗（Wiles & Bondi, 2007）。

課程即經驗的定義，以更為廣泛的教育觀點，將課程視為學生在學習過程，經由正式和非正式的學習，所經歷到的所有知識、技能、態度和價值觀等整體經驗。

(五) 課程即研究假設──重視教師專業，強調課程的理論性及教育行動的實驗性質

Stenhouse（1975, 1983, 1985）認為課程計畫提供的各種教材或素材，都只是師生進行探究和學習的材料或文本，有待教師與學生在課堂中進行批判考驗和探究，所以「課程」是有待教師在實際教學脈絡中，加以檢驗的一套「研究假設」。

課程即研究假設的觀點，強調課程的理論性質，主張教師必須透過專業的教育行動，展現課程的理念和價值，教師的專業責任包含在教學實踐的過程，審慎評估、接受、修正或拒絕這些來自社會文化／心理學與發展／社會歷史觀點的理論假設，或普遍性的原理原則。

(六) 課程即文化符號的再現和創造──強調課程生成的動態樣貌，重視人在教育情境中的主體性

Schubert（1986）指出課程受到歷史背景、時代脈絡、哲學與政策等各種因素影響，呈現出不同的樣貌。從Tyler的工具理性典範、實踐的典範，以及批判實踐的典範，以至於再概念化學派（reconceptualization）的興起，「課程」的定義不斷發生變化，也不斷被賦

予新的範疇和功能。

　　前文提及西方「課程」詞源來自拉丁文currere，原意是指「跑道」作為名詞，視課程為「事實」（facts）或「產品」（products），例如目標、科目、計畫、經驗或學習結果。但課程學者Pinar（1988）則從詞源的涵義重新詮釋currere的動詞形式，強調課程最重要的本質是「在跑道上奔跑」，也就是實踐；或是動名詞，指正在發生的變化或生成（becoming）。

　　再概念化學派學者Pinar（1995）指出，Tyler的工具理性典範以一種系統化的概念，將課程視為達成既定目標的工具，「課程」被窄化為一套預定的計畫或結構化的教材，課程發展則成了生產這些計畫或教材的系統化程序。而Pinar等人（1995）則從「理解課程」（understanding curriculum）的角度，將課程視為符號的再現（symbolic representation），認為理解課程就是理解符號的再現，而這些符號與制度、論述的實踐、結構、意象及經驗等，有密切的關聯，可以運用不同的方式加以界定和分析。

　　再概念化學派主張課程是教師與學生共同建構的學習經驗，在互動歷程不斷開展新的論述空間，強調從符號的再現，來理解課程對人的意義。一方面說明某種教育觀、知識觀，隱含對教育情境中「人」的定位，尤其是教師與學生的主體位置；另一方面，透過文本和課程論述的過程，生成課程的新樣貌，也產生對符號表徵意義的詮釋、論述或創造，試圖透過論述（discourse）或敘述（narrative）提供新的課程理論的可能性（Pinar, 2015）。

　　Malewski（2010）評論再概念化學派的「理解課程」，將課程論述視為不同的文本，此後，文化研究、批判的種族理論、批判地理學、後人類等進入課程領域，課程研究已成了不連續的、斷裂的、科際整合的領域，歷經再概念化後，課程將成為動態的、充滿緊張的競技場。

　　幼教領域對教保活動設計的重視，更甚於對課程發展或課程理解的關注，尤其臺灣的幼教場域，經常運用幾種幼教課程模式，我們更

需要以歷史的觀點，批判地審視這些模式所根據的哲學基礎和理論論述體系，以及在幼兒教育歷史過程的演變和意義。「課程理解」強調課程生成的動態樣貌，重視人在文化中的主體位置，引入跨學科的論述和視野，對以發展心理學為主流論述的幼兒教育課程而言，更具有啟發性。

貳、課程結構

上述課程定義的演變，說明課程不只是被視為教材或知識內容，還有學生在學校從正式和非正式的學習形式所經歷之「計畫中」或「未計畫」的知識、技能、態度和價值觀等整體經驗。Eisner（1979）說明，學校所重視的課程固然重要，但是學校所忽略的課程也同樣值得關注。學校課程的結構，不只是在現實中計畫實施的內容，還有「未計畫」但學生卻獲得的經驗，以及被排除或忽略的部分。

黃光雄、蔡清田（2009）將學校課程的結構，分為顯著課程（explicit curriculum）、潛在課程（hidden curriculum）和懸缺課程（null curriculum）三部分。

一、顯著課程

「顯著課程」是學校及教師依據政府公告的課程綱要或課程標準等正式文件，規劃、設計和提供的學習經驗或能力素養，包含「正式課程」（formal curriculum）和「非正式課程」（informal curriculum）。

(一) 正式課程

官方公布之課程綱要或課程標準，是根據國家教育宗旨和教育目標，經過科學研究程序而得的成果，也是明文規定學校必須實施的課程，通常稱為官方課程（official curriculum）或正式課程。正式課程

具體呈現在課程標準、課程大綱、教科書或上課時間表當中，有課程目標、學習領域，以及能力指標或學習指標等，教師、家長和學生都能具體了解到，學習這些課程可獲得什麼知識、技能、態度或素養。例如臺灣的幼兒園依據教育部公告之《幼兒園教保活動課程大綱》所設計的課程，不論是以學習區探索或主題課程方式展現，都屬於正式課程。

(二) 非正式課程

為了達到教育目標或課程目標，學校會規劃各種教育活動，以拓展正式課程的學習效果，則為「非正式課程」。例如運動會、校園開放日、各年級教學參觀、愛校服務或社區服務等校內、校外學習活動，雖然不在日常的課表內，但是為需要學校整體規劃的重要教育活動。

顯著課程是學校「計畫中」的課程項目，讓學生經由正式和非正式的學習形式，獲得各方面的學習經驗。

二、潛在課程

潛在課程是指學生可能經由學校環境當中的人、事、物的互動過程，而學習到的內容或經驗，也就是在學校日常生活所產生的潛移默化的影響，經常會產生深刻而久遠的學習效果，尤其是情意方面，例如態度、自我概念、價值觀、人生觀等。

(一) 師生互動的「身教」和「言教」效果

日常的師生互動過程最容易傳遞潛在的學習，例如幼兒園的一日作息，以及教學過程中的師生互動，包含入園、用餐、休息、小組或團體活動，自由遊戲時間的引導方式與教學方法，有時因為教師或學校（幼兒園）的忽略，甚至是習而不察的觀念或作法，可能會形成負面消極的反教育效果，例如性別、種族或社會階級的偏見、文化習

俗的誤解、單一的學習價值觀，以及對幼兒個別差異的忽視，或教師自身的表達方式等，特別是當教師持有某種特定的意識形態而不自覺時，常忽略了教育應有的平等、正義、多元、尊重和接納。

因此，教師需要具備批判省思能力，避免特定意識形態與偏見，尤其在幼兒園，成人是幼兒學習和模仿的對象，所有的教職員都要重視「身教」和「言教」的教育效果。

(二) 學習環境的「境教」效果

校園的物質環境、心理環境、文化氛圍，都會產生「境教」效果。在物質環境方面，包含校園規劃、校舍設計、教室空間、公共設施、具有美感的環境創設，以及衛生設備的性別比例、隱私考量、動線規劃等；另外，幼兒園提供的教材教具、學習區的素材，以及閱讀的文本等，除了要避免性別刻板印象或種族文化的偏見之外，更要讓幼兒體驗日常生活環境中文化的多元現象，有機會從自己的文化出發，進而包容、尊重及欣賞各種文化的價值。

在心理環境和文化氛圍方面，學校風氣、校園文化和班級學習氣氛，要能提供幼兒基本的生理、安全、愛與歸屬、尊重和自尊、自我實現等各心理層次的需求滿足，並能支持幼兒自主學習與自我規範。

(三) 學校制度、措施和儀式的「制教」效果

學校精心設計具有教育意義和教育引導作用的典章制度、儀式和辦法，可以產生正向的教育效果，並傳遞文化中珍視的價值。例如有關生活與學習的輔導和管理制度、學校開學典禮、升班或升級儀式、畢業典禮、節氣或節日的慶典或儀式、鼓勵閱讀的制度與辦法、提供多元且適宜的親師互動管道等。

三、懸缺課程

Eisner（1979）首先提出懸缺課程的概念，認為懸缺課程是指學校應該教，卻因為各種原因沒有教導，或未能提供學習的教育課程。

懸缺課程包含學校教育忽略的心智能力、遺漏的科目或教材、忽略的情意陶冶（黃光雄、蔡清田，2009），也可能是因爲政治或資源分配等原因，被排擠的文化內涵或社會議題。

　　懸缺課程是一種具有脈絡意義的、動態的理念，因爲各國有其文化背景、社會價值、教育理念、教育目標和教育條件的差異，也就有不同的懸缺課程。即便是同一國家，在不同的時空脈絡下，構成的懸缺課程也不盡相同，臺灣不同政治時期母語教育政策的轉變即是一例。

　　Eisner（1979）認爲我們不僅要關注學校重視的課程，也要關注學校所忽略的課程，因爲「不知」不是一種中性的眞空，而是反映出我們的選擇種類、探討的途徑，以及討論與發現問題的觀點。懸缺課程的概念，提醒我們在歷史文化的脈絡下，更加全面地省思和審視教育的應然面和實然面，以及據以判斷和決定的價值體系。

🙂第二節　課程與教學的關係

壹、系統論的觀點——課程是計畫、教學是方法

　　本章第一節說明課程定義的多種面貌，其中將課程視爲一個在於教學之外的獨立作業與產品，而教學負責來執行，雖然這樣的觀點只是多種課程定義中一項，但是卻領導教學研究多年。

　　課程與教學兩者之間的差異，有些學者認爲教學是教學者與學習者之間的互動，是一種歷程，而課程是學校所教的內容或學生想學的東西，是具有結構性之預期的學習成果，並不是一種歷程（Johnson, 1967; Posner & Rudnitsky, 2001）；MacDonald和Leeper（1965）認爲課程是教育計畫，教學則是實踐計畫；Parkay和Hass（2000）則認爲課程偏向教育的「內容」，屬於「What」的問題；而教學是偏向教育的「方法」，屬於「How」的問題；Oliva（2005）則統合這類觀點，認爲課程是教育的方案、計畫內容和學習經驗，而教學則是教

育的方法、教學活動，以及課程的實踐和呈現；也就是說，課程是計畫，教學則講求方法論。雖然課程與教學有不同的涵義，但是大部分的學者還是認為兩者不僅不相互排斥，反而是相互依存（Parkay & Hass, 2000）。

Oliva（2005）提出四種模式來說明課程與教學的關係：第一種模式是二元模式：認為課程和教學各自獨立，互不影響。第二種模式是連鎖模式：將課程與教學視為一個整體，互為連鎖，彼此不可分離。第三種模式是同心圓模式：課程與教學同屬教育系統之下的次系統，而且兩者是層級關係，一個包含另外一個。如果課程的層級在教學之上，也就是說教學完全依循課程來決定，教師的教學範疇，都在設計好的課程範疇內。如果教學的層級在課程之上，教學是主角，而課程是教學的衍生物，教學內容會因個人化的經驗與專業能力而將設計好的課程，以舉一反三的方式或是個人的詮釋，使得教學範圍大於課程的範圍。第四種模式是循環模式：將課程和教學包含在一個循環系統之中，重視課程與教學之間互相回饋的機制。課程與教學兩者雖是分開的實體，但是兩者之間卻有持續不斷的循環關係——課程決定在先，教學決定隨之而生，在教學實踐之後的結果，則回饋並影響課程決定。

國內學者沈翠蓮（2013）也認為，課程就像跑馬道一樣，有一定的規範和程序；而教學像在課程跑馬道裡面，是一個切實將計畫、經驗、目標、科目實施，讓學生有實際獲益的動態歷程，教學的進行可以完成正式課程的目標，也會潛移默化地形成潛在課程，增強或削弱教學的實際效益。

綜合上述觀點，也就是Oliva（2005）所指出的，不同的研究角度、不同的情境會呈現不一樣的課程與教學的關係模式，但是兩者是相互關聯但卻彼此不同，既互相牽扯卻又相互獨立，可以分開研究卻又無法獨立發揮功能。然而上述系統論的觀點，卻以二分法將課程視為一個在教學之外的獨立作業與產品或計畫，須由教學行動加以落實或驗證，也因此教學容易被視為技術性與工具性的（歐用生，

1992）。

　　以「課程爲研究假設」的課程觀點而言，教學不單只是課程的技術性執行，而是教師在課堂中的行動研究，驗證課程理論的教育價值，以及在教室實際情境中具有教學的可行性（Stenhouse, 1975, 1983, 1985）。若課程是研究假設，教學則是課堂的行動研究，當課程研究踏上旅程或生長的隱喻（Kliebard, 1975），教學還可以共同開展出不同的樣貌。

貳、共存、交錯、隙間與衍生 ——更多的可能性

　　在教育場域，人們常將課程與教學相提並論，彷彿兩者是指稱教育成果的最佳拍檔，以「課程」與「教學」表述兩者的連動與密切關係，而「課程與教學」常用以指稱教育計畫與實施，也代表某部分的教育成效。但事實上，我們在教育實務中，也常感受到兩者之間並不像依據設計圖製作出產品般順暢和理所當然。如同Daignault（1995）所言，課程理念和教學實務之間的「缺口」與「落差」之現象，呈現課程現象的動態性和意義的多樣性，具有「諾曼第」的遊牧性質。在課程實施過程，常因教學歷程中的情境因素、教師的詮釋與行動，以及師生互動的過程，創造了另一個教育的實際（reality）。

一、從歷史脈絡分析課程與教學的理論造型／限制和演變

　　從教學研究典範的歷史脈絡看來，「有效教學」的研究是奠定在學習心理學的基礎上。Tyler（1949）重視教育目標及其決定，雖然他指出教育目標的三個來源分別是：(1)對學習者的研究，以及學習者的需求；(2)當代社會生活資訊；(3)學者專家的意見。但出自這三個來源的目標僅是「可能的目標」，必須經過「教育哲學」和「學習理論」兩道濾網的過濾和審查，才能確認是否成爲適當的教育目標。歐用生（2010）評論在Tyler教育目標最重要的兩個濾網的篩選，尤

11

其是以心理學爲基礎的學習理論，將教育的理論和實際都「心理學化」了。Bobbitt（1918）主張效能、效率及經濟是課程設計的重要概念，其中心原則是讓學生學習成人世界的各種任務。在這些論述中，教師和學生各自有被指定的角色和任務——提高教學／學習的效能、效率及達到目標。

Pinar（2004）評論在工具理性的實證典範基礎上，課程與教學的研究大多放在教學（teaching），尤其是教導（instruction），而且教學又與學習和評量緊密結合，以至於被視爲學習內容的課程，也被化約爲如何達到評量目的的手段，所有的研究和實踐都強調教師要如何教，才能讓學生有效的學習——在標準化測驗上學得更多。Pinar（2006）指出，透過研究和實踐，在教育場域把心理學化和工學化的課程和教學（teaching）結合起來，也就是進一步將「社會工學」予以制度化了。在心理學、教育工學與教學效能的論述體系下，教學技術化的現象更是造就了彼此疏離、毫無生氣的教師和學生。

歐用生（2010）從AERA（American Education Research Association）歷年出版之《教學研究手冊》的研究典範，分析教學研究的學術樣貌，指出課程與教學曾經走過「貌合神離」的歷程。歐用生（2010）指出，AERA於1963年出版第一版《教學研究手冊》，內容幾乎都是依據行爲科學的典範；1973年的第二版，在主題上增加了「學生學習」一項，但大多仍遵循第一版的典範和研究方向，主要也還是奉行實證主義的研究典範，探討方法論的文章並不多，尤其談到質性研究時，仍然認爲這是一個有疑問的爭議和陷阱，並提醒研究者注意。第三版仍依循實徵主義的研究導向，研究範疇聚焦於狹隘的教室中的教學和學習。反觀課程研究在1970年代以後，已經展開「再概念化」運動（Pinar, 1975），課程研究方法論擺脫了行爲科學典範的限制，以百花齊放的姿態，呈現多元風貌。在當時，Kliebard（1975）也提出評論，認爲課程研究在1970年代以後已經踏上旅程或生長的隱喻，而教學卻繼續緊抓生產的隱喻，可見兩者並非是聲息相通、密切契合的搭檔。

　　究竟課程和教學是被強行安排的組合，還是被迫拆散的整體？教育研究上的概念與論述，讓課程和教學從一開始因為具體的研究焦點，而成了兩個不同的論述體系。雖然造就了在學術研究領域看似獨立的實體（課程與教學），但卻形成了對主體（教師和學生）的規訓與限制，於是在教育現場卻造就了兩個困境，課程成了產品，脫離了生活、少了生命力；教學著重在如何教的技術，教師變成有效執行課程的技術人員，少了教與學的主體性；而學習心理學主宰了學生學習的途徑，不僅窄化了對學習的可能性，也限制了學生在教育過程的主體位置。

　　相應於課程論述在1970年代開展出不同的隱喻，教學研究領域也在2000年代後逐漸調整其研究典範和拓展研究的焦點。例如在2001年出版的《教學研究手冊》第四版，內容已有很大的改變，主編Richderson（2001）指出「後現代主義引發的問題，挑戰我們對研究的基礎理解，如知識的性質、誰生產的、誰擁有它，如何被使用。」由D. H. Gitomer和C. A. Bell（2016）主編的《教學研究手冊》第五版，則是更多的討論教學的哲學思考和方法論的多元論，並從歷史發展的脈絡審視教學研究的宏觀敘事（grand narrative）、關注教學的社會政治脈絡，以及文化的多元性，開展更多教學研究的面向，課程與教學逐漸改變以往分屬「內容」和「方法」的隱喻，或許將創造出不同於系統論的課程和教學的關係。

二、A/r/tography——教師身分轉化，以及在課程與教學間際（in-between）的可能性

　　從課程與教學的學術發展脈絡，可以發現各自的研究體系和論述，造就了課程和教學兩個看似獨立的領域，尤其以系統論的觀點，教師被視為以教學技術執行課程計畫的客體，而學生則是被教導、被分析的對象，忽視人在教育歷程中的主體性，促使再概念化學派重新界定課程內涵。Jackson（1968）認為課程不是前於行動的（preactive），而是有交互作用的（interactive）；Pinar（1975）則將課程

原字義「跑馬道」所著重的「次序性的軌道」概念，轉移到「跑的過程」——奔跑於路程上的人的經驗與歷程。Greene（1971, 1993）主張課程為學習者作為一個「人」的可能性，主要關心如何讓人的生活世界有意義。Young（1998）認為課程為「實踐」（practice），是師生的行動與主體性介入過程，而非外在於人的「事實」（fact），恢復了師生在課程與教學中的「主體」位置及主動性。

Irwin和de Cosson（2004）、Irwin與Springgay（2008），以及Irwin（2013）闡述A/r/tography藝術與教育實踐本位的方法論，賦予教師／研究者／藝術家的多重身分，教師（T）同時也是研究者（R）和藝術家（A），並在教育的日常活動中不斷的反思（reflective）、反身（reflexive）和反覆（recursive），並對生活探究進行回應的行動。

在課程生成和教學實踐的過程，教師穿梭在課程與教學的論述空間，兼具教師／研究者／藝術家的身分，游移在教學／研究／創作之間，不僅達到實踐、理論和創造的整體實現，也經由A/R/T身分轉換與實踐的過程，不斷的質疑、探究和詮釋這些身分和論述場域的間際（in-between），讓課程與教學不再只是兩個獨立的實體，而是在兩者看似斷裂的間際，衍生並創造出更多的可能性。

三、課程／教學與學生／教師多元共存之地下莖式的衍生和創造

課程與教學在教育研究和各自的學術領域的歷史脈絡中，有不同的面貌和定義，各種定義都存在於教育的實際（reality）裡，如萬花筒般，既不是全部，也不是「非此即彼」（either or）的相互取代，而是和（and）的概念（Aoki, 2005）。Aoki（2005）採取後結構主義的觀點，強調「兼具了這個、那個還有很多」（both this and that and more）。課程不只是目標、科目或計畫，也是生活經驗，以及各類文本和文本的再創。課程計畫曾經是被制定的、以心理學為主的、線性的、強調目的、標準化的技術與成果，也是師生真實的生活體

驗、情境化的生活世界。

　　在課程與教學及其間際（in-between）的論述空間，衍生出各種存有形式，教師和學生在此空間交換彼此的生命經驗，共同寫下活生生的學校生活的故事，是具有溫度、情感的和創意的生活語言與生命成長經驗。教師和學生的主體位置也從被指定的「角色」轉而具有主體位置的「身分」，獲得動態的社會協商歷程。師生各自生命經驗的理解和對話，更衍生出了個別的、彼此的，團體的多元課程與教學樣貌，而這也是所謂的地下莖（rhizome）的課程與教學關係的隱喻（歐用生，2010）。

　　課程是變動不居的、未完成的、有待補充的（Cherryhomes，2002），課程與教學關係的重新定義，在課程和教學兩個論述的空間接合出第三空間，教師、學生、課程和教學都在其中共舞，將會以具有創意的方式產生各種新奇性（newness），呈現各種存有（be-ing）共生。

☺第三節　課程發展、課程決定、課程設計與課程實施

壹、課程發展

　　課程是不斷發展的動態歷程（curricularizing）（McKernan，1996），各課程理論有其理念、目標、實踐方式和重點，「課程發展」是將課程理念與目標付諸教育行動的歷程與結果。

一、課程發展的動態歷程

　　黃政傑（1987）指出課程發展包含研究、發展、推廣和採用等四個連續階段，並經由評鑑不斷回饋與改進。黃炳煌（1996）認為廣義的課程發展程序，包括規劃、設計、發展、實驗、實施和評鑑等六項。綜合文獻，課程發展歷程包含以下階段：

(一) 研究與規劃

課程發展人員（包含利益關係人和專家）依據個案所處的時空背景與文化脈絡，進行研究與規劃。包括問題檢討、情境分析、需求評估、文獻探討，進而擬定願景並決定課程發展的取向和模式。

(二) 發展與設計

依據教育願景採用適當的課程模式，對課程各項要素（例如目的、內容、方法與評量等），進行選擇和組織，歷經發想、組織、設計、試驗、修正與調整等過程，形成暫定的課程方案。

(三) 確認與實施

對暫定的課程方案進行再試用、調整、確認、實施等循環過程，形成課程方案。

(四) 採用與推廣

正式採用課程方案，進行解說、示範、訓練等推廣活動。

(五) 評鑑與改進

正式實施課程方案之後，經由課程評鑑提供改進，依據施行的脈絡和實況，持續動態修正。

二、課程發展的模式

課程發展的第一個階段，參與課程發展的人員（利益關係人和專家）需進行問題檢討、情境分析、需求評估、文獻探討、擬定願景，並決定課程發展模式。

「課程發展模式」是實際運作課程發展的縮影，引導課程發展人員掌握課程要素、各要素之間的關係，以及課程發展的程序，所以「課程發展模式」可以作為一種指引「課程發展」行動的基本形式（黃政傑，1991；Oliva, 2005）。

(一) 目標模式——重視目標的確立與達成

1. Tyler以目標為導向，建立系統性的課程發展與設計步驟

Tyler（1949）提出四個課程主要的問題：(1)學校教育尋求的教育目的；(2)學校要提供哪些學習經驗（learning experience）以達到教育目的；(3)如何有效地組織學習經驗；(4)如何評價教育目的是否達成。其中，Tyler最重視目標的確立和敘述。

Tyler認為目標的內涵要包含學生所要發展的行為，以及這一行為所要操作的內容，亦即包含「行為」和「內容」。具體目標（objectives）是指可以經由學校教師和課程規劃人員的預測，進行事先規劃，再經由教育教學達成學生行為的改變。教師要細化課程計畫，設計學生的「學習經驗」，達成一套預期的學生學習結果（learning outcomes）。

Tyler說明目標有三個來源：(1)對學習者的研究及學習者的需求；(2)當代社會生活資訊；(3)學者專家的意見。但這三個來源的目標僅是「可能的目標」，必須經過「教育哲學」和「學習理論」兩道濾網的過濾和審查，才能確認是否成為適當的教育目標。

在選擇學習經驗方面，須根據目標及(1)練習原則；(2)興趣原則；(3)準備原則；(4)多樣化原則；(5)經濟原則等五個原則選擇能達成的教育經驗，而這些學習經驗要有益學生發展思考能力、取得資訊、發展社會態度和興趣。

因為上述選擇的教育經驗可能是零碎和片段的，所以要加以組織，使其產生意義，利於教師教學和學生學習。組織學習經驗的標準為(1)連續性：組織學習經驗時要有「直線」的連貫性；(2)程序性：每一個學習經驗都要建立在前一個學習經驗之上；(3)統整性：學習經驗「橫」的聯繫，協助學生獲得統整的觀點。

最後，要評估所選的教育經驗是否達到預定的目標，包含四個步驟：(1)界定目標；(2)確認能讓學生表現良好學習行為的情境；(3)選擇或設計評量工具；(4)評價結果的分析與解釋。

Tyler將目標、學習經驗、組織學習經驗，以及評價等四個課程

要素，架構成系統性的課程發展與設計步驟。

2. Taba以課程試驗的架構組織課程元素，在線性單向程序中加入回饋和修正的循環

Taba（1962）指出Tyler的課程工學發展歷程，最大問題在於理論和實際之間的落差。Taba提出修正的課程發展架構，期望能縮短理論和實際之間的距離。Taba認為課程發展包括三個階段：

(1)課程計畫階段：包括診斷需求與確認問題、擬定目標、選擇內容與學習經驗、組織內容與學習經驗、評鑑等五項。

其中診斷需求與確認問題、擬定目標，納入了學校內部情境和外部情境的各種影響因素。

在選擇內容與學習經驗方面，將課程內涵分為內容和學習經驗，內容提供知識（例如概念和事實）的學習，而技能、反省、思考及態度等的學習，除了內容之外，還需透過經驗才能習得。

在組織內容和學習經驗方面，提出累積性、統整性、邏輯性並符合心理學要求，以及多樣性等原則。

在評鑑方面提出六個標準：須符合目標、廣泛性（指避免單一的評量工具，評鑑的領域不應限於知識，要包含思考、能力、社會態度及道德價值等）、具備充分的診斷價值、運用有效度的評量工具、統整評鑑判斷的結果、繼續性（評鑑不是課程發展的終點，要透過不斷的評鑑促進課程持續改進）。

(2)課程設計階段：界定課程各元素的意義和各元素之間的關係，以及在操作時應考慮的行政組織狀況、組織工具和原則。

(3)課程改變階段：制定「試驗單元」（pilot units）、試用「試驗單元」、修訂與統整試驗單元、發展架構（將試驗單元建構成一整體性與一貫性的課程）、設置與推廣等五個步驟來進行課程發展。

Taba以課程試驗的概念組織課程元素，在課程設計過程納入學校內部情境和外部情境各種影響因素，以縮短課程設計理論和實際的差距，並經由課程試驗過程，在目標、學科、組織方法和評鑑等四個要

素之間建立回饋和修正的循環，使得目標模式各要素的關係不再只是線性單向的步驟。

3. Nicholls和Nicholls在課程的四個基本要素中加入「情境」要素，並依據實際狀況調整要素之間的順序

Nicholls和Nicholls（1978）認為課程基本要素除了Tyler（1949）指的四個要素之外，應加上「情境」一項，包含教師（特質、專業、責任和行動）、學生（個別差異）、學校所處環境（學生的家庭和同儕團體）、學校建築設備和材料（空間與設備等可用資源）、學校氣氛（價值觀、態度，以及成員之間各種關係所形成的總和）等五項。

Nicholls和Nicholls指出在實際應用課程發展的五個要素時，不一定按順序一個步驟完成之後再進行下一個步驟，而是可以往前或往後進行。另外，也不一定是從情境開始，教師和課程發展與設計人員可依實際狀況決定起點。

(二) 歷程模式——重視學習者的主動學習、教師的專業能力，以及教／學的歷程

有別於目標模式強調「學習目標」的擬定和完成，「歷程模式」著重於教育方式和教學過程。由Bruner（1967）領導的「人的研究」（Man: A course of study），受到認知心理學的影響，尤其重視學習者的主動學習與教師專業思考，是歷程模式的典範。

「歷程模式」（process model）不同於目標模式將擬定目標作為課程發展的首要步驟，反而認為課程發展不一定要事先陳述預期的學習結果，可以從課程內容和教學活動的課程發展開始，著重教學過程和學生在此過程中的學習經驗，賦予學生自由、創造的機會，產生各種學習結果。歷程模式強調教師在教室情境教學過程中的原則，這些教育歷程與教學過程的原理原則，可以稱為程序原則（Barnes, 1982）。

L. Stenhouse主持的人文課程方案「Humanities Curriculum Proj-

19

ect」（Stenhouse, 1975）是另一個「歷程模式」典範，將「教育政策」轉化為「教育目的」，再轉化成教育歷程的「程序原理」，提倡「教師即研究者」，以「教室即課程實驗室」的比喻，具體落實從教育的「實驗規則」，到課程的「研究假設」，再到教學的「待答問題」等層次的實踐與探究。

(三) 情境模式

Skilbeck（1984）認為學校藉由提供社會文化價值、詮釋架構和符號系統，提升學生的文化理解並進而轉變學生的經驗。因此，教與學是師生經驗交換、引發學生能力改變的歷程。學生處在一種發現自己，並受到許多因素影響的狀態，這一狀態和這些因素稱為「情境」。

「情境分析模式」（situational analysis model）主張將課程發展與設計放入社會文化架構中。此模式有五項主要構成要素：(1)分析情境；(2)擬定目標；(3)設計教與學的課程方案；(4)詮釋與實施課程方案；(5)評估與評鑑。

首先是分析情境：分析課程發展過程中的學校教學情境之文化脈絡，以及影響學生學習狀態的各項情境因素，以考量課程發展的可行性。

其次是擬定目標：目標來自情境分析，包括教師和學生的行動、學生的學習，以及預期達到的學習結果，但不一定是明顯的行為，而可能是興趣、價值和判斷。

第三項是設計教與學的課程方案，有五個要素：1.設計教學活動，包含內容、結構和方法、範圍與順序。其中，內容和學習活動設計應符合意義性，讓學生能見到學習工作的意義和價值；經濟性，避免過多重複，以最簡單有效的方式獲得知識技能和理解力；結構性，組成形式或系統，避免孤立的狀態；動機性，激發學生從事具有難度與挑戰的工作；活動性，鼓勵學生積極參與探究及創造的歷程等五項基本準則；2.選擇教學工具和材料；3.設計適當的教學環境；4.人員

的布署和界定角色；5.擬定時間表和供應資源。

第四項為詮釋與實施課程方案：因為推動課程方案的過程，需要整合或運用各種資源，可能引發原有組織的衝擊或改變，或遭遇各種問題，所以需要詮釋課程方案，取得實施的共識。

第五項是評估與評鑑：設計檢查及溝通的系統、評估計畫的準備、提供評量，以及運用各種評鑑形式。將評量與評鑑的結果回饋學校組織，並依據課堂經驗，進一步調整目標及方案，以保證課程發展的連續性。

「情境分析模式」融合了「目標模式」和「歷程模式」的理念，強調分析與評估學習情境，據以規劃課程與發展計畫內容，並能引發學校的改變與革新。近年來，臺灣各級學校包含幼兒園，紛紛運用「情境分析模式」，開展「學校本位課程發展」（school-based curriculum development）方案，透過組織學校課程發展委員會，整合學校內部和外部社區的各種資源，進行以學校／教室為教育實驗場域的行動研究，發展具有在地特色的學校或幼兒園課程。

(四) 慎思模式

Schwab（1971）強調課程發展是一個具有彈性變化的動態發展歷程，必須務實地運用教育慎思，在實際的教學場域確認教育目的、教學內容、方法等相關因素。在課程發展個案的具體脈絡中，形成理想的課程決定，而不是將課程發展過程的問題都簡化為技術性的問題，或以特定的程序步驟來處理，所以不宜以預定架構作為課程發展的起點，以避免特定意識形態的宰制。

「模式」雖可協助課程發展人員辨識課程現象，以及課程要素之間的「相互關係」，但課程「模式」並非課程「現象」本身，也不是學校教育的實際（reality），所以課程發展人員要依據課程實際的動態發展歷程，在實踐過程進行評估、轉化和調整。

貳、課程決定

　　各種課程發展模式所表徵的要素和要素之間的關係，從情境分析、問題界定、擬定目標、選擇內容和經驗、形成方案、詮釋方案進行教學、評估與評鑑等過程，甚至是採用何種課程發展模式，都需要課程發展人員進行一連串的「決定」。

　　所謂「決定」（或決策）（decision making），是選擇、篩選、判斷、解決問題的思考過程。課程決定是指課程發展人員對課程分析、計畫、執行、評鑑等問題，研究各種可行方案，進行抉擇的判斷或選擇（黃政傑，1992；Doll, 1996）。

　　課程反映當代社會文化、知識和價值體系，從理念的組織到學校教育現場的實踐，包含不同層面的運作，如學術界、學校，以及代表國家的教育行政的科層組織等，每一個層面的課程都是特殊決定的結果。

　　Goodlad（Goodlad, 1979; Goodlad, Klein & Tye, 1979）把課程分成社會、機構、教學和個人等幾個層次，各層次的權責單位負起該層次的課程決定，形成理想課程（ideal curriculum）、正式課程（formal curriculum）、覺知課程（perceived curriculum）、運作課程（operational curriculum）和經驗課程（experienced curriculum）等五個層次的課程。其中「理想課程」是理想的目標，包含達成目標的大致構想；「正式課程」是官方發布具有約束作用的課程綱領與可用的具體文件內容；「覺知課程」是教師對課程綱領、目標和學科教材內容的理解；「運作課程」是指在教育情境實際進行的課程方案或學習活動；「經驗課程」則是學生實際領受的、習得的經驗。

　　Klein（1991）依據Goodlad的劃分，再擴充為七個層次，其中「理想課程」分為學術層次及社會層次；(1)學術層次：由課程學者、學科專家、研究機構、各種專業協會等專業社群，提供課程政策或學校課程內容建議；(2)社會層次：教育以外的團體及社群，雖未直接參與教育事業，卻影響教育發展，例如業界、社會團體、社區人

士及家長，就其關切的層面表達對課程的意見。

「正式課程」經由(3)正式的決定層次：例如教育部、地方教育局所決定的課程政策，透過制定或出版具體課程文件或教材，影響學校課程內容；(4)機構的（制度的）決定層次：由學校行政人員依政策建立課程決定機制，組織學科或學習領域、年級或班群等教師團隊，通過課程會議決定學校課程計畫。然後進入教師的「覺知課程」，也就是(5)教學的決定層次，教師根據對學生學習狀況進行判斷，決定納入或排除哪些課程，或需要調整、補充哪些課程，形成教室層級的課程計畫。接著落實在(6)運作的層次：教師、課程內容、與學生之間真實的互動。然而在真實的教學互動中，有可能形成異於課程計畫的經驗，於是產生了(7)經驗的課程：因為學生的個別差異和期望差異，實際學習的結果有可能不同於課程計畫的經驗。

最後，Klein（1991）指出七個層次的課程決定，皆要考量目標、內容、教材與資源、活動、教學策略、評鑑、分組、時間、空間等九項內容。

從理想課程到經驗課程，各層次課程發展人員自課程規劃（plan）到實施（implement），進行一連串課程決定的過程，不同層次的課程發展人員也各承擔了課程決定的責任（甄曉蘭，2004）。在課程決定的過程，除了諮詢課程專家之外，教師之間的專業對話、專業社群的慎思、合作發展課程與協同教學，以及對相關文獻理論的明辨和分析，都有助突破課程決定時面臨的問題和瓶頸。

參、課程設計

黃政傑（1991）及黃光雄、蔡清田（2015）認為課程設計是對課程要素的選擇、組織與安排的方法和過程，是擬定教學目標、選擇與組織教學活動、執行評鑑工作的「科學技術」，強調「設計」的過程和成果，將教育目標轉化為學生的學習方案，並經由實施、評鑑、改進的動態循環歷程，達成教育目標。

23

　　不同的課程決定層次都可能進行課程設計，但各層次課程設計考量的因素和資源不同，因此課程設計並不是一套標準化的程序，也不該流於理論與形式，而是需要審慎思考課程場域各種實踐問題（Schwab, 1970, 1983），設計適宜的課程實踐方案。

一、依據課程設計理論，掌握課程基本要素

　　不同的課程理論各有重點和基本要素。以脈絡情境、目標與內容、過程和教師等四個要素在幼兒園層次的課程設計為例，要設計一個有組織的架構，需分析脈絡、說明學習目標和內容、規劃與提供可以引發教與學的情境脈絡，以及設計達到預定課程目標的學習過程（Bredekamp & Rosegrant, 1995）。

(一) 分析脈絡

　　分析學校所根據的課程哲學和目標，以及幼兒的文化背景、家庭和社區價值影響的情境條件，明辨選擇某種特定課程模式的立場。

(二) 規劃學習目標與內容

　　依據幼兒的興趣、需求、經驗，以及幼兒應該學習的一切（課程目標與學習指標）、所處的社會文化脈絡和資源，規劃可能的學習內容。

(三) 設計學習的過程

　　設計「如何」與「何時」引發「學習」，包含學習活動的選擇、學習活動的相互統整、每天的日程表和學期／學年的行事曆規劃，以及如何引發幼兒透過動手操作和探究等不同的學習方式，與各種開放式的素材進行互動。

(四) 教師

　　教師要能熟悉幼兒發展理論，了解幼兒是如何學習的，據此擬定

計畫、設計活動，提供素材給適配年齡層的幼兒，並且能夠及時回應幼兒個別需求，提供個別化學習活動，觀察、評量、引導和記錄幼兒的學習。

課程設計不僅需要依據適當的理論基礎和課程正式文件（大綱、目標），也受到各層次的人員組成、權能、資源、評鑑等因素影響。持續的專業成長及專業社群的對話，是教師具有專業課程設計能力的必要條件。

二、設計的範疇需涵蓋課程結構各層面

如本章第一節說明的課程定義，課程包含學生在學校從正式、非正式的學習形式所經歷之「計畫中」或「未計畫」的訊息、技能、態度和價值觀等整體經驗。因此，要將「顯著課程」（包含正式課程和非正式課程）及「潛在課程」納入課程設計的範疇。

三、對所依據的理論基礎進行省思／批判

課程發展和設計會採用某些理論作為基礎，但理論主張的理想課程或理念課程（ideal curriculum）常會被視為「理所當然」，而未加理性思考批判其中隱含的意識形態。例如各種幼教課程的理論或模式有其特定的兒童觀，以及對兒童學習方式的論述和基本假定，像是適宜發展的幼教課程理念根基於發展理論，卻忽略了社會與文化層面的可能學習途徑（Dahlberg, Moss, & Pence, 2007），以及心理學的宏觀敘事和普遍化的真理對人的存在與學習的影響（Christie, 2016），因此，在課程設計時，必須對所依據的理論基礎進行省思／批判。

肆、課程實施

課程發展與設計之後，生成了具體的課程方案，需要「課程實施」的實際行動來落實教育理念和目標。依據不同的課程實施方式，有所謂的忠實觀（fidelity perspective）、相互調適觀（mutual adaptation）、課程落實觀（curriculum enactment）等課程實施的觀點（黃光雄、蔡清田，2015）。

一、課程實施的「忠實」觀

認為教師應該「忠實」地遵循原來課程設計人員的理念，教師的專業是作為一位有效的執行者，按照既定的指示與規劃，達成預期的課程政策和目標。

二、課程實施的「相互調適」觀

認為事先規劃的課程，在實施過程必須因應學校實際情境彈性調整，唯有經過教師專業判斷和調整這些事先規劃與設計的課程，學生才能在具有脈絡性和變動性的學習情境，獲得最大的學習效果（Berman & McLaughlin, 1975, 1978）。

三、課程實施的「課程落實」觀

認為課程是師生共創的教育經驗，強調教室層次的課程發展，重視「教師即行動研究者」的角色（Snyder, Bolin, & Zumwalt, 1992）和師生之間彼此的互動。

不同的課程實施觀點，主要是對課程定義、教師專業角色的期待和定位，以及對學習主體的身分，持不同的立場。因為教育的實際場域充滿了脈絡的個殊性，學生也存在個別差異，因此課程實施也必須從教室層級來進行理解，透過對教師思考和教師實踐知識的研究，關注教師和學生在課程與教學實務中的主體性，才能展現教師的專業權能。

幼兒園課程的理論基礎

CHAPTER 2

第一節　心理學的理論基礎

壹、心理動力學理論（psychodynamic）

　　本章第一節原規劃幼兒園課程的哲學理念基礎，由於幼兒教保概論與幼兒發展與保育，有關此方面的論述不少。學習者可參考學習內容，一以貫之。本章就心理學、社會文化理論、生態系統理論及課程美學加以論述。

　　心理動力學（或心理分析理論）說明潛意識與未察覺的內在驅力（internal drives），形成潛在力量，影響人們思考和行為，是發展的基礎。兒童的發展是一列連續的行為，我們可以透過孩子的發展階段，以及在階段內的發展任務來理解孩子的行為。

一、Sigmund Freud（1856-1939）的心理分析理論

　　依據Freud的理論，人擁有三種基本的驅力（drives）：性驅力（sexuality drive）、生存本能（survival instincts），以及毀滅的驅力（drive for destructiveness）。Freud提出兒童性心理發展階段論，認為兒童期每一個階段有特定滿足的區域，也有其發展任務和挑戰，如表2-1兒童性心理發展階段所示。Freud主要研究成人的異常行為及其起因，兒童性心理發展階段理論，說明童年期的發展，以及此時期對整個生命期的影響（Gordon & Browne, 2011; Elfer, 2016）。

　　Freud認為人格（personality）是發展最重要的環節，他把人格界定為三個結構：本我（Id）、自我（Ego）和超我（Superego）。本我是人最原始的、本能的結構，驅使個人尋求滿足；自我是形成人自我意識感的理性結構；超我則是道德的運作，形成人的是非判斷。

　　心理動力理論認為，隨著個體自然成長與成熟，人格在各階段以一定的型態發展，但兒童在步入各階段的過程所受的對待方式，則會決定他們是否能健康正常發展。除了強調個體與環境中重要他人之間的關係，心理動力理論也指出每一個階段的連續性，以及前一階段的發展對下一階段的影響。

表2-1　兒童性心理發展階段

階段	年齡	特徵描述	發展任務
口腔期 （oral stage）	0-2	口腔的刺激是快感的來源 （例如吸吮、吞嚥、咬）	吃東西、長牙和咀嚼
肛門期 （anal stage）	2-3	肛門的活動是快感的來源	學習如廁
性器期 （phallic stage）	3-6	生殖器是快感的來源	性別認同與良知發展
潛伏期 （latency stage）	6-12	性發展的潛伏	將精力用於各種學習活動、運動、遊戲等
生殖期 （genital stage）	12-18	生殖區是性快感的來源	從關係中得到激勵和滿足

二、Erik Erikson（1902-1994）的心理社會發展理論

Erikson和Freud、Jean Piaget（1896-1980）一樣，都認為發展是一系列的階段，個人會經過每一個階段，且在前一個階段的基礎上繼續成長。Erikson提出心理社會發展理論（psychosocial development）。

以「認同危機」（identity crisis）說明個人如何在各發展階段，面對與處理該階段相對的成長議題（Douvan, 1997）。

Erikson的心理社會發展理論雖然出自Freud所創的心理動力理論，但是兩者有根本上的差異（Gordon & Browne, 2011）。首先，Erikson強調人的驅力來自於認同，以及在社會脈絡中的意義，更甚於Freud的理論所稱的性驅力和攻擊的驅力。其次是認為發展是發生在人生命的整個週期，而不是像Freud的理論所主張的，人格只受到童年期間的形塑。最後則是認為在生命過程所遭遇的發展上的掙扎和困難，也能在後續階段獲得解決，雖然發展的前四個階段在發展自我認同上扮演關鍵的角色，但是發生在童年期的問題也能夠在後面的階段解決，因此即便是成人也可以有發展上的活力和任務。

Erikson的心理社會發展理論的八個發展階段，涵蓋整個生命週

期，各階段的內容如表2-2心理社會發展理論的發展階段表所示。基於論述焦點和篇幅限制，本文僅說明與嬰幼兒相關的前三個階段。

　　階段一出現在生命中的第一年，需從個人內在或外在的經驗中，發展出信任（或不信任）的能力。照顧者持續且一致的照顧方式，提供生存需求的滿足，以及情感和情緒上的安全感，可以幫助嬰兒發展出基本的自我信任感及信任的能力；相反的，忽略和不適當的照顧，則會導致孩子無法發展出信任的能力。

表2-2　心理社會發展理論的發展階段

階段	描述	挑戰	優勢
階段一	新生兒	信任相對於不信任	希望
階段二	學步期	自主相對於羞怯或懷疑	意志力
階段三	幼兒期	主動學習相對於罪惡感	有目的感
階段四	學齡期	展現能力相對於自卑感	有能力感
階段五	青少年期	身分認同相對於角色混淆	忠誠
階段六	成人前期	親密感（愛與友誼）相對於孤獨	愛
階段七	壯年期	具有生產力相對於停滯	關懷
階段八	老年期	統整相對於絕望	智慧

　　此階段嬰兒必須學習兩個層面的信任：外在——相信主要照顧者會及時回應他們的需求，以及內在——相信自己有能力因應不同的環境（Mooney, 2000）。

　　教師要提供可預期的環境和一致且持續的照顧方式，來照顧嬰兒和學步兒。溫暖、積極與具有敏覺性的成人，能夠即時、正確並有感情地回應嬰兒的需求，可以讓嬰兒信任他們所處的世界，發展出對自己和世界抱持希望的優勢，並且支持他們邁向下一個發展階段。

　　階段二是生命中的第二年到第三年，幼兒必須學習運用身體動作和心智能力管理與控制自己的衝動，父母親和主要照顧者要幫助幼兒

在「自主」和「依賴」之間取得平衡，協助他們學習如廁，以及發展對周遭世界的好奇和探索。在這個時期，來自成人和照顧者不適當的回應和互動方式，會讓幼兒感到羞怯或懷疑，造成不安全感；好的發展則會讓孩子有自主的能力，並獲得意志力的優勢。

依據第二個發展階段的特徵及發展的任務，成人可以下列方式支持幼兒發展自主性（Mooney, 2000）：1.提供幼兒簡單的選擇（例如以二擇一的選擇方式，幫助幼兒發展選擇的能力），但要避免提供錯誤的選項造成孩子的挫折，而且要實現幼兒的選擇結果；2.設定清楚、一致與合理的限制，並溫柔而堅定地貫徹執行；3.接受幼兒在這個時期交互出現的依賴和獨立的需求；4.提供安全的環境讓幼兒探索。

階段三是發生在3-5歲，也就是幼兒園的孩子，其發展任務是發展出目的感，階段二的自主性會引發階段三的主動學習，而懷疑則會導致罪惡感。

幼兒園的孩子會有許多自主探索與選擇的機會，也需要與家庭外的成人和同儕互動，面對更多社會性的挑戰。

幼兒園教師可以運用以下方式支持孩子發展主動學習與目的感（Mooney, 2000; Gordon & Browne, 2011）：1.在幼兒的能力範圍內，盡可能地鼓勵孩子獨立；2.注意幼兒獲得的能力，以及努力的過程，而不是專注在幼兒所犯的錯誤；3.設定與幼兒個人能力相符的期待；4.課程要提供真實事物的探索與實際的操作；5.提供一段完整的自由遊戲時間，引導幼兒自主選擇、主動探索，在遊戲的情境中自然地與他人互動和合作；6.接納這個時期的幼兒對環境事物的好奇，以及動手操作的需求，例如會拆解玩具或其他用品；7.欣賞孩子獨特且具創意的表達方式。

貳、行為理論（behaviorist theory）

行為理論始自1920年代，至今仍不斷在實踐和研究中繼續修正

與拓展，是現代心理學主流的意識形態，對學習的研究成果，深刻地影響教育研究（Weber, 1984; Gordon & Browne, 2011）。

行為理論認為學習來自個體與環境的互動，透過經驗的塑造，可以修正並改變行為。行為主義認為有三種學習的型態：古典制約（classical conditioning）、操作制約（operant conditioning）、觀察學習（observational learning）或模範作用（modeling）（Gordon & Browne, 2011）。

一、古典制約（classical conditioning）

以Ivan Pavlov（1849-1936）的實驗室實驗研究為基礎。他的研究說明了通常狗會因為看到食物而流涎，但是並不會因為聽到鈴聲而流涎，然而當鈴聲伴隨著食物出現，狗就會「學習」到不論是否出現食物，只要聽到鈴聲就流涎，因為狗流涎的行為（制約反應）已經對食物（非制約刺激）和鈴聲（制約刺激）兩者起了制約的效果。

二、操作制約（operant conditioning）

操作制約以Edward Lee Thorndike（1874-1949）和Burrhus Frederic Skinner（1904-1990）實驗室的實驗研究為基礎，但與古典制約稍有不同，操作制約的焦點是「反應」而不是「刺激」。在操作制約的過程，行為的產生更多是來自增強作用（reinforcement）。若刺激物能增加行為的次數，則稱為增強物（reinforcer）。

行為主義者試圖以增強作用來塑造學習者的行為。例如學校教師常運用能給學生帶來愉悅的增強物，塑造期待學生學習到的行為，或者給予學生厭惡的增強物，來移除學生不適當的行為。例如使用代幣或獎品作為酬賞、以微笑或誇獎獎勵好行為；以處罰、忽視或剝奪其喜好的方式，來減少不適當的行為。例如教師對幼兒良好的行為給予讚賞或關注；當幼兒在自由遊戲時間出現干擾活動的行為，教師會讓他先坐在「暫停區」，限制其活動範圍或取消參與活動的機會等。

三、觀察學習（observational learning）或模範作用（modeling）

觀察學習或稱為模範作用，以Albert Bandura（1925-）提出的社會學習論為基礎。Bandura（1977, 1986）認為社會化（socialization）是學習適應社會規則的歷程，將行為理論從制約反應修正為社會學習理論，並拓展理論加入認知的元素，肯定學習者能思考並內化他們所看到和所感覺到的事物，因此，社會學習論和自我理解、自我能力有關，就是所謂的自我效能（self-efficacy）（Gordon & Browne, 2011），顯示個人對自身行為學習具有自主性和主動性。

個人與認知因素和外在環境都同樣會影響著個人的行為，而社會模範作用和個人的反思能力，讓行為理論納入除了環境之外的其他因素，來理解個人行為發展的歷程。

Bandura（1961）對兒童習得攻擊行為的研究，是社會學習論的典型案例，說明了傳播媒體，例如電視節目的內容對兒童行為的影響。現今的網路時代，兒童更是曝露在充斥著各種訊息類型的環境，隨處可見的廣告、影片和節目內容，不僅影響兒童，也影響（或塑造）成人的消費行為和價值觀。

行為主義讓我們知道環境對行為的影響，因此，在幼教場域可以透過環境（物理空間的安排，和心理空間的營造）、生活作息（以日常的一日作息養成孩子的生活習慣），以及師生的互動（教師要謹慎地回應幼兒，成為幼兒的模範），來協助幼兒建立良好的學習行為和生活習慣。

學習情境中有許多影響幼兒行為的線索，成人要能知道並掌握這些影響線索，若能善用這種模範作用，就能在學習情境中進行「不言之教」，而環境空間當中的人、事、物都是幼兒觀察學習的來源，也是本書第一章第一節有關潛在課程的具體展現。

參、認知理論（cognitive theory）

Jean Piaget（1896-1980）的認知發展階段論，結合了影響發展的兩大要素——個體的成熟因素及環境的影響因素。之所以與個體的成熟因素有關，是因爲認知（思考）各發展階段的本質來自生物性的遺傳；與環境因素有關，是因爲個體的發展直接受到後天經驗的影響。Piaget說明了兒童可以建構自己的知識，並認爲「建構更優於教導」（Santrock, 2018）。

Piaget認爲思考與學習是個體與環境互動的歷程，物種的遺傳因素決定發展的基礎，影響人如何組織和適應他所處的環境。人會在年齡成熟因素的基礎上，發展認知基模（schemas），或是心智概念，作爲一種日常思考方式，與環境當中的想法或客體互動，例如嬰兒早期就以味覺與感官發展出感知的基模（Weber, 1984）。當個體與環境互動時會產生新的經驗，並主動地將新的訊息納入已有的基模中，這就是同化（assimilation）；或者是爲這些新訊息創造新的基模，就是調適（accommodation），讓面對新經驗時的衝突，回歸均衡的狀態，也就是認知的平衡（equilibration）。Piaget認爲人的認知發展具有階段的特性，並提出四個主要的認知發展階段：感覺動作期（sensorimotor stage）、前運思期（preoperational stage）、具體運思期（concrete operational stage）和形式運思期（formal operational stage），各階段的年齡和主要發展如表2-3認知發展階段表所示。

感覺動作期的嬰幼兒，主要是發展出物體恆存的概念，理解物體即便不在視線內，依然是存在的，並發展對物質世界的認識；而在幼兒園階段的幼兒屬於前運思期，主要是能運用想法、想像、聲音或符號來代表物體或事件（進行象徵遊戲）、能運用符號系統來連結或溝通訊息（能熟練地運用語言），以及發展思考能力。

Piaget的認知發展階段論雖然對幼兒教育具有相當的啟發性，但Gordon與Browne（2011）指出，作爲一位發展學家，Piaget研究並提出兒童認知的發展理論和階段，雖然能提供幼教師理解幼兒認知與思

表2-3　認知發展階段表

階段	年齡	主要的概念發展	認知與思考特徵
感覺動作期	0-2歲	物體恆存	1. 透過感官學習 2. 透過反射動作學習操作用具
前運思期	2-6歲	象徵遊戲和語言	1. 根據感官知覺形成概念 2. 一次只能注意一個變項 3. 根據有限的經驗過度推論
具體運思期	6-12歲	推理	1. 根據推理形成概念 2. 侷限於物體及熟悉的事物，思考有限
形式運思期	12歲以上	符號的抽象思考	1. 能進行概念性的思考 2. 能進行假設性的思考

考方式的架構，但在實際的教育應用上仍要謹慎，包括文化普遍性的問題，以及各認知發展階段對幼兒能力的低估。

　　根據Piaget的理論，對於感覺動作期的孩子，教師要注意安全的維護，但要保持他們對於周遭的興趣，並且要安撫嬰兒的分離焦慮。對於前運思期的幼兒，教師要理解這個時期孩子的思考方式和成人的思考模式不同；在前運思期階段，孩子從生活中的直接經驗形成概念，因此教師要找出方法，幫助孩子透過探索問題，以自己的方式去思考，這會比告訴他們答案還要有效。

肆、理論的實踐與省思

　　兒童的成長、思考、情感和行為是複雜的系統，理論可以幫助我們理解幼兒的發展和學習，進行適宜的計畫和行動。在兒童發展與學習的理論中，有些理論主張兒童的改變來自內在的、生物的或基因遺傳型態等因素，有些理論則主張孩子受到生活環境和經驗的塑造（例如父母、家庭、學校、媒體、社會環境等），理論的爭辯顯示了自然天性（nature）和後天培育（nurture）二元論戰。事實上，人的發展和學習的型態，並不是簡單的二元論可以道盡，只不過不同的理論各

自強調其中某些因素。各種理論的看法並非「非此即彼」的二元論，而是要交互參照，考量到各層面的影響因素。

　　幼教師要能認識理論，更要適當地運用這些普遍化的理論，避免過度類推。因為兒童發展與學習的理論範圍相當廣泛，涵蓋不同的觀點和事實，沒有單一的理論可以解釋所有關於兒童發展的一切，每一個理論都是運用特定的研究方法來描述兒童和其發展與學習的過程。面對各種不同的理論，幼教師和教保人員需要審慎地判斷，何者才能更細微、更精確地描述和解釋個別孩子的成長。專業的幼教師，不僅要廣泛並仔細地閱讀相關理論，更要比較自己的教育實踐經驗，以及其中的概念，在理論和實踐之間不斷來回檢證，透過行動研究在實踐中檢視或調整理論的應用，並運用理論改善與研究實踐，以批判的思考觀點，逐漸形成教師個人的專業學理基礎。

😊第二節　社會文化理論的基礎

壹、社會文化理論的背景

　　社會文化理論（sociocultural theory）來自於Lev Vygotsky（1896-1934）在1920年代的研究，將社會的理念和價值等因素納入兒童發展，特別是在語言領域和自我認同，強調社會文化對兒童發展的影響。Vygotsky認為兒童發展不只是兒童個人經驗，反而受到家庭、社區、社會與經濟地位的基本影響，並強調文化在兒童的學習過程扮演了深層與重要的角色。

　　Lev Vygotsky於1917年畢業於Moscow大學，獲得文學學位，接下來6年，在中學擔任教師，教授文學、心理學。Vygotsky在1924年轉任Moscow市的心理研究機構，從事研究工作，鑽研教育實踐的問題，特別是對智能障礙兒童的研究，於1930年代專注研究心理學、心智異常與傷病之間的關係（Gordon & Browne, 2011）。雖然Vygotsky於1934年病逝，但其十年的研究成果，卻逐漸影響教育界成

爲新興的理論之一。Vygotsky深入研究並比較當時的心理學理論，包含Sigmund Freud（1856-1939）、Jean Piaget（1896-1980）、Maria Montessori（1870-1952）、Ivan Petrovich Pavlov（1849-1936）、John Broadus Watson（1878-1958），以及美國心理學家William James（1842-1910）和Arnold Lucius Gesell（1880-1961）的早期研究，他也承認這些心理學家所說的，內在發展的重要性，但是同時，Vygotsky受到馬克思主義（Marxism）的影響，認爲要從個人所處環境之社會歷史，來理解個人（Wertsch, 1985; Blanck, 1990）。

首先，Vygotsky以Friedrich Engels（1820-1895）有關「工具使用」（tool-use）的概念爲基礎提出「心理工具」（psychological tools），諸如文字或言談等符號的使用，並進一步主張我們必須理解文化提供的符號意義，才能理解人的思考（Vygotsky, 1978）。

其次，Vygotsky受到Karl Marx（1818-1883）的影響，認爲人的意識與信念，以及思考的方式，都有賴於物質生活，人們在其中工作、生產和交易。根據這個觀點，Vygotsky強調個人在特定互動情境中的意義建構和交流（Vygotsky, 1978）。另一個影響Vygotsky的是Karl Marx對於辯證過程的見解，認爲辯證是一系列的衝突和解決。但這也意味著辯證過程會產生新的力量，雖然會爲現存的社會系統帶來衝突，但社會系統也會因而更新。在Vygotsky的理論中，這個觀點被視爲是從「初級心智功能」到「較高層次心智功能」的轉化（Vygotsky, 1978）。

社會文化理論和認知理論相同之處，都認爲學習是一個主動的、建構的過程，但兩者最大的差異在於對「互動」（interaction）的本質和重要性有不同的看法（Gordon & Browne, 2011）。Piaget主張雖然兒童需要與其他人，以及環境中的客體互動，以達成學習，但是思考的階段依然受到成熟因素的限制。Vygotsky則認爲，互動和教導是兒童認知發展的關鍵，可以提升兒童的思考層次。

Vygotsky相信即便是最早的語言形式，也有其社會基礎，兒童3-7歲的言談和語言發展，不應只被視爲自我中心或不夠成熟的；相

反的，能夠呈現出兒童的思考。在幼兒早期，兒童會放聲對自己說話，之後，這樣的自我談話會轉變為內在化（思考）的形式，兒童就不需要對自己談話之後才行動了。Vygotsky論證兒童對自己說話是為了自我引導（self-guidance）或自我指導（self-direction），而且這樣的私語（private speech）幫助兒童思考他們的行為和計畫。隨著年齡的增長，私語（有人稱之為自我中心的言談，egocentric speech）的情形，會由放聲到低語，然後再到只有嘴脣的動作，這是兒童自我調控的關鍵（Vygotsky, 1978）。

　　Vygotsky的理論體系被稱為社會文化理論（sociocultural theory），是因為他特別重視探討價值、信念和傳統如何傳遞給下一個世代。Vygotsky相信文化和發展之間有緊密的關聯性，特別是孩子和其重要他人之間的關聯。正因為Vygotsky強調社會文化對兒童發展的影響，這樣的思維方式，也讓他的理論不同於當時代的潮流。

貳、社會文化理論的內容簡介

　　Vygotsky（1978）認為我們不只生活在社會世界，社會世界也在我們裡面，決定著我們如何思考。因為我們說話，以及與他人互動的方式已經內化，並且改變我們的思考方式。兒童沉浸在社會環境之中，而環境則以其所有之社會、文化和人際經驗來象徵或表述他們，所以兒童與社會、文化之間的連結，不僅承受社會環境的影響和衝擊，也是孩子發展的關鍵來源。

一、近側發展區（zone of proximal development, ZPD）

　　近側發展區（zone of proximal development, ZPD）是Vygotsky社會文化理論的重要見解。

　　Vygotsky認為兒童的發展不是一個線性的過程，兒童的心智功能同時存在著兩種發展的層次，一是「實際的發展層次」（the actual level of development），也就是兒童能夠獨立完成工作的層次；另

一個是「潛在的發展層次」（the potential level of development），也就是兒童與教師或更具能力的同儕合作下，能夠完成的較困難的工作，而這兩個層次之間的差距，也就是所謂的「近側發展區」（ZPD）（Veresov, 2004）。以Vygotsky的話來說，就是在「實際的發展層次——能獨立完成問題解決」和「潛在的發展層次——在成人引導或與同儕協同完成的問題解決之困難度」之間的距離（Vygotsky, 1978）。

Lantolf等人（2015）指出，ZPD並不是呈現進步程序的特有型態，而是教育者可以應用的一種教育中介工具，理解學習者如何發展出更好的能力。因為學習者和他人發展層次上的差異，不論從學習者獨立完成或與他人合作完成任務的過程，都可以藉由過程的中介方式，來理解其心智運作與思考層次，以及教師或較具能力的同儕，在學習脈絡中所提供的「中介」如何成為「學習者從實際層次至潛在層次的轉銜」。因為社會文化對兒童發展具有兩個主要的功能：一是在社會層面成為人際—心理的功能，另一是在兒童層面作為內在—心理的功能；從人際到內在心理功能的轉銜，即發生於ZPD內（Frawley & Lantolf, 1985）。

根據Vygotsky對ZPD的見解，有學者提出「鷹架」（scaffolding）或幫助的架構（helpful structure）等概念，用來說明在ZPD區域內對兒童學習的協助，儘管這並非Vygotsky原先使用的說法，但能幫助我們界定引導兒童學習時的重要元素。當兒童在精進其技能和活動時，來自成人或同儕的提點、建議和架構，有如在建築物周遭搭建起物質支撐（Gordon & Browne, 2011）。亦即，成人能夠在孩子的ZPD之內，激發孩子對工作的興趣、簡化並進行鷹架，藉由協助，積極的引導孩子完成任務（Rogoff, 1990）。這些鷹架行為，也會發生在同儕小組，當孩子進行活動時（不論是需要指導的活動或一般的工作），我們可以在他們彼此之間的談話中看到這些互動和協助。

二、中介（mediation）

Vygotsky的社會文化理論主張人類心智功能的運作是一個中介的過程，受到例如文化產物、活動和概念的形塑（Lantolf et al., 2015）。中介是對人為的行動輔助工具──包含物質、社會和心智工具──的創造和運用（Lantolf, 2011）。

ZPD是有關於個體潛在的成長，而中介則是提供成長的機會。學者對中介有不同的見解，有人認為中介是透過工具比如電腦的應用（Wertsch, 2007）；有人則認為中介是與其他人的互動（Kozulin, 2003）。工具和符號都是由人們和社會創造出來的，為的是滿足特定的需求，特別是心理工具，例如語言是高級心理功能的重要工具，個體認知的發展有賴於他們對這些工具的精熟度（Kozulin, 2003）。然而，這些符號工具若沒有人的中介，將無法發揮效用，因此，在學習的脈絡中，學生獨自接觸教材並不能起到學習的作用，必須經由教師（人為中介）這些教材，才能對學習者產生學習的效果。

Grigorenko（2009）認為在ZPD的概念，是發生在學習者和更具能力的同儕之間的互動，能夠預測出學習者真實和最接近的發展層次，而這樣的互動可以作為協助學習者達到其所缺乏能力的一種方式，而學習者互動的對象可能同時包含人和其他的中介，諸如教科書或電腦。Shrestha和Coffin（2012）認為不論是教師或教科書，各種中介都是為了有意圖的合作，才能夠在教師和學習者之間帶來緊密的互動，方能引發學生的進步。

Kozulin（2003）認為，以人際互動為中介是達到教育目的最好的中介方式。Vygotsky（1978）曾界定從更具能力的他者獲得的協助，就是所謂的中介，也因此中介活動被視為合作過程的媒介，是為了在合作的過程達到目的。在互動的過程，參與者可能是以口語的形式或要求，作為符號和工具的協助或中介方式，以協助學習者完成工作。在這個合作的過程，符號和工具實現了互動，達成了特定的任務，或解決了特定的問題，也促進學習者產生較高層次之心智功能發

展的結果（Vygotsky, 1978）。

　　環境的刺激本身並不能直接影響學習者，而是透過他人（通常是比學習者能力更高的同儕或成人）的過濾，才能有助於學習者的學習，也就是「中介的學習經驗」（mediated learning experience）（Poehner & Lantolf, 2005）。中介的概念，結合上述的ZPD的理論見解，可以應用在課程與教學實務，在學習者的ZPD內，以合作的方式，提供適當的中介，促進學習者的思考與能力。

三、動態評量（dynamic assessment）

　　動態評量依據Vygotsky社會文化理論有關ZPD的見解（Murphy, 2008），是根據ZPD發展出來的子類別，結合教育和評量，成為教學過程的要素（Lantolf & Becket, 2009）。

　　Vygotsky將ZPD可以運用的範圍，界定為「兒童可以獨立完成」，以及「在他人協助之下可以完成」之間的區域，而他人的協助包含評量和學習情境中的人際互動（Kozulin et al., 2003），而這樣的互動引發學習者轉銜至更高級心理功能發展層次（Chaiklin, 2003）。

　　動態評量整合了評量與教學，促進學生的學習。在教學過程介入評量，目的在於解釋個體的能力和心智發展，將評量作為一種確認學習者能力的方法，伴隨著教育的介入，引導學生達至更高層次的心智功能（Lidz & Gindis, 2003）。所以，動態評量能夠界定兒童學習者的ZPD，並且能夠引導學習者與更具能力者的合作，進而提升學習者的心智能力。也就是說，透過動態評量的互動過程，不僅評估學習者的學習潛能，也創造學習者的ZPD（Bekka, 2010）。

　　動態評量的實施程序有三個階段，即測驗前階段（pre-test）、中介階段（mediated period）和測驗後階段（post-test）。測驗前階段接續著教學階段，界定學習者所需要協助之處；而接下來就是教學時間或中介學習經驗，提供學習者相關的作業，並且幫助學習者思考測驗中的原則或概念，此階段有充足的機會在學習者的ZPD內，提升

其學習表現；最後，則是測驗後階段，為整個評量的過程進行總結（Mardani & Tavakoli, 2011）。

依據社會文化理論，個體對中介的回應方式展現了他們的能力層次，也顯示認知功能的發展情形。精確而適當的中介，協助學習者超越他們原先能力的表現方式，這也是動態評量獨特之處，協助學習者與他人合作更甚於獨自作業（Poehner, 2007）。

參、社會文化理論在幼教課程的應用

社會文化理論強調文化，以及社會互動在認知發展過程中的重要性，在教育的意義上，將教學視為「幫助學習者發展心理功能的歷程」（Reobuck, 2001）。

一、兒童的家庭、社區、文化生活與學校教育生活的結合

成人若能讓孩子參與實際的生活情境，孩子便隨時能接受成人在ZPD區域的協助。例如孩子跟著家人到市場購物，看著大人們用手觸摸衣服分辨布料的質感，用眼睛的視覺和鼻子的嗅覺辨別調味料的味道，用眼睛視覺和各種的方法來觀察蔬果的鮮度，查看商品的製造日期、保存期限與成分說明、比較重量和價格，以及和店家議價的方式，這些兒童所觀察、所經歷的，不僅形成了兒童對所處社會文化的認識，也構成兒童對算數、閱讀和溝通協商方式的好奇，並形成文化工具的初步概念。

二、重視語言和符號的運用，提供幼兒談話與討論的機會

Vygotsky相信即便是幼兒早期形式的語言，也有其社會基礎。兒童3-7歲的言談和語言發展，不應只被視為自我中心或不夠成熟的表現，相反的，這些語言能夠呈現兒童的思考。兒童以語言表達出其思考內容，自我的語言是一種自我引導，與他人的言談更具有學習上的意義，不僅表達出幼兒思考的內容，彼此的言談也會內化成為幼兒思考的工具，拓展思考方法。語言與符號都可以作為思考的工具和表達

的內容，也是學習的中介，因此要在學習的情境中，提供幼兒言談的機會，以及符號的運用。

三、在真實的學習情境中評估幼兒的ZPD，並提供適當中介

當教師意識到學習者已經準備好面對挑戰，教師要從觀察和互動中評估學習者的ZPD，提供適當的中介。例如孩子已經會騎三輪車，要進一步學習騎腳踏車時，成人只要在孩子實際練習時，從旁協助其抓到保持平衡的要訣，孩子就很容易學會騎腳踏車。

四、重視文化差異，理解兒童如何運用心理和文化工具進行學習

兒童的學習至少透過三個途徑接受所處社會文化價值的影響（Gordon & Browne, 2011）。首先是透過模仿學習，其次是直接的教導，最後就是透過協同學習——和他人共同參與工作，例如相互幫助完成任務或遊戲。其中的社會互動引發一步一步的持續改變，同時包含技能、運用技能的實際脈絡與文化價值，以及在工作脈絡如何與他人建立關係、和同儕（或成人）一起工作，運用語言傳達、溝通，建構新的想法。因此，教師要理解教學情境，例如學校中，成人和兒童互動的性質和過程，必須參考來自特定歷史和文化所組成的脈絡所賦予的中介、兒童用來學習的工具，以及這些互動在兒童本身產生的意義。

五、重視遊戲的價值，在遊戲的情境提供幼兒真實學習的機會

Vygotsky認為兒童大多是在遊戲中進行學習，在此過程語言和發展彼此相互支持與增進，所以對兒童而言，發展能力最好的方式是透過與他人在遊戲情境中互動，特別是一種師徒的學習關係，在較有能力同儕的教導或協助下，透過實作（do）的過程來支持學徒（學習者）的學習。

43

六、善用小組方式提供幼兒協同學習

在ZPD區域內的協助，除了成人（教師）之外，還包含學習者的同儕，不管是提供線索、想法或只是單純的協助，都可以幫助學習者產生學習。因爲在小組的合作學習，同儕之間有能力差異，爲了達成共同的工作目標，而產生相互支持與學習，並促進思考的能力（Berk, 2000）。在Vygotsky的理念中，學習是具有高度互動性的，且同時須考量兒童所處的文化脈絡和他能展現的成長潛力。

七、在教學情境中運用動態評量拓展幼兒的ZPD

在教學情境中以動態評量，評估幼兒的學習潛能，創造幼兒的ZPD，藉由教師提供適當的中介，以及和幼兒之間的合作，讓幼兒超越他們原先能力的表現方式。

第三節　生態系統理論的基礎

壹、生態系統理論的背景

Urie Bronfenbrenner（1917-2005）的生態系統理論（ecological systems theory）以更爲廣泛的方法論來研究人的發展（Bronfenbrenner & Morris, 1998），強調影響兒童發展的因素，來自所處環境的各層面，各層面之間具有相互連結和相互依賴的特性，生態系統理論分析不同層面的情境條件，系統性地呈現兒童發展的整體過程。

Urie Bronfenbrenner出生在前蘇聯時代，6歲移民美國，定居紐約，他在Cornell大學研讀心理學和音樂，在研究生的學習期間，研究發展心理學。第二次世界大戰時，Bronfenbrenner在美軍擔任臨床心理學家的職位，後來回歸平民生活，在Michigan大學和Cornell大學服務。1970年代，當時生態運動在美國和歐洲展開，Bronfenbrenner也將生態系統理論應用於人類發展研究領域（Gordon & Browne, 2011），提出人類發展的生態系統理論（Bronfenbrenner,

1979）。

　　生態系統理論和社會文化理論一樣，認為兒童發展受到兒童本身以外的因素影響。Bronfenbrenner（2000）認為發展是「人與環境和人類生態系統整合的功能，同時包含物質環境因素（空間、家和學校），以及社會環境因素（家庭、文化和社會）」。生態系統理論的價值在於它跨越不同學科領域，以多元學科、多元文化及多元方向來理解發展中的兒童，並應用於社會科學的研究與實踐（Härkönen, 2007; Gordon & Browne, 2011）。

貳、生態系統理論的內容簡介

　　生態系統理論將兒童所在的環境界定成幾個複雜的「層次」，像一個同心圓，每一個層次都是一個系統，也都會影響兒童發展。兒童位於同心圓的中心，在四個系統中經歷他的成長時間，而這四個系統就在情境的關係、社會的結構，以及較大的脈絡當中運作。

　　作為一個新興的理論，生態系統理論也持續發展，不斷地研究和實踐，進行理論本身的調整與修整。

一、生態系統理論的主要內涵

　　生態系統理論認為要研究兒童發展，不能只把焦點放在兒童本身或者與其有直接關係的環境，也要關注更大的環境脈絡與互動。因此，生態系統理論將兒童生長的環境界定為不同層次，並形成同心圓的架構，兒童位在同心圓的中心點，環繞著中心點的各個層次，依序是微系統（microsystem）、中間系統（mesosystem）、外系統（exosystem）、大系統（macrosystem）和時間系統（chronosystem）。

　　在此架構下，兒童逐漸成熟的生理特性，與微系統內的家庭／社區／學校等各結構之間的互動，再加上較大的社會情境，對兒童發展造成直接或間接的影響。生態系統理論的理論核心，就是說明某個層次內各結構之間的互動，以及不同層次之間各結構的互動，如何影響

兒童發展，因為任何一個層面的衝突或改變，所產生的力量也會貫穿不同層面並激起漣漪（Bronfenbrenner, 1979, 1994）。

(一) 微系統

微系統是與兒童關係最緊密的系統層次，包含了與兒童有切身的、直接接觸的各樣結構，例如家庭、學校、鄰居、托育機構等，微系統也涵蓋兒童與其直接接觸的結構之間的各種互動關係。

在微系統內的互動關係，造成的影響是雙向的，亦即系統內各結構會影響兒童，同時也會受到兒童的影響。例如家庭內父母的觀念和行為會影響兒童，兒童的觀念和行為同時也會影響父母，這就是所謂的「雙向的影響」（bi-directional influences）。雖然雙向影響也會出現在其他層次的環境系統，但是在微系統層次的雙向影響，會對兒童發展造成最直接、最大的衝擊。

(二) 中間系統

中間系統是指兒童所處之微系統內，兩個結構之間的連結。例如在兒童的父母和老師之間，或者是在家庭和鄰居之間的連結。

(三) 外系統

外系統界定了兒童所在環境層次中較大的社會系統，雖然兒童對外系統沒有直接的影響作用，但在外系統中的各結構，透過與兒童微系統內的某些結構互動，進而影響兒童的發展。例如父母的工作場所（外系統）對父母（微系統）的工時安排（互動），以及社區機構提供給家庭可用的資源等。兒童可能沒有直接參與外系統，但卻可以真實地感受到外系統跟他所處的微系統互動時，所帶來的正面或負面的影響力。

(四) 大系統

大系統（巨觀系統）是環繞在兒童所在環境系統的最外層，包含

文化、價值、風俗民情和法律。大系統界定的原則，貫穿所有層次系統之間的互動，並且產生了連帶的影響力。例如所處的文化若認爲養兒育女是父母應該獨自擔負的責任，那麼社會也就不會提供家庭相應的扶養或教育資源，連帶也會影響父母的親職功能。而父母功能是否稱職，以及親職責任的法律界定，都會對兒童的微系統造成直接影響。

(五) 時間系統

時間系統涵蓋兒童相關環境的時間面向，時間系統內的元素，有可能是外在的，例如經歷家人的過世、弟弟妹妹的出生、開始上學等事件；或是內在的，例如在發展時期內的心理轉變或生病。當兒童漸長，他們更能夠處理不同環境的轉變，而且也更能知道其所經歷的轉變所造成的影響（Bronfenbrenner, 1988, 1989）。

二、從生態系統理論到生物生態系統理論的演變

Bronfenbrenner在1970年代，逐步建立生態系統理論（Bronfenbrenner, 1979），並確認了微系統、中間系統、外系統、大系統的內涵。1980-1993年間，Bronfenbrenner開始對發展理論進行修正，提出了「個人－歷程－脈絡」模式（person-process-context model, PPC），更加關注發展的歷程，說明發展是來自於人和情境脈絡互動的結果，強調個人特質在此歷程中扮演的角色，以及發展歷程中的時間面向，並在此時期提出了時間系統模式（chronosystem models），認爲時間系統和環境一樣，對於人類發展都有重要影響（Bronfenbrenner, 1988, 1989）。

1993-2006年間，Bronfenbrenner將修正後的理論稱爲生物生態系統理論（bioecological systems theory）或人類發展的生物生態模式（bioecological model of human development），顯示兒童本身的生物性質（biology）是促進兒童發展的主要環境，並進一步提出「歷程－個人－脈絡－時間」模式（process-person-context-time model,

47

PPCT），來說明這四個元素（歷程、個人、脈絡、時間）會同時影響人類發展的結果（Bronfenbrenner & Ceci, 1993; Bronfenbrenner, 1999, 2000, 2001; Bronfenbrenner & Morris, 1998, 2006）。

(一) 近側歷程（proximal processes）

從開始到整個生命過程，人的發展是經由個人主動參與所處的生物生態系統，在其切身的環境中與他人、客體和符號之間的互動，而人的發展就是發生在這樣一個逐漸複雜的互動歷程。但是互動要能產生效果，必須以相當程度的規律性為基礎，且持續歷經一段時間，而這種持續的互動形式就是「近側歷程」。若發展中的個人能與環境中的重要他人發展出積極的情緒互動，並與其接觸的客體和符號之間有穩定的關係，就能增加近側歷程對發展的影響力。

近側歷程的形式、力量、內容和方向，系統性地影響個人的發展，促進發展中的個人和環境（包含切身或較遠的環境層次）互動的效果。

(二) 個人特質（person characteristics）

個人特質會影響發展的結果，包含生產性的影響——能夠啟動或支持近側歷程，以及破壞性的影響——會中斷或妨礙近側歷程。能對近側歷程帶來正向影響的個人特質，包含具備知識、對環境的積極與好奇心、能獨自或與他人共同參與活動、能回應他人的提議、能做好準備延宕自己的眼前的需求與滿足來達成較長期的目標，以及能夠在不同的情境和發展領域中具備自我導向的能力（Bronfenbrenner & Morris, 1998）。

(三) 脈絡（context）

自生態系統理論早期建立四個層次系統（微系統、中間系統、外系統、大系統）之後，Bronfenbrenner並沒有對脈絡的內涵進行調整，但是加入對近側歷程的說明，指出近側歷程並非單獨發生在微系

統內，也會受到其他脈絡系統的影響。

(四) 時間（time）

在生態系統理論發展的第二期，Bronfenbrenner（1988）將時間因素納為時間系統模式（chronosystem models），但在生物生態系統理論，Bronfenbrenner拓展了時間的概念，認為時間因素不是專指發生在個體發展過程的事件，同時也包含個體所處情境的歷史時間所發生的事件（Bronfenbrenner, 1999）。

Bronfenbrenner和Morris（1998, 2006）提出時間的三個層次：微觀時間（microtime）、居中時間（mesotime）和巨觀時間（macrotime）。微觀時間是指近側歷程正進行的事件當中，時間的延續性和不延續性；居中時間指的是這些事件在一段時間（持續幾天或幾週）發生的頻率；巨觀時間則是著重於發展中的個體所處的世代，以及跨世代期間，社會期待或事件的變遷。

Bronfenbrenner和Morris（2006）整合上述時間的觀點與生物生態系統理論，將人類發展定義為在生物生態系統中，人類特質的延續性和改變的現象，涵蓋個人和群體的整個生命歷程、跨越世代、貫穿歷史時間，包含過去和未來。

參、生態系統理論在幼教課程與教學的應用

Bronfenbrenner的生態系統理論主要是說明在兒童發展的過程，不同層次系統內、各結構之間互動的複雜性，促成兒童身體和認知結構的發展與成長。因此，在幼教課程與教學的應用上，除了重視幼兒本身生理成熟的發展因素和特質外，也提供分析架構，理解幼兒所處之微系統、中間系統、外系統、大系統及時間系統等各系統層次的結構，並運用各層次結構之間的互動關係，提供幼兒發展與學習的支持。

一、了解幼兒的家庭生活，提供高品質親子互動的支持力量

Bronfenbrenner是美國提早就學方案（Head Start Program, Since 1965）的共同發起人，他運用生態系統理論模式分析兒童在學習和家庭生活遭遇的問題（Henderson, 1995）。首先是兒童的微系統——家庭環境面臨的問題及兒童和家庭成員之間的關係，尤其是兒童和父母的關係。雖然在兒童的微系統內，幼兒與教師的關係也會直接影響幼兒的發展與學習，但是教師與幼兒的關係不能取代父母與幼兒的關係。也就是說，當家長忙於工作而無暇陪伴孩子，這是工作場所和家庭生活之間的衝突，並不是家庭和學校之間的衝突。所以學校與教師可以做的是支持幼兒與家長之間的關係，而不是取代父母。幼兒園教師可以透過課程與教學的設計，邀請家長參與孩子的學習，提供親子共學與互動的機會，並從中提高親子互動的品質，以及更爲優質的教養環境。

二、理解幼兒的家庭生活與文化，提供學習情境支持幼兒發展的近側歷程

幼兒的行爲和學習模式受到家庭環境與文化的影響，包括表達方式、自理能力和生活習慣等。幼兒從家庭到幼兒園，面臨的不只是學習場域的轉銜，還有生活經驗和理解世界方式的轉銜，教師要理解幼兒的家庭生活文化，支持幼兒經驗的完整性和延續性（盧美貴、黃月美，2013），接納幼兒的個別差異，在幼兒園的一日作息中協助幼兒適應環境，建立友善、溫暖、穩定的師生和同儕關係，支持幼兒發展的近側歷程。

三、建立家庭和學校，以及學校和社區的夥伴關係

家庭、學校、社區都是幼兒的微系統環境，也會對幼兒的學習造成直接的影響，而幼兒園與家庭的夥伴關係，包含分享各種教養資源，並透過各種活動或管道，讓家長能更有效、更便捷地運用這些資源。因此，搭配幼兒探索主題設計親子共學活動、全園的親子活動和

親職講座等，提供親、師、生互動的情境，教師不僅可以觀察親子關係與其互動模式，也可以提供幼兒園教師對幼兒的引導方式，作爲家長參考。另外，家長參與學校的課程和幼兒的學習活動，也可以成爲學校課程的資源和協助。

　　學校與社區同樣也要建立夥伴關係，除了引導孩子關懷社區環境，在課程中進行社區環境的探索之外，幼兒園教師帶領幼兒參與或提供資源支持社區活動，從人、資源、環境、文化層面，建立幼兒園和社區的夥伴關係。

四、省思環境中的文化、價值和法律制度，對幼兒學習的正面或負面影響

　　在兒童所處的環境系統中，除了上述與家庭有關的外系統（例如家長的工作職場）會影響幼兒的發展與學習之外，與幼兒園有關的外系統，包含國家的幼教政策、縣市政府對幼教課程的評鑑制度、研習制度等，以及官方提供的各種課程資源，也都會影響幼兒的學習。另外，幼兒教育的法律規範、主流的幼兒教育觀點、教師持有的幼教理念和價值、根據的幼兒學習與發展理論等，這些大系統的元素，也是幼兒園和教師習以爲常的行動基礎。因此，教師更需要在課程與教學行動中進行省思，檢視幼教環境的理論、文化、價值和法律制度對幼兒學習帶來的正面或負面影響。

第四節　課程美學的理論基礎

壹、美學的定義與研究焦點

　　亞里斯多德（Aristotélēs, 384-322B.C）指出知識的三種形式：純理之知（科學之知）追求眞、行動之知（對正確行爲抉擇的實踐智慧）追求善、與創作之知（有關技術製造與藝術創作的知識）追求美（引用自劉千美，2000）。而「美學」（aesthetics）一字，也來

自於古希臘的aesthesis，指的是所謂的感受（perception）。可見對於美的追求與純理之知、行動之知並列，受到古希臘哲學家推崇。到了十八世紀，德國美學家Alexander der Baumgarten（1714-1762）將「美學」界定爲「感官認識的科學／系統性學問」（the science of sensory knowledge）：是一門與感官審美有關的知識領域，涉及到對品味（taste）的檢驗。

可見美學作爲一種獨特的求知方式，是經由美學的方法探討事物存在所潛藏之美與藝術的向度，以建立與感官審美有關的系統知識與品味。

一、美學的研究焦點

Cooper（1997）指出美學的研究焦點歷來有所論辯，例如G. W. F. Hegel（1770-1831）認爲「美學」應該嚴格界定爲「藝術哲學」，以強調藝術（art）與自然（nature）的不同，以及「對藝術的回應」與「對自然的欣賞」之間層級上的差別，Hegel認爲藝術才是美學最適切的領域。但I. Kant（1724-1804）卻認爲美學應該關注事物所引發的特定反應、態度與判斷類型，也就是所謂的「審美經驗」（aesthetic experience），而不在於自然與藝術之間的區分。因此，審美的對象包含了「藝術」和「自然」，而審美經驗是對審美對象的感知、情感的涉入、反應與判斷的歷程。

葉朗（2002）將美學研究歸納爲三個方向，包括研究美的本質與美的規律；研究審美關係，包含主體與客體的關係、藝術與現實的關係、對象的內容與形式，以及各形式之間各部分的關係；最後則是研究美感經驗。

上述的美學研究方向，除了美的本質和規律可能涉及哲學層次的思辨，以及對審美對象的客觀條件之外，審美關係和美感經驗，都涉及主體和審美對象之間的互動和創造性的表現。

二、審美歷程是主體和環境的互動歷程，超越主／客體的對立

論及審美主客體之間的關係或經驗，首先要討論主體知覺審美對象的歷程。Merleau-Ponty（1962）特別強調身體經驗的重要性，他認為身體主體的獨特經驗是建立其生活世界的基礎，也是個體掌握意義的依據。

Merleau-Ponty（1962, 1964, 1989）認為，人之所以為主體而非客體，是一種主體生命活動歷程（process）的具體展現，人並非固定的存有（being）或實體，而是在生命活動歷程中，透過自我與環境（包括自然環境、人文環境與社會環境）不斷互動逐漸建構而成，充滿變化的潛能，而且身體的感性經驗與知性經驗對主體與環境的互動歷程，扮演同樣關鍵角色，所以人的存有是知覺的整體展現。而身體知覺是個體與環境之間不斷互動與建構的過程，人就是身體，身體就是人。人的存有是在身心一元、與世界互動的過程中持續變動、建構的歷程，是對主體、客體對立的超越，不僅是對內在、外在二元的超越，同時也超越客觀理性與主觀經驗的二元對立。

三、審美對象或藝術品的特質

Broudy（1972）分析審美對象或藝術品自身具有三種特質：

(一) 可感受的質地（sensory quality）

指審美對象或藝術品的聲音、顏色、形狀、字詞與姿態等，是可以被感知的具體存在。

(二) 形式特質（formal properties）

指藝術品的形態（pattern），例如平衡、層次、韻律、戲劇的故事軸線等，一種有機的組織單位。

(三) 可表現性（expressiveness）

當主體能全然深刻地感知感官與形式兩面向之外顯要素時，則即能知覺審美對象之存有特質（perceived as being in the object），即內在之感覺（feeling）或意義。

所以美感經驗是得自於對美感對象的感官特質，例如形式、內容、構成方式、音色、音質、色調、筆觸……的感知與直觀，並對事物形式特質的凝想與洞察，進而發現、創造出某種新奇的意義，是一種帶有經驗意義和情感的感知與領悟。

四、審美經驗的特點

Dewey（1934）認為「經驗」就是我們生活的過程（the living process）。「經驗」不僅是客觀事實的認知，更包含著人的情感、價值、理性和意義。Dewey（1934）提出「藝術即經驗」的理論，將「藝術」視為一種特質，而非成品。Dewey（1934: 162, 214, 330）認為「藝術」（art）並不是用來指涉那個已經形成的「作品」，「藝術」並不具備有形的特徵（physical qualities），反而只是經驗的一種特質（a quality pertaining to experience），也是行動和感知的一種特質，「藝術」本身並不是一個實體（entity），只是從外部的觀點，藝術才被當作一個名詞。然而藝術是附屬於（adheres to）做事的方式和內容，所以「藝術」本質上是一個形容詞。例如我們說打網球、歌唱、表演或其他活動是藝術時，實際上是一種簡略的表達，應該是說，藝術存在於這些活動的過程，而且藝術也存在於感知活動。Dewey認為審美經驗或藝術作品，就其實質，就是感知（perception）的表現。「藝術」的根源永遠來自於人的經驗，是經驗的一部分，所以Dewey主張具有藝術特質的美感經驗，是生活中那些具有印象鮮明、完滿感受、統一性、情感整合的經驗，這也是從普通經驗到審美經驗的凝鍊。

Beardsley（1991）則從欣賞藝術品的角度，認為所有審美經驗

都應該具有下述第一項特點，以及其他特點中的任三項：

(一) 對象導向性（object directedness）

主要是指當我們觀賞藝術性事物時，會受到藝術品本身特性所引導的性質。無論在聆聽音樂、觀賞歌劇、欣賞畫作、或是閱讀小說，閱聽者的感官與知覺，會不由自主受到作品的牽引，這就是一種「自願性的折服」（willing surrender）、「有限而主動的參與」（limited and active engagement）。

(二) 自由感（felt freedom）

當我們專注於欣賞藝術作品時，會產生一種解放、不受現實拘束的自由感。

(三) 距離感（detached affect）

類似於一種「心理距離」（psychical distance），也可稱為「無涉」（disinterestedness）、「無意志的沉思」（will-less contemplation），欣賞者與藝術作品之間產生一種距離感，但是欣賞者反而因為這種距離而與藝術作品更貼近。

(四) 主動性的發現（active discovery）

是一種心靈主動建構的能力，欣賞者面對藝術作品時，主動發現或建構意義的能力，也就是「創塑事物的意義」（making sense of something），同時也是「使事物具有意義」（making something make sense）。

(五) 整全性（wholeness）

欣賞者在形成自我關聯於審美對象的整體經驗，包含兩個層次：1.各種經驗元素之融貫，例如欣賞者對一件藝術作品的不同面向經驗的整合；2.各種自我面向的融貫或統整，例如藝術作品喚起欣賞者的

經驗、心靈感受，以及視覺刺激等不同面向的經驗統整。

Beardsley提出審美經驗的特質，包含藝術作品的感官特質，以及欣賞者的主動情感涉入、創意發現和整全性的意義連結與創造。

五、美學作為一種生活實踐，跨越習以為常的生活經驗

M. Greene（1973, 1978, 1995）強調美學的生活實踐，以及成為「行動者」（actor）的意向。Greene（1995, 2001）認為將美學作為一種生活實踐，是透過多元現實的理解、知覺的開展，跨越習以為常的生活經驗。實踐美學實質包含了兩個面向：第一，將藝術視為另一個不同的實際（reality），自我置身於這個實際，此即是「知覺」（perception）。而第二部分的實踐美學，則傾向是「表現」。表現包含了內部的審美經驗的意識層次，以及外部的「行動」歷程。自意識至行動歷程，這其中亦包含了批評（criticism）——談論藝術品，透過批判性的談論與書寫，並涉入對自己個人多種藝術經驗的省思，而獲審美經驗的意義，此即是實踐美學。

Greene實踐美學鼓勵教育者於教與學的過程中，成為具批判意識的行動者，透過藝術品引發審美經驗的內在意識和外在行動，是透過多元現實的理解、知覺的開展，成為一種生活實踐，跨越習以為常的生活經驗。

貳、課程美學的理論基礎

美學作為一種獨特的知識取向，是經由美學的方法探討人、事、物、潛藏之美與藝術的向度，而課程美學即在探討課程之美與藝術的向度。以藝術與美學的方法和視角，從各類藝術領域的美學論述，發現課程現象與課程行動中美的性質與美感經驗的形成。

一、教育的美學面向

長期以來，主流教育偏重「理性」經驗的提供（Merleau-Ponty,

1964, 1989; O'Loughlin, 2006; Rorty, 1993），標準化的教育和評量工具試圖大量製造同一規格的教育產品，教育工業化的比喻強調學生學習的齊一性，失去了對現象世界深刻與多樣化的感知能力。面對這些基於工業管理與科學研究所導致的問題，Huebner（1966）認為需要美學與倫理學的語言，來平衡傳統科學、技術、政治語言及其對學校教育的理解。

Greene（2001）指出「教育」是一個培育具差異性的個人的歷程，對所有事物能創造不同觀點與多元意義，透過各種認知、觀看與感受途徑，致力於拓展不同的經驗境況。也就是說，學校教育不僅提供理性運作的活動，同時也為學生提供一種「所思、所感、所知」的存在經驗（陳伯璋，1987）。

Dewey（1910: 156）主張教育是解放和拓展人的經驗，尤其是達致「圓滿的藝術經驗」，因為個體在與世界互動的經驗過程中，一切所作所為、所感所悟，皆為息息相關，而審美經驗讓人得以尋找個人與社會、自然界之間一種更為完善、圓滿的關係（Dewey, 1934）。如F. Schiller（1759-1805）在其《審美教育書簡》（*On the Aesthetic Education of Man*）（1795, 2004），主張透過更高的美感教育來恢復人和諧一致的完整性、一體性，同時保證個體的自由和多樣性，對「感知」審美經驗的創意表現。

教育的目的不應被窄化為追求科學的純理知識，若只用理性、科學或心理學的篩子，可能破壞經驗的整全性、濾掉了藝術性；美學的視野，不僅打開傳統以科學理性和標準化所設定的教育疆界，更是以驚奇和想像（Greene, 1995; Pinar, Reynolds, Slattery, & Taubman, 1995），改變過度被標準化（如理性與科學技術）的方式，開拓各種認知、觀看與感受途徑，生成個人與社會、自然界之間一種更為完善、圓滿的審美關係。

二、課程作為審美對象的特質和藝術形式

課程是人造物，就課程本身而言，可以視為具有各種表現元素的

藝術品，是美學研究的對象。

Vallance（1991）指出課程與藝術品之間的相似特質：

(一) 皆為人造物；

(二) 皆為創作者（課程發展者或藝術家）與欣賞者（學生或閱聽者）溝通的媒介；

(三) 皆為轉化後可讓欣賞者接近的知識形式：例如藝術是將非論述的知識轉化為可感知的媒材，而課程則是將專家的知識轉化為學生能理解與接受的形式；

(四) 皆須歷經問題解決的過程：藝術品的創作如同課程設計者的慎思歷程；

(五) 皆有賴該成品與欣賞者的相會才能生成意義，因為兩者都需要提供一個引發欣賞者反應的情境；

(六) 皆限定欣賞者經驗的範圍：例如課程與藝術品都選擇呈現整體經驗領域中的部分，並且讓閱聽者的覺知形成某種結構的方式呈現；

(七) 皆能獲取欣賞者的注意力，引發強烈的反應；

(八) 皆歷經持續的風格轉變與歷史傳統的積累；

(九) 皆歡迎批評與鑑賞。

除了上述課程具有藝術品的相似特質之外，課程的內涵也符合前文所述Broudy（1972）說明的審美對象或藝術品自身具有的感官特質（能讓學生感知的具體存在的表現媒介）、形式特質（能展現知識特質的一種有機的組織單位）和表現的特質（能知覺知識特質，創塑知識與生活之間的意義）。

三、課程與教學歷程中的美感經驗

美感經驗不僅是審美歷程的真實感受，也反映了主體的內在體驗。以Beardsley（1991）提出審美經驗的特質而言，課程與教學的歷程中展現了包含藝術作品（課程與教學）的感官特質，以及欣賞者（學生）的主動情感涉入、創意發現和整全性的意義連結與創造。在

課程的發展與實踐歷程所生成的美感經驗，也可以如Dewey提出之經驗論美學的見解，具有教育的普遍性。然而，如何透過課程的實踐，達致「圓滿的藝術經驗」則須要富有創意的教師才可能完成，而這也是Dewey（1910）認為教學是一門藝術，真正的教師是一個藝術家。

　　例如Dewey（1934）完整經驗的觀點，美感經驗是一種從開始（inception）：源於對事件的驚奇（wonder）、歷經發展（development）：激發對未知領域的探索、到實現（fulfillment）：完滿的感受使經驗成為有意義的歷程、帶來新意義的實現（fruition）和建立新整體（wholeness），才能產生美感經驗。任何學科，都可以提供這樣的審美經驗，帶給學生突發性或意想不到的學習體驗和審美途徑的認知感悟。

　　Eisner（1994）指出，教師在教學過程如同一個展演者，需要以「實踐智慧」引導學習者生成藝術的感知形式，在特定的情境下判斷如何將結合特定的知識和素材與技巧，引導學生進行深刻的理解，將知識傳授過程中的教學技巧轉移至實踐與體驗的歷程，這就是「藝術」，而教學的活動就是一個藝術創作與展演的過程。這種藝術創作的實存狀態就像Merleau-Ponty（1989）的知覺理論所言，藝術品呈現的雙重性——材料與語意、物質與精神、限定與超越，即知覺轉換為精神，精神又轉化為知覺的一連串再現和創造的活動。在課程實踐與體驗的歷程，無論教育活動本身、教材、課程、教育場域與空間，教育活動參與者，包括教師與學生，透過身體知覺與學習情境互動，不斷衍生各種經驗，也建構其存在主體的身體知覺方式。

　　課程是提供學生理解人們所在世界之意義的一種方式（Greene, 1978），從美學的觀點，發現課程作為審美對象的特質和藝術形式，不僅賦予課程新的意義，也重新詮釋課程／教師／學生之間的關係。教師作為課程美學的行動者，在課程與教學的行動過程，展現課程的藝術性，並成為師生共創的美感經驗，此部分將在本書第九章第二節說明。

核心素養在幼兒園課程
發展上的意義與實踐
CHAPTER 3

第一節　核心素養在幼兒園課程的發展及其重要性

壹、核心素養在課程發展上的意義

「素養」同時涵蓋competence和literacy的概念（蔡清田，2014），是指一個人接受教育後學習獲得知識（knowledge）、能力（ability）和態度（attitude），是一種能夠成功的回應個人及社會的生活需求，使個人得以過著成功與負責任的社會生活，面對現在與未來的挑戰，「素養」中擇其關鍵且必要的乃為「核心素養」。聯合國教科文組織（UNESCO）於1996年和2003年提出學會求知、學會做事、學會共處、學會自處，以及學會改變五大支柱；歐盟（EU）於2005年提出母語溝通、外語溝通、數學與基本科技素養、數位素養、學習如何學習、人際及跨文化與社會和公民素養、創業家精神、文化表達等八項核心素養內容；經濟合作開發組織（Organization for Economic Co-operation and Development, OECD）於2005年提出自律自動的行動、互動的運用工具溝通與異質性團體互動等三大核心素養等。

國家教育研究院亦委託蔡清田、林永豐等人於2011-2013年期間進行核心素養相關研究，進而主持撰寫「十二年國民基本教育課程體系發展指引」（蔡清田，2014）。2014年（民103）教育部公布《十二年國民基本教育課程綱要總綱》正式揭櫫「以核心素養作為課程發展的主軸」。「核心素養」（key competence）強調以人為本的「終身學習者」，並與「自發、互動、共好」的理念相連結，提出「自主行動」、「溝通互動」及「社會參與」三大面向，其表述彰顯學習者的「主體性」，不以學科知識作為學習的唯一範疇，關照學習者的「生活」情境，並且強調其在生活中能「實踐」為其特質。下面以「核心素養」的動態滾輪意象，對「終身學習者」在生活情境中能「自主行動」、「溝通互動」及「社會參與」作說明（蔡清田、陳伯璋、陳延興、林永豐、盧美貴、李文富等人，2013）。

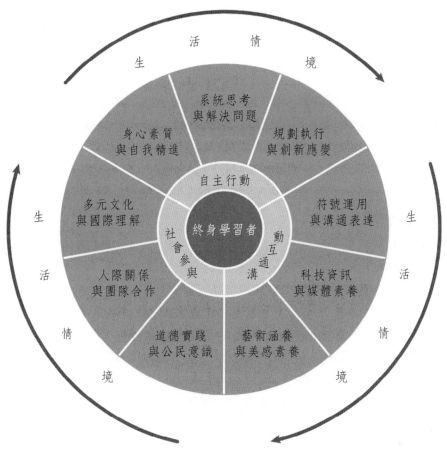

圖3-1　核心素養的動態滾輪意象

　　自主行動：在社會情境脈絡中，個體能負責自我生活管理，以及能進行自主行動選擇，同時具備創造力與積極的行動力。

　　溝通互動：強調廣泛地運用工具，有效地與人及環境互動。這些工具包括物質工具和社會文化工具，這是人與環境互動的管道。

　　社會參與：在地球村裡個人需要學習處理社會的多元性，與人建立適宜的合作方式與人際關係，個人亦需要發展如何與他人或群體互動的公民素養與公民責任。

　　因此，核心素養係漸進的加深加廣，再透過跨領域課程融入教學

內涵與重點，並視其需要發展再補充說明。

貳、核心素養在幼兒園課程的發展

我國的幼稚園課程標準從民國18年以來歷經數次修訂，本研究將簡要敘述民國18年公布《幼稚園暫行課程標準》、民國21年第一次修訂、民國25年第二次修訂、民國42年第三次修訂、民國64年第四次修訂，以及民國76年第五次修訂和民國101年10月5日發布《幼兒園教保活動課程暫行大綱》，歷經4年於民國105年修訂《幼兒園教保活動課程大綱》。

下面將我國幼兒園歷次課程修訂作一簡述，藉以呈現各次課程發展與修訂脈絡，以及近日所揭櫫「核心素養」的關係。

一、現行《幼兒園教保活動課程大綱》修訂過程

民國11年實施新學制，頒訂學校系統改革案，改「蒙養園」為「幼稚園」，規定幼稚園收受6歲以下之兒童，始確定幼稚園在學制上之地位（省教育廳誌，1992）。

民國18年8月，教育部頒布以三民主義教育為依歸之教育宗旨，分別訂定各級學校課程標準，幼稚園課程標準亦於民國18年起草擬定。第一次公布之幼稚園課程標準當時定名為《幼稚園暫行課程標準》，其總目標共分三項（表3-1）。

民國21年，教育部正式公布《幼稚園課程標準》，代替《幼稚園暫行課程標準》，此乃我國教育史上第一次公布之《幼稚園課程標準》。

民國8-26年全面抗日開始之前，幼兒教育是以加強灌輸民族意識及愛國觀念為目的。民國26年「八一三」全面抗戰，至第二次世界大戰結束，幼兒教育則以訓練幼兒戰時生活，以及養成吃苦耐勞之生活習慣為目的。此為第二次的修訂。

民國39年3月，為因應實際環境之需要，《幼稚園課程標準》自民國42年5月起，至同年11月止，進行第三次修訂（如表3-1）。

　　民國64年11月第四次修訂完成《幼稚園課程標準》，以配合國家建設人力動員之需要。本次修正之《幼稚園課程標準》所規定之總目標，請參看表3-1。

　　值得注意的是，自民國70年9月，委託國立臺灣師範大學科學教育中心進行爲期3年之「幼稚園科學教育實驗研究及推廣計畫」，期能透過研究、試教及修訂等過程，編制適合我國社會所需要之幼稚園科學課程，同時第五次修訂之《幼稚園課程標準》亦在民國76年公布。本次調整修正的《幼稚園課程標準》所規定之總目標，如表3-1。

　　至於民國101年（2012）《幼兒園教保活動課程暫行大綱》，於106年（2017）修訂成正式大綱，表3-1爲《幼兒園教保活動課程大綱》修訂背景與目標的演變。

表3-1　《幼兒園教保活動課程大綱》修訂背景和課程目標的演變

背景與目標　　修訂之年度	背景	目標
民18年（1929）（暫行課程標準）民21年（1932）（正式課程標準）	以三民主義教育為依歸之教育宗旨。	1. 增進幼稚兒童應有之快樂幸福。 2. 培養人生基本優良習慣（包括身體行為各方面之習慣）。 3. 協助家庭教養幼稚園兒童，並謀家庭教育之改進。
民26年（1937）	1. 民國8-26年全面抗日開始之前，幼兒教育是以加強灌輸民族意識及愛國觀念為目的。 2. 民國26年「八一三」全面抗戰，至第二次世界大戰結束，幼兒教育則以訓練幼兒戰時生活，以及養成吃苦耐勞之生活習慣為目的。	1. 增進幼稚兒童身心之健康。 2. 力謀幼稚兒童應有之快樂與幸福。 3. 培養人生基本優良習慣（包括身體行為等各方面）。 4. 協助家庭教養幼稚兒童，並謀家庭教育之改進。

（續）

背景與 目標 修訂 之年度	背景	目標
民42年 （1953）	1. 抗戰勝利後，教育復員，民國25年修訂之課程標準已難適應戰後社會之需要。 2. 教育部督促普通教育司修訂各級學校課程標準，以因應實際環境之需要。	1. 增進幼兒身心的健康。 2. 培養幼兒優良的習慣。 3. 啟發幼兒基本的生活知能。 4. 增進幼兒應有的快樂和幸福。
民64年 （1975）	1. 工商發達，人民生活水準提高。 2. 政府致力於十大建設。動員人力甚眾，年輕父母配合國家建設人力動員之需要，幼年子女乏人照料。 3. 幼稚園日漸普及，幼稚教育發展甚速，二十餘年前的課程標準已無法適應需求。	1. 增進幼兒身心健康。 2. 培養幼兒良好習慣。 3. 發展幼兒潛在能力。 4. 充實幼兒生活經驗。 5. 增進幼兒應有的快樂和幸福。 6. 培育幼兒仁愛的精神及愛國觀念。
民76年 （1987）	1. 雙薪家庭普遍，幼兒乏人照料。 2. 在知識爆增時代，需針對幼兒生活習慣與知識施予合宜的指導。 3. 期透過研究、試教及修訂等過程，編制適合我國社會所需要之幼稚園科學課程。	1. 維護兒童身心健康。 2. 養成兒童良好習慣。 3. 充實兒童生活經驗。 4. 增進兒童倫理觀念。 5. 培養兒童合群習性。	1. 關心自己的身體健康和安全。 2. 表現活潑快樂。 3. 具有多方面興趣。 4. 具有良好生活習慣與態度。 5. 對自然及社會現象表現關注與興趣。 6. 喜歡參與創造思考和解決問題的活動。 7. 能與家人、老師、友伴及他人保持良好關係。 8. 具有是非善惡觀念。

（續）

背景與 目標 修訂 之年度	背景	目標
		9. 學習欣賞別人的優點，並且具有感謝、同情及關愛心。 10. 適應團體生活，並且表現互助合作、樂群、獨立自主及自動自發的精神。
民101年 (2012) （暫行大綱） 民106年 (2017) （正式大綱）	1. 確立教育與照顧的綜合性服務。 2. 提升幼兒教育與照顧的品質。 3. 厚植幼兒教育的多元發展。 4. 以全球視野發展在地行動。	1. 維護兒童身心健康。 2. 養成兒童良好習慣。 3. 充實兒童生活經驗。 4. 增進兒童倫理觀念。 5. 培養兒童合群習性。 6. 拓展幼兒美感經驗。 7. 發展幼兒創意思維。 8. 建構幼兒文化認同。 9. 啟發幼兒關懷環境。 〔基本理念〕 1. 怎麼看幼兒。 2. 怎麼看幼兒的學習與發展。 3. 怎麼看教保活動課程。 4. 怎麼看教保服務人員的角色。

二、臺灣歷次修訂幼兒課程領域、目標及其內容

(一) 臺灣四次課程範圍及其內容

談及近年來「核心素養」在各級教育不遺餘力的展開，幼兒教育

67

的部分在此先敘述臺灣四次修訂課程的沿革，藉以了解核心素養在幼兒園課程發展的重要性及其定位。

由於我國的《幼稚園課程標準》從民國18年以來歷經數次修訂，所以民國18年、26年的課程標準皆是施行於中國，因為當時臺灣處在日據時代（1895-1945）。民國42年的《幼稚園課程標準》，是我國《幼稚園課程標準》在臺灣落實的第一個版本，也讓我們看到了一個歷史的軌跡——從清末以來在中國萌發的幼教理念、日據時代以前就深植於臺灣民間的育兒理念、日據時代日本在臺灣實施的教育方式，三種不盡相同的論述和實踐方式於民國四、五十年代在臺灣幼教領域交錯。在1950-1960年代，臺灣幼教課程的施行，除了沿襲日式的幼教理論之外，由教會幼稚園所引進之歐、美的幼教理論亦成為幼教課程實踐的依據。此外，主導民國42年（1953）《幼稚園課程標準》修訂的張雪門，其主張的「行為課程」——「兒童本位」的論述體系，則是根據合乎當地環境、當地兒童的生活經驗的「兒童本位」原則。再者，陳鶴琴之「五指活動課程」亦透過當時師範學校的實驗和推廣，而成為公立幼稚園的課程實施依據。

表3-2僅以民國42年、64年、76年，以及106年在臺灣公布實施的幼兒園課程範圍做一比較。

表3-2　在臺灣實施之四次幼兒園課程範圍及其內容之比較

年代	1953年（42年）	1975年（64年）	1987年（76年）	2017年（106年）
課程範圍	一、知能訓練 1. 遊戲（計數、表演、律動、感覺、模仿、猜測、競爭、各地區特有等遊戲） 2. 音樂（欣賞、律動及演作、自然聲音的欣賞與模仿）	1. 健康（心理健康、身體保護、安全、靜息、餐點） 2. 遊戲（體能或運動的遊戲、操弄、結構與創造的遊戲、感覺、知覺的遊戲；模仿、	1. 健康（健康的身體、健康的心理、健康的生活） 2. 遊戲（感覺運動遊戲、創造性遊戲、社會性活動與模仿	1. 身體動作與健康（覺察與模仿、協調與控制、組合與創造） 2. 認知（蒐集訊息、整理訊息、解決問題）

（續）

年代	1953年 （42年）	1975年 （64年）	1987年 （76年）	2017年 （106年）
課程範圍	3.工作（沙箱、積木、畫圖、紙工、泥工及紙漿工、縫紉、木工、織工、園藝、其他自然物及廢物利用） 4.故事和歌謠（故事、歌謠） 5.常識（食衣住行各項物品及社會組織；日常禮儀的演習；紀念日和節日；集會的演習；國旗、國父遺像、總統肖像；習見的自然現象；氣候現象；附近的植物採集；身體部位；衛生規律；健康和清潔的檢查） 二、生活訓練 1.靜息（靜默、靜臥） 2.餐點（材料種類、調配時注意之事項）	想像的遊戲；社會的遊戲；思考與解決問題的遊戲） 3.音樂（唱歌和表演、韻律、欣賞、節奏樂） 4.工作（參加實際工作；模仿成人職業的工作；模仿家庭的工作；美勞的工作。例如沙箱、積木、畫畫、紙工、泥工、木工、縫紉、園藝、飼養、烹飪、雕刻工、蓪草工、廢物工、其他） 5.語文（說話、故事歌謠、閱讀） 6.常識（自然、社會、數的概念）	想像遊戲；思考及解決問題遊戲；閱讀及觀賞影劇、影片遊戲） 3.音樂（唱遊、韻律、欣賞、節奏樂器） 4.工作（繪畫、紙工、雕塑、工藝） 5.語文（故事和歌謠、說話、閱讀） 6.常識（社會；自然；數、量、形的概念）	3.語文（理解、表達） 4.社會（探索與覺察、協商與調整、愛護與尊重） 5.情緒（覺察與辨識、表達、理解、調節） 6.美感（探索與覺察、表現與創作、回應與賞析）

　　民國42年此次修訂之《幼稚園課程標準》，在課程範圍方面，較民國25年公布之標準有重大改變者——將幼稚園課程範圍分為「知能訓練」和「生活訓練」兩部分。此外，也調整課程編排的順序，將「遊戲」、「音樂」等科列在首項，以強調幼稚教育方面保育重於教學的寓意。

　　民國64年相較於民國42年的課程標準，在課程範圍之調整情

形，民國42年的課程標準將課程範圍分為「知能訓練」及「生活訓練」兩大項，此種分法，將幼兒的「知能」和「生活」視為兩件事，就幼兒教育而言較不適宜。此次修訂，根據生活教育原理，針對幼兒需要，將「知能」融入「生活」之中，分列六項課程，使幼兒於各項課程活動中，接受各該項生活教育。六項課程分別為健康（即健康生活）、遊戲（即遊戲生活）、音樂（即音樂生活）、工作（即勞動生活）、語文（即語文生活），以及常識（即科學生活）。

民國76年與民國64年課程範圍相同（如表3-2），至民國105年修訂的正式教保活動課程大綱，則包括：身體動作與健康、認知、語文、社會、情緒和美感六大領域。

(二) 四次幼兒課程領域目標及其內容

臺灣公布實施之四次《幼稚園課程標準》，除了在各領域的範圍有所調整之外，四次《幼稚園課程標準》各領域目標亦有所更動，尤其是健康領域，則注意到增加幼兒的動作與能力，但大體而言，其用詞仍是注重對幼兒的指導或教導，尚未完全以幼兒為學習主體，引發孩子主動學習。第四次《幼兒園教保活動課程大綱》已注意到幼兒的個殊性，及其自主學習的必要性，以及情緒和美感教育。各領域目標之比較，如表3-3所示。

表3-3　臺灣實施修訂四次幼兒園課程各領域目標的比較

年代		1953年（民42）	1975年（民64）	1987年（民76）	2017年（民106）
領域目標與內容	健康	※※※	1. 促進身心均衡發展。 2. 培養健康習慣。 3. 指導預防疾病。 4. 實施安全教育。	1. 滿足幼兒身心需要，促進幼兒身心均衡的發展。 2. 充實幼兒健康知能，培養幼兒健康習慣與態度。	身體動作與健康 1. 靈活展現基本動作技能並能維護自身安全。 2. 擁有健康的身體及良好

（續）

年代		1953年 （民42）	1975年 （民64）	1987年 （民76）	2017年 （民106）
領域目標與內容	健康			3. 鍛鍊幼兒基本動作，發展幼兒運動興趣與能力。 4. 擴展幼兒生活經驗，增進幼兒社會行為的發展。 5. 實施幼兒安全教育，協助幼兒獲得自護的能力。	的生活習慣。 3. 喜歡運動與樂於展現動作創意。
	遊戲	1. 增進身心的健康和快樂。 2. 滿足愛好遊戲的自然心理，學習適當的遊戲活動。 3. 發展筋肉的聯合運作，訓練感覺和肢體的靈活反應。 4. 培養互助、合作、樂群、守紀律、公正等良好習慣。	1. 增進幼兒身心的健康和快樂。 2. 訓練幼兒的感覺、知覺與體能活動能力。 3. 發展幼兒的思考能力與解決問題能力。 4. 發展幼兒的想像力與創造力。 5. 培養幼兒互助、合作、樂群、公平競爭、守紀律、愛惜公物等良好社會習慣與人格品質。 6. 滿足幼兒愛好遊戲的心理與個別差異的需要。	1. 增進幼兒身心的健康和快樂。 2. 滿足愛好遊戲心理與個別差異需要。 3. 增廣幼兒知識，擴充生活經驗。 4. 發展幼兒創造思考與解決問題能力。 5. 培養幼兒互助、合作、樂群、公平、遵守紀律、愛惜公物等社會品德。	情緒 1. 接納自己的情緒。 2. 以正向態度面對困境。 3. 擁有安定的情緒並自在地表達感受。 4. 關懷及理解他人的情緒。 （相近領域對照）

（續）

年代		1953年 （民42）	1975年 （民64）	1987年 （民76）	2017年 （民106）
領域目標與內容	音樂	1. 滿足唱歌的欲望，增進生理上各部分器官的活力。 2. 啟發並增進欣賞音樂的能力（包括口唱和樂器兩種）。 3. 促進發聲的官能及對於節奏的感覺，並訓練節奏的動作。 4. 發展親愛、合作、快樂的精神。 5. 引發對事物的興趣。	1. 培養幼兒愛好音樂的興趣。 2. 啟發幼兒欣賞音樂的能力。 3. 滿足幼兒唱歌欲望，增進其生活的情趣與活力。 4. 養成幼兒的節奏感和聲感，並啟發其對音樂的感受力和創作力。 5. 輔導幼兒從音樂陶冶中，調和其身心均衡發育。 6. 輔導幼兒從音樂陶冶中，發展其親愛、合作、快樂、活潑的精神。	1. 增進幼兒身心的均衡發展。 2. 發展幼兒愛好音樂的興趣。 3. 培養幼兒音樂的基本能力。 4. 啟發幼兒對音樂的表現能力。 5. 發展幼兒親愛、合作、快樂、活潑的精神。	美感 1. 喜歡探索事物的美。 2. 享受美感經驗與藝術創作。 3. 展現豐富的想像力。 4. 回應對藝術創作的感受與喜好。 （相近領域對照）
	工作	1. 滿足對工作的自然需要。 2. 培養操作習慣、增進工作技能，並鍛鍊感覺能力。 3. 訓練有關群體的活動力。 4. 發展智力。 5. 培養美感。	1. 滿足幼兒動作上自然的需求。 2. 培養幼兒良好的操作態度與習慣。 3. 增進幼兒欣賞、審美、發表及創作的能力。 4. 陶冶幼兒優美的性情，提高幼兒學習的信心。 5. 擴充幼兒群體的生活經驗和活動力。	1. 滿足幼兒對工作的自然需求。 2. 培養幼兒良好工作習慣與態度。 3. 促進幼兒認識工作材料與工具的使用方法。 4. 擴充幼兒生活經驗並培養工作的興趣。 5. 培養幼兒欣賞、審美、發表及創作的能力。	認知 1. 擁有主動探索的習慣。 2. 展現有系統思考的能力。 3. 樂於與他人溝通，並共同合作解決問題。 （相近領域對照）

（續）

年代		1953年（民42）	1975年（民64）	1987年（民76）	2017年（民106）
領域目標與內容	常識	1. 引導對於自然環境和社會環境的觀察和欣賞。 2. 增進利用自然、滿足生活、組織團體等最初步的經驗。 3. 引導對於「人和社會及自然的關係」的認識。 4. 養成愛護自然物和衛生、樂群、互助、合作等良好習慣。	1. 引導幼兒觀察與欣賞自然環境和社會環境。 2. 啟發幼兒對自然現象和社會生活的關注與興趣。 3. 增進幼兒了解數量與日常生活的關係。 4. 養成幼兒愛護自然物和衛生、樂群、互助、合作等良好習慣。	1. 啟發幼兒對自然現象和社會生活的關注與興趣。 2. 引導幼兒觀察與分析自然環境和社會環境。 3. 培養幼兒愛護自然及社會生活的習慣與態度。 4. 激發幼兒對數、量、形之學習興趣，並有簡單應用的能力。 5. 培育幼兒學習自然科學的正確概念、態度與方法。	社會 1. 肯定自己並照顧自己。 2. 關愛親人。 3. 樂於與他人相處並展現友愛情懷。 4. 樂於體驗文化的多元現象。 5. 親近自然並尊重生命。 （相近領域對照）
	故事和歌謠	1. 陶冶性情、提高興趣。 2. 發揮想像、啟發思想。 3. 練習說話、吟唱並增進發表能力。 4. 發展對於故事的創作能力、培養快樂和親愛的情緒。	※※※	※※※	※※※
	語文	※※※	1. 啟發幼兒語言的潛能。 2. 輔導幼兒聽話、說話的能力和禮貌。	1. 啟發幼兒語言的潛能，增進幼兒的語言能力。 2. 培養幼兒良好	語文 1. 體驗並覺知語文的趣味與功能。 2. 合宜參與日

（續）

年代		1953年 （民42）	1975年 （民64）	1987年 （民76）	2017年 （民106）
領域目標與內容	語文	※※※	3. 發展幼兒欣賞、思考和想像的能力。 4. 培養幼兒閱讀、問答和發表的能力。 5. 輔導幼兒從語文學習中，陶冶其和諧的情緒。 6. 輔導幼兒從語文學習中養成其優美的品格。	說話與聽話的態度與習慣。 3. 發展幼兒欣賞、思考和想像的能力。 4. 培養幼兒閱讀、問答和發表的能力。 5. 陶冶幼兒優美的情操及健全的品格。	常社會互動情境。 3. 慣於敘說經驗與編織故事。 4. 喜歡閱讀並展現個人觀點。 5. 認識並欣賞社會中使用多種語文的情形。
	靜息	1. 養成安靜的習慣，促進精神的健康。 2. 恢復疲勞，並增進精神活動的效率。	※※※	※※※	※※※
	餐點	1. 適應需要。 2. 練習飲食應有的禮節。 3. 養成飲食應有的清潔習慣。 4. 養成愛惜食物的習慣。	※※※	※※※	※※※

三、1987年課程標準與2016年《幼兒園教保活動課程大綱》的比較

本文依據教育部國教司委託「幼兒園教保活動課程大綱研編小組」於2016年3月提出之《幼兒園教保活動課程大綱》（教育部，

2017），針對宗旨與總目標、課程架構、實施通則，以及各領域目標與1987年課程標準進行比較。

　　民國76年在教育目標方面與前次相較，民國64年公布之《幼稚園課程標準》列教育目標六項，此次修訂係依據民國70年公布實施之《幼稚教育法》，依此法令之規定，調整爲五項。爲使幼兒園達成所定目標，特明列須輔導幼兒做到十項基本事項，作爲從事幼教者努力之具體方針。

　　《幼兒園教保活動課程大綱》之宗旨爲：課程立基於「仁」的教育觀，承續孝悌仁愛文化，以陶養幼兒能成爲愛人愛己、關懷環境、面對挑戰、踐行文化的未來社會公民，並奠定終身學習的基礎。其總目標如表3-4。

　　1987年《課程標準》和2016年《幼兒園教保活動課程大綱》修訂背景與課程目標之比較，如表3-4所示。

表3-4　《課程標準》和《教保活動課程大綱》修訂背景與課程目標說明

修訂之年度 ＼ 背景與目標	背景	目標	說明
民76年 （1987）	1. 雙薪家庭普遍，幼兒乏人照料。 2. 在知識爆增時代，須針對幼兒生活習慣與知識施予合宜的指導。 3. 期透過研究、試教及修訂等過程，編制適合我國社會所需要之幼稚園科學課程。	1. 維護幼兒身心健康。 2. 養成幼兒良好習慣。 3. 充實幼兒生活經驗。 4. 增進幼兒倫理觀念。 5. 培養幼兒合群習性。	1. 關心自己的身體健康和安全。 2. 表現活潑快樂。 3. 具有多方面興趣。 4. 具有良好生活習慣與態度。 5. 對自然及社會現象表現關注與興趣。 6. 喜歡參與創造思考和解決問題的活動。 7. 能與家人、老師、友伴及他人保持良好關係。 8. 具有是非善惡觀念。 9. 學習欣賞別人的優點，並且具有感謝、同情及關愛之心。

（續）

修訂之年度 ＼ 背景與目標	背景	目標	說明
			10. 適應團體生活，並且表現互助合作、樂群、獨立自主及自動自發的精神。
民101年（2012）（暫行大綱）↓民106年（2017）（正式大綱）	1. 確立教育與照顧的綜合性服務。2. 提升幼兒教育與照顧的品質。3. 厚植幼兒教育的多元發展。4. 以全球視野發展在地行動。	1. 維護兒童身心健康。2. 養成兒童良好習慣。3. 充實兒童生活經驗。4. 增進兒童倫理觀念。5. 培養兒童合群習性。6. 拓展幼兒美感經驗。7. 發展幼兒創意思維。8. 建構幼兒文化認同。9. 啟發幼兒關懷環境。	1. 幫助幼兒擁有安定的情緒與健康的身心，養成自主的生活態度、習慣與技能。2. 建立幼兒的自信，陶養豐富的情感，學習情緒的調適與表達。3. 重視幼兒語言的理解與敘說，啟發在人際溝通中友愛合作的情懷。4. 支持幼兒對自然環境與人文世界的好奇及探索，發展思考及表現創意。4. 豐富幼兒的文化經驗，建構在地文化的認同，認識並欣賞多元文化。5. 拓展幼兒的美感經驗，培養幼兒對環境的覺知，愛護環境與珍惜自然。

　　從前文在臺灣實施之三次（1953、1975、1987年）《幼稚園課程標準》之課程目標顯示，三次課程標準所列之課程目標，其主詞皆為成人，期待成人透過幼兒教育的課程來增進、培養與啟發、發展、充實幼兒之態度／能力。從四次課程標準所列之課程目標的改變，可以發現為回應社會對幼兒教育的期待而在課程目標上有所改變，從增進幼兒基本的生活知能擴展為增進幼兒的生活經驗到納入幼兒與社會群體的關係；然而三次課程標準中維持不變的課程目標則是維護（增

進）兒童身心健康和培養（養成）幼兒優良（良好）習慣。2016年《幼兒園教保活動課程大綱》亦期待成人透過幼兒教育的課程，來幫助、建立、陶養、啟發幼兒各種能力，但卻也強調要提供支持的環境、重視幼兒主體對世界的理解，並豐富幼兒的文化經驗。雖然從課程目標的用詞仍不脫成人的「主導」地位，但對幼兒能力的培育，則是透過拓展幼兒對世界的探索，以及建立與世界的關聯，這是較不同的地方。

另外，相較於前三次課程標準中維持不變的課程目標——維護（增進）兒童身心健康和培養（養成）幼兒優良（良好）習慣。在2016年《幼兒園教保活動課程大綱》則是期待幫助幼兒擁有安定的情緒與健康的身心，養成「自主」的生活態度、習慣與技能。相較於1987年版於課程目標中明文「增進兒童倫理觀念」和「培養兒童合群習性」，在2016年則是在與語文領域較相關的總目標中明文「重視幼兒語言的理解與敘說，啟發在人際溝通中友愛合作的情懷」，突顯「仁愛」的傳統價值。

從字面的表達而言，1987年版的課程目標顯得較為原則性的、通論式的，而在2016年則是依序標明了「安定的情緒與健康的身心」、「情緒的調適與表達」、「重視幼兒語言的理解與敘說」、「支持幼兒對自然環境與人文世界的好奇與探索」、「豐富幼兒的文化經驗」、「拓展幼兒的美感經驗」，將「覺知辨識、表達溝通、關懷合作、推理賞析、想像創造、自主管理」等幼兒的六大核心素養融入其中。

第二節　核心素養在課程與教學的實踐

上述第一節提及核心素養的動態滾輪意象（圖3-1），以及其與幼兒園總綱、領域及幼兒六大核心素養之關係（圖3-3），從總綱核心素養轉化為各教育階段核心素養，其學習重點內容如圖3-2所示：（蔡清田、陳伯璋等人，2013）

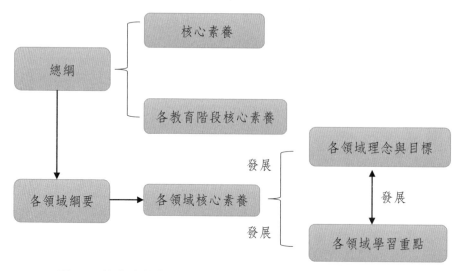

圖3-2　核心素養在課程綱要的轉化及其學習重點的對應關係

　　在「幼兒園新課綱」中，幼兒核心素養內涵與幼兒相關領域核心素養，相互檢視發現：核心素養當中，較少社會參與之「公民與道德實踐」，以及自主行動之「身心健康與自我實現」的學習指標；認知領域的課程核心素養，則較缺乏社會參與之「國際理解與多元文化」之相關學習指標；情緒領域的課程核心素養缺乏溝通互動中的「資訊科技與媒體素養」；在身體動作與健康領域的課程核心素養，則少見與社會參與等有關的「國際理解與多元文化」的相關學習指標（如圖3-3）。

　　《幼兒園教保活動課程大綱》（教育部，2017）從人的陶養出發，確立課程大綱的宗旨和總目標，並將課程分為身體動作與健康、認知、語文、社會、情緒和美感六大領域。透過統整各領域課程規劃與實踐，陶養幼兒擁有核心素養。「核心素養」是指一個人適應現在生活及面對未來挑戰，所應具備的知識、能力與態度。《幼兒園教保活動課程大綱》培養幼兒六大核心素養（圖3-3）。（教育部，2017）

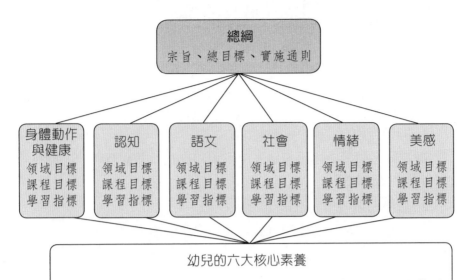

圖3-3　幼兒園總綱、領域與六大核心素養之關係

　　下面將圖3-3所表達的幼兒核心素養與《十二年國民基本教育課程體系發展指引》中——自主行動、溝通互動與社會參與做一連貫與銜接關係的說明。

一、自主行動

1. 覺知辨識
運用感官，知覺自己及生活環境的訊息，並理解訊息及其間的關係。

2. 自主管理
根據規範覺察與調整自己的行動。

二、溝通互動

1. 表達溝通
運用各種符號表達個人感受，並傾聽和分享不同的見解與訊息。

2. 推理賞析

運用舊經驗和既有知識，分析、整合及預測訊息，並以喜愛的心情欣賞自己和他人的表現。

三、社會參與

1. 關懷合作

願意關心與接納自己、他人、環境和文化，並願意與他人協商、建立共識、解決問題。

2. 想像創造

以創新的精神和多樣的方式，表達對生活環境中人、事、物的感受。

「核心素養」是十二年國民基本教育課程發展的主軸，亦即導引課程規劃、教材發展與教學設計乃至有機運作，以便趨近於「主題、探究、表現」之課程典範。因此，「核心素養」在幼兒園課程發展也扮演了重要角色，其與幼兒園課綱中六大領域之關係，如表3-5所示。

幼兒核心素養是《幼兒園教保活動課程大綱》所揭櫫「跨領域」的綜合表現，並提供幼兒園教師參考，以及檢視各領域素養與能力的連貫和統整。

總綱核心素養的培育原則：總綱核心素養的培養秉持漸進、加深加廣、跨領域等原則，可透過各教育階段的不同領域來達成，同時也強調幼兒園本位課程發展，結合部定、各縣市與校訂課程的整體規劃和實施。

核心素養與各領域課程內涵的對應關係：各領域的課程內涵能呼應所欲培養的核心素養，並透過學習內容、教學方法及學習評量三者的綜合運用，將各領域課程內涵與核心素養的呼應關係具體地展現出來，但各領域各有其特殊性會有其強調的重點。因此，未必需要對應所有的核心素養項目（蔡清田等人，2013）。

表3-5　課程大綱六大核心素養與各領域能力間的關係

各領域能力	六大核心素養	覺知辨識	表達溝通	關懷合作	推理賞析	想像創造	自主管理
身體動作與健康領域	覺察與模仿	○					
	協調與控制			○			○
	組合與創造		○			○	
認知領域	蒐集訊息	○	○				
	整理訊息		○		○		
	解決問題		○	○	○		○
語文領域	理解	○		○	○		
	表達		○		○	○	○
社會領域	探索與覺察	○					
	協商與調整		○	○			○
	愛護與尊重		○		○		○
情緒領域	覺察與辨識	○					
	表達		○	○			
	理解	○				○	
	調節						○
美感領域	探索與覺察	○					
	表現與創作		○			○	
	回應與賞析				○	○	

資料來源：辛曼玲、倪鳴香（2016）。

　　因此，在幼兒園本位課程發展過程中增刪適合自己幼兒園地方性或本位特色的學習項目與指標，是幼兒園依教保活動課程大綱，發展本位課程及幼兒教育能否落實核心素養學習的關鍵（圖3-4）。

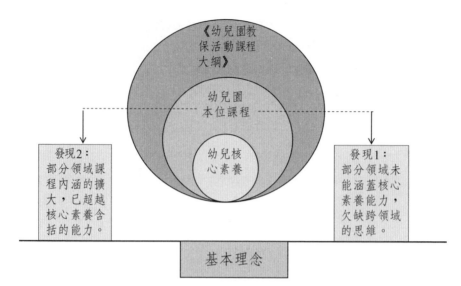

圖3-4　幼兒園核心素養、本位課程與教保活動課程大綱之關係

　　核心素養落實到課程的實踐，更是需要下列多方面的配合，方能竟其功：

1. 教師教學

　　教師應著重培養幼兒具備適應未來社會生活和問題解決的統整能力。教師可透過欣賞、展演、操作、情境體驗、引導幼兒創造與省思等有效的教學活動，於課堂中提供學生更多參與互動，以及課後實踐的機會，以此強化幼兒主動學習與落實生活的實踐角色。

2. 幼兒學習

　　幼兒學習時，應培養能對周遭環境保持好奇心，並能進行主動探索、體驗、試驗、尋求答案；積極正向的參與家庭、學校、社會生活，並能主動的與周遭人、事、物及環境互動；經由觀察現象、尋求關係、解決問題，並關注所學內容轉化為實踐性的知識。

3. 行政支持

　　核心素養在幼兒的學習及生活上應加以體現，需要各方面的充分支持。教育部、地方政府及幼兒園應依其權責，頒訂並推動核心素養

所需各項有關的政策及配合措施，以支持核心素養的落實。

4. 教材編選

教材依據各項領域課程大綱進行編輯，教材之編選應扣緊學習重點，除了知識內容的學習之外，更強調學習歷程及學習表現的重要，落實幼兒喜歡學習及學會如何學習，習得運用知識、解決問題之能力。教材之選擇具啟發性與創造性，提供幼兒觀察、探索、討論與創作等實作及表現的學習機會。

5. 學習評量

核心素養之評量應依據學習重點、生活背景與日常經驗與問題，妥善運用在地資源，發展真實有效之學習評量工具。在評量的工具類型上，可彈性運用觀察、提問、面談及檔案等多元工具，尤應重視核心素養的知識、能力與態度在實際生活應用之檢核。

6. 家長參與

家長是幼兒園教育的重要夥伴，須積極參加或適切協助政府及幼兒園所舉辦的活動，充分了解子女的學習情形，並與幼兒園教師密切聯繫，以便充分了解核心素養的意義，以及對幼兒園課程與教學所帶來的改變。

7. 社會配合

幼兒園教育的成效及核心素養的落實，受到社會各種力量的深遠影響。社會大眾及媒體業者宜了解核心素養的內涵，關心幼兒周遭的生活教育，使幼兒園的教育能與家庭、社區等「微系統」的發展密切配合。

幼兒園教保目標、
課程目標與教學目標
CHAPTER 4

😊第一節 幼兒園教保目標的演變

壹、幼兒園教保目標的演變重點

一、我國教保目標的重大革新

教保目標是幼兒教育的核心，也是教保課程設計的指引。我國的教保目標隨著政策演變，歷經了教保目標的革新。在幼托整合前，學前教育的教保機構主要可分為幼稚園及托兒所，分別隸屬不同管理機關，也有各自適用的法令規章。自1997年起於行政院會提出「幼托整合」政策的研議，歷經14年的推動，終於在2012年1月1日起施行《幼兒教育及照顧法》。自此，臺灣的「幼稚園」和「托兒所」兩者均走入歷史。回顧在幼托整合前，幼稚園與托兒所兩者之教保目標（全國法規資料庫，取自2020），如表4-1所示。

表4-1　幼稚園與托兒所之教保目標

學前機構	幼稚園	托兒所
法令	《幼稚教育及幼稚教育法施行細則》	《托兒所設置辦法及托兒所設施規範》
收托年齡	4歲至入國民小學前之兒童	托嬰部：出生滿1月至未滿2歲 托兒部：滿2歲至未滿6歲
目標	《幼稚教育法》第3條： 幼稚教育之實施，應以健康教育、生活教育及倫理教育為主，並與家庭教育密切配合，達成下列目標： 一、維護兒童身心健康。 二、養成兒童良好習慣。 三、充實兒童生活經驗。 四、增進兒童倫理觀念。 五、培養兒童合群習性。	《托兒所設施規範》： 托兒所應以提供下列服務為目標： 一、嬰幼兒良好生活習慣之養成。 二、嬰幼兒健康管理。 三、嬰幼兒教保服務。 四、親子活動、親職教育及家庭輔導。 五、其他有益嬰幼兒身心發展之服務。

　　由表4-1可知，早期「幼稚園」和「托兒所」收托對象年齡有部分重疊，兩者的教保目標亦有重疊之處。但由於隸屬不同的主管機關、收托年齡重疊，以及立案標準不一致，造成相同年齡幼兒接受教育、保育品質卻不一致的問題，而解決此問題也正是幼托整合的目標之一，深究幼托整合的四大目標如下（張翠娥，2012）：

（一）整合運用國家資源，健全學前幼兒教保機構。

（二）符應現代社會與家庭之教保需求。

（三）提供幼兒享有同等教保品質。

（四）確保立案幼稚園、托兒所暨合格教保人員之基本合法權益。

二、幼兒園教保課程目標的演變與發展

　　教育部於2012年公布實施《幼兒園教保活動課程暫行大綱》，正式取代《幼稚園課程標準》，爾後於2017年8月1日修訂為《幼兒園教保活動課程大綱》，成為現行正式幼兒園課程大綱。以下參考盧美貴（2018）彙整《幼兒園課程標準》修訂之演進與變革內容，以及1987年《幼稚園課程標準》與2017年《幼兒園教保活動課程大綱》之總目標與領域目標之對照表，如表4-2、表4-3。

表4-2　我國幼兒教保課程目標之修訂歷程

時間	目標
民國42年（1953）	一、增進幼兒身心健康。 二、培養幼兒優良習慣。 三、啟發幼兒基本的生活知能。 四、增進幼兒應有的快樂和幸福。
民國64年（1975）	一、增進幼兒身心健康。 二、培養幼兒良好習慣。 三、發展幼兒潛在能力。 四、充實幼兒生活經驗。 五、增進幼兒應有的快樂和幸福。 六、培育幼兒仁愛的精神及愛國觀念。

（續）

時間	目標
民國76年（1987）	一、維護兒童身心健康。 二、養成兒童良好習慣。 三、充實兒童生活經驗。 四、增進兒童倫理觀念。 五、培養兒童合群習性。
民國106年（2017）	一、維護幼兒身心健康。 二、養成幼兒良好習慣。 三、豐富幼兒生活經驗。 四、增進幼兒倫理觀念。 五、培養幼兒合群習性。 六、拓展幼兒美感經驗。 七、發展幼兒創意思維。 八、建構幼兒文化認同。 九、啟發幼兒關懷環境。

表4-3　我國1987年《幼稚園課程標準》與2017年《幼兒園教保活動課程大綱》之總目標與領域目標之對照表

	民國76年（1987）	民國106年（2017）
總目標	一、維護兒童身心健康。 二、養成兒童良好習慣。 三、充實兒童生活經驗。 四、增進兒童倫理觀念。 五、培養兒童合群習性。	一、維護幼兒身心健康。 二、養成幼兒良好習慣。 三、豐富幼兒生活經驗。 四、增進幼兒倫理觀念。 五、培養幼兒合群習性。 六、拓展幼兒美感經驗。 七、發展幼兒創意思維。 八、建構幼兒文化認同。 九、啟發幼兒關懷環境。
	健康	身體動作與健康
領域目標	(一) 滿足幼兒身心需要，促進幼兒身心均衡的發展。 (二) 充實幼兒健康知能，培養幼兒健康習慣與態度。 (三) 鍛鍊幼兒基本動作，發展幼兒運動興趣與能力。 (四) 擴展幼兒生活經驗，增進幼兒社會行為的發展。 (五) 實施幼兒安全教育，協助幼兒獲得自護的能力。	(一) 靈活展現基本動作技能，並能維護自身安全。 (二) 擁有健康的身體及良好的生活習慣。 (三) 喜歡運動與樂於展現動作創意。

（續）

	民國76年（1987）	民國106年（2017）
領域目標	**工作**	**認知**
	(一) 滿足幼兒對工作的自然需求。 (二) 培養幼兒良好的工作習慣與態度。 (三) 增進幼兒欣賞、審美、發表及創造的能力。 (四) 促使幼兒認識工作材料與工具的使用方法。 (五) 擴充幼兒的生活經驗，並培養工作興趣。	(一) 擁有主動探索的習慣。 (二) 展現有系統思考的能力。 (三) 樂於與他人溝通，並共同合作解決問題。
	語文	**語文**
	(一) 啟發幼兒語言的潛能，增進幼兒的語言能力。 (二) 培養幼兒良好說話與聽話的態度與習慣。 (三) 發展幼兒欣賞、思考和想像的能力。 (四) 培養幼兒閱讀、問答和發表的能力。 (五) 陶冶幼兒優美的情操及健全的品格。	(一) 體驗並覺知語文的趣味與功能。 (二) 合宜參與日常社會互動情境。 (三) 慣於敘說經驗與編織故事。 (四) 喜歡閱讀並展現個人觀點。 (五) 認識並欣賞社會中使用多種語文的情形。
	常識	**社會**
	(一) 啟發幼兒對自然現象和社會生活的關注與興趣。 (二) 引導幼兒觀察與分析自然環境和社會環境。 (三) 培養幼兒愛護自然及社會生活的習慣與態度。 (四) 激發幼兒對數、量、形之學習興趣，並有簡單應用的能力。 (五) 培育幼兒學習自然科學的正確概念、態度與方法。	(一) 肯定自己並照顧自己。 (二) 關愛親人。 (三) 樂於與他人相處，並展現友愛情懷。 (四) 樂於體驗文化的多元現象。 (五) 親近自然並尊重生命。
	遊戲	**情緒**
	(一) 增進幼兒身心的健康和快樂。 (二) 滿足愛好遊戲心理，與個別差異需要。 (三) 增廣幼兒知識，擴充生活經驗。	(一) 接納自己的情緒。 (二) 以正向態度面對困境。 (三) 擁有安定的情緒，並自在地表達感受。

（續）

民國76年（1987）	民國106年（2017）
（四）發展幼兒創造思考與解決問題能力。 （五）培養幼兒互助、合作、樂群、公平、遵守紀律、愛惜公物等社會品德。	（四）關懷及理解他人的情緒。
音樂	美感
（一）增進幼兒身心的均衡發展。 （二）發展幼兒愛好音樂的興趣。 （三）培養幼兒音樂的基本能力。 （四）啟發幼兒對音樂的表現能力。 （五）發展幼兒親愛、合作、快樂、活潑的精神。	（一）喜歡探索事物的美。 （二）享受美感經驗與藝術創作。 （三）展現豐富的想像力。 （四）回應對藝術創作的感受與喜好。

（領域目標）

😊第二節　幼兒園課程目標、教學目標與活動目標

壹、幼兒園課程目標的層級與內容

　　教育目標的界定與選擇對教師的課程設計與實施具關鍵性的影響，課程發展就是根據教育目標為學生設計學習內容，以達成目標的一系列活動（歐用生，1990），此為目標模式的課程設計觀點。對向來重視學習者為主體與探究歷程的幼兒教育，歷程模式則提供了另一種支持歷程的課程設計觀點。歷程模式強調歷程與經驗的重組、發現與探究的學習（歐用生，1990）。在課程實踐上，教學者必須調和目標模式和歷程模式的內涵，以兼顧學習內容與歷程表現（林永豐，2017）。另外還有不同課程發展模式，也都關注課程目標在課程設計的重要性。

　　事實上，我國現行的《幼兒園教保活動課程大綱》（教育部，2016），從領域目標到課程目標的發展內涵，細究課程目標是由領域能力與學習面向交織而來，若教師能掌握領域能力與學習面向的內

涵，並加以運用在活動設計上，就能同時發揮目標模式和歷程模式的優點，亦即教師有意圖、有方向的進行課程設計，重視幼兒生活的社會情境脈絡。在課程實施過程中放大幼兒的學習與探究歷程，幼兒是主動學習者，教師是引導者，並能保持必要的課程彈性，保有適度調整的空間。

　　課程目標具有層級關係，根據我國現行的《幼兒園教保活動課程大綱》（教育部，2016），從巨觀到微觀、抽象到具體、由上階層到下階層分別是：宗旨→總目標→領域目標→課程目標→學習指標，此為國家層級的目標制定。接著，老師以課程目標與學習指標為藍圖進行課程設計，擬定教學目標與活動目標。幼兒園課程目標的層級關係，如圖4-1所示。

貳、幼兒園教學目標與活動目標

　　幼兒園的教學活動不僅多元，也會因為不同的課程取向而有各自的課程活動。然而，不論進行哪一種形式的教學活動，一般來說，教師會先了解幼兒需要發展的能力與面向，並據此進行課程設計，根據教學目標與活動目標進行課程內容、素材與活動形式的組織與選擇，以實踐課程。根據課程實踐層級的理論，Goodlad（1985）提出課程實踐層級：從社會層級、學校層級、教學層級、經驗層級。其中課程設計者在課程發展階段，最熟悉的即為學校層級與教學層級，與這兩層級最為相關的即是教師的課程規劃、設計到實踐（甄曉蘭，2000）。

　　在幼兒園的教學，幼兒園教師是目標的決定者，在實施課程計畫階段就必須清楚預期的目標（Broman, 1982）。然而，教師在課程設計初期有明確的教學目標，卻不一定能反映在幼兒的經驗課程上。此為課程實踐層級上的落差現象，也就是甄曉蘭（2000）指出的，課程層級在轉換之間無法預期能在「意圖」與「結果」、「目標」與「行為」等之間產生必然的發展。可見，教師在課程設計階段必須很

宗旨

《幼兒園教保活動課程大綱》立基於「仁」的教育觀，承續孝悌仁愛文化，陶養幼兒擁有愛人愛己、關懷環境、面對挑戰、踐行文化的素養，並奠定終身學習的基礎為其宗旨；使幼兒成為重溝通、講道理、能思考、懂合作、有信心、會包容的未來社會公民。

總目標

一、維護幼兒身心健康。
二、養成幼兒良好習慣。
三、豐富幼兒生活經驗。
四、增進幼兒倫理觀念。
五、培養幼兒合群習性。
六、拓展幼兒美感經驗。
七、發展幼兒創意思維。
八、建構幼兒文化認同。
九、啟發幼兒關懷環境。

領域目標

身體動作與健康	認知	語文	社會	情緒	美感

課程目標：領域能力 × 學習面向

身體動作與健康	認知	語文	社會	情緒	美感
領域能力：覺察與模仿、協調與控制、組合與創造 學習面向：身體動作、用具操作、健康行動	領域能力：蒐集訊息、整理訊息、解決問題 學習面向：生活環境中的數學、自然現象、文化產物	領域能力：理解、表達 學習面向：肢體、口語、圖像符號、文字功能	領域能力：探索與覺察、協商與調整、愛護與尊重 學習面向：自己、人與人、人與環境	領域能力：覺察與辨識、表達、理解、調節 學習面向：自己、他人與環境	領域能力：探索與覺察、表現與創作、回應與賞析 學習面向：情意、藝術媒介
範例 身-1-1 模仿身體操控活動	認-1-1 蒐集生活環境中的數學	語-1-1 理解互動對象的意圖	社-1-1 認識自己	情-1-1 覺察與辨識自己的情緒	美-1-1 體驗生活環境中愉悅的美感經驗

學習指標：2-3歲（幼）、3-4歲（小）、4-5歲（中）、5-6歲（大）

身-幼-1-1-1 認識身體部位或身體基本動作的名稱	認-幼-1-1-1 探索物體的外形	語-幼-1-1-1 理解簡單的手勢、表情與口語指示	社-幼-1-1-1 覺察自己身體的部位、功能及其特徵	情-幼-1-1-1 知道自己常出現的正負向情緒	美-幼-1-1-1 探索生活環境中事物的美，體驗各種美感經驗

圖4-1 幼兒園課程目標的層級關係圖

清楚，從了解幼兒發展與能力的需求、擬定教學目標，到聚焦明確的活動目標，整個發展的脈絡需扣緊教學活動設計。因此，幼兒園教師必須在進入教學目標與活動目標撰寫的階段，隨時檢視活動設計與目標之間的關係。多數現場教師大多累積了豐富的教學活動經驗，甚至腦海中資料庫儲存了相當豐富、多元的各種活動，這對於教師在進行活動設計時有很具體的助益，但卻也可能產生以「活動」為主導的課程設計，而失去了當初擬定目標的意圖。

　　教學目標的擬定是一個教師思考與做決定的歷程，也是一個從巨觀、廣泛到微觀、明確的歷程與關係，如圖4-2。

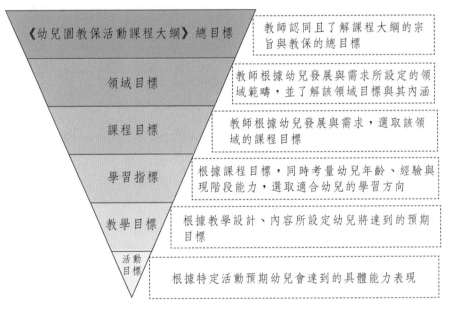

圖4-2　幼兒園課程目標與教學目標、活動目標的關係圖

幼兒園的統整性課程設計

CHAPTER 5

☺第一節　統整性課程的理念

壹、統整性課程之意涵

一、統整性課程的意義

　　幼兒學習的本質來自做中學、主動建構知識，建構的過程充分反映出經驗連結與統整的精神。在一個有意義的學習脈絡，並與幼兒的真實生活經驗連結時，幼兒經歷的是一個不斷有機會將舊經驗或既有知識與新經驗或新情境進行互動、調適、重組與建構的過程。Krogh與Morehouse（2014）指出，幼兒是天生的探索家，對周圍的世界充滿好奇。因此，幼兒教育的課程應當提供幼兒探索的機會，在探索過程能引發與支持幼兒開展他們的興趣與能力，而課程統整正是發揮幼兒學習本質的關鍵。

　　課程統整的主要概念源自人們在真實世界中所面對的問題，各項事物並不是以分科的方式存在。真實生活提供了統整的機會。因此，統整課程是最適合提供幼兒進入真實、有意義的學習方式。研究顯示，當課程提供幼兒探索的機會與經驗時，顯示統整課程的強大優勢（Helm, 2012; Kostelnik, Soderman, Whiren, & Rupiper, 2019）。課程統整強調課程的來源應該是真實生活本身所構成的問題或個人、社會關注的議題，建構個人與社會意義是課程統整的核心（Beane, 1995）。Beane（1995）認為課程統整將課程聚焦在生活本身，而不是在學科領域範圍內處理零碎的知識概念。需要植根於將學習視為不斷整合新舊知識與經驗的歷程，以加深並拓展學習者對自己和世界的理解。根據Beane課程統整的觀點，課程設計的重點是面對與因應目前生活的真實議題，而不是為以後的學業做準備，學習是學習者主動建構，而不是來自他人的意義與被動接收。

　　從課程設計的角度觀之，課程範疇的橫向銜接，課程進程的縱向連貫，讓學習是有意義、有系統，在參與學習的過程中有機會產

生經驗的統整、知識的統整與社會的統整（甄曉蘭，2001）。Beane（1995）指出，當教師在進行課程統整時會發生兩件事情：第一，鼓勵學習者將既有的學習經驗納入有意義的學習計畫中，藉以擴大並加深學習者對自己和真實世界的理解；第二，學習者將致力於探索、建構和應用知識，而知識的產生來自於探究的問題與個人或社會的興趣。

　　有關課程統整，文獻上經常出現各種歧異的名詞，但在幼教領域中最常見也最相似的有「課程統整（curriculum integration）」、「統整課程或統整性課程（integrated curriculum）」。

　　課程統整的核心概念是：在真實生活是統整不分科，真正的生活問題並不會以分科形式呈現，例如「如何種植蔬果」、「如何搭建一座穩固的涼亭」、「校園中的貓狗經常闖入種植區破壞植物」，要解決這些問題，必須整合各種所需要的知識概念與技能。承上，學習也應該是以不分科的形式開展與進行。基於此概念，幼兒園課程設計的基礎就是，不以分科為起點，不需要考慮領域與學科的界線，以議題開展，透過課程設計幫助幼兒學習並有機會與真實生活進行有意義的連結。

　　由於統整性課程的定義會因學者從不同的課程定義出發，在字面解釋上略有差異。例如鄭博真（2017）從不同課程定義，為統整性課程做了簡要的定義：

　　「課程是學科」：認為課程是一個或數個科目，如此課程統整即是打破學科之間的界線，學科之間彼此參透、融合與連結學科之間的內容與方法等。

　　「課程是目標」：認為課程是預設目標與學習者的學習結果，如此統整性課程目標即在增加學習的意義與應用，使學習者能學習到完整、有意義與統整的學習內容。

　　「課程是計畫」：認為課程是教學者的計畫與學習者的學習計畫，如此統整性課程即是教師教學計畫和學生學習計畫的統整，包含目標、內容、方法與評鑑。

「課程是經驗」：認為課程是學習者在學習環境中的所有經驗，如此統整性課程是以學習者為中心，強調學習內容與社會情境的連結。Tyler（1982）認為學習經驗若能有適度的橫向統整，經驗之間可以相互串聯，就可以成為有意義的學習。例如幼兒早晨進入幼兒園開始，即為一整天課程經驗的開始，直到下午離開幼兒園，整日的作息皆為社會情境的經驗課程。教師在幼兒一日作息中提供的經驗，是有意圖的以統整的方式進行。

從上述課程的定義來解釋課程統整，不論是哪一種課程定義，可知統整課程主要精神包含「打破學科界線」、「師生共構」、「社會情境的連結」。

周淑卿與王郁雯（2019）則提出課程統整的定義可以從兩個觀點切入：是課程組織的方式、是一種教育哲學觀點。前者視課程統整是一種課程組織的方式（李子建、黃顯華，1996；黃政傑，1991；蔡春美，2019；Tyler, 1982）。本文根據蔡春美（2019）整理課程組織的規準與內涵：繼續性（continuity）、順序性（sequence）、統整性（integration）、銜接性（articulation）來說明如下：

(一) 繼續性是課程內容概念在不同時間階段提供直線式的重複敘述，但會隨著軸線加深並加廣，以達持續性。

(二) 順序性是課程深度的垂直組織，規劃學習經驗的順序，幼兒新經驗的學習是建立在舊經驗之上，順序是由淺入深、由近而遠、由簡單到複雜、由具體到抽象等循序漸進的學習順序。

(三) 銜接性是課程各要素的關聯性，包含水平與垂直關係。水平關係指課程內容同時出現的各種要素之間的關聯，例如幼兒自製「陀螺」涉及了數學、語文、科學等學科概念；垂直關係指課程的學習先後順序，例如幼兒先學會數數，再學合成與分解。

(四) 統整性是課程橫向的連結，屬於水平組織。統整所有學習領域、連結科目之間的關聯性，將學習意義化與脈絡化。

從課程組織的規準來看課程統整的意義，即可看出課程統整事實上是貫穿上述課程組織的規準。課程組織準則的「繼續性」、「順序

性」、「銜接性」，包含時間的序列性、經驗的層次性、知識概念難易的階層性。統整性則是在有意義的情境脈絡中，考量並貫穿上述的特性，統整各領域的關聯。也就是，不論在哪一個階段的時間序列、經驗層次或者知識概念的階層上，都是以橫向的連結來貫穿該階段涉及的相關學習領域，並整合相關的知識概念與經驗，以達到學習的目的。

　　另一種觀點認為課程統整是教育哲學觀點，課程統整不單純是組織學科內容的形式或是技能，而是綜合、進步的教育哲學實踐，是一種多元、民主與批判性的課程實踐。簡言之，可視為一種教育理念，即如何看待學習的本質。如同Beane（1991）認為課程統整是一種認識論，涉及進步主義與建構論，主張由學生利用知識與技能尋求問題的答案，學習過程中學生擁有自主權，主動建構學習的意義。

　　另外，也有學者以全面性的角度來定義課程統整。周淑惠（2011）定義課程統整為：師生共同選定與生活有關且涉及多學科面向的議題或概念，作為學習之探討主題，並設計相關的學習經驗，以統整與該主題脈絡相關的知識，以及試圖理解該主題或解決該問題。蔣姿儀（2016）定義統整係指將各種分別構成的元素，加以安排與組織，使其成為一個更完整或統合的實體，意指將原本分立的事件，將其水平或垂直的連結，使其成為更有意義的整體。據此定義統整性主題課程，即是將各學科領域的學習，在一個與幼兒生活經驗相關的主題中，進行水平式的連結與教學。

　　根據教育部頒布的《幼兒園教保活動課程大綱》指出，幼兒園的課程規劃須具有統整性，整合各領域的學習經驗，掌握「有系統且有目的」的規劃原則，根據園方的課程取向規劃統整性教保活動課程（教育部，2017）。透過統整六個領域課程的規劃與實踐，陶養幼兒擁有核心素養。根據強調核心素養的課程大綱，核心素養是跨越學科界線的通用能力（generic skill），無法經由任何單一學科領域習得，需要透過課程提供學生機會整合各學科的知能來解決問題（周淑卿、王郁雯，2019），由此可知，課程統整是回應與實踐現行幼兒

園課程大綱的重要精神與方針。

在幼兒階段的學習是透過遊戲中學習，強調從做中學，即提供給幼兒第一手經驗，因此，如果從幼兒學習的本質觀之，統整課程精神與幼兒學習本質完全契合。舉一個例子供讀者思考：在幼兒園的教室中，幼兒想解決一個教室裡的日常問題：閱讀區的書籍經常被破壞，不是書皮掉了，就是被撕破、掉頁。師生都為此問題感到困擾，決定要共同討論如何解決此問題，此時可以從Beane（1997）提出的三項特徵來思考：

(一) 課程是統整與議題相關的知識。

(二) 課程是真實生活經驗中，對個人與社會具有意義的問題。

(三) 課程提供學生經驗解決問題的程序與內容的決定，這是一個民主的程序。

幼兒為了解決問題，覺察並意識到問題對個人與全班的影響，接著要討論如何解決，如何整理與維護圖書，要決定採用什麼方式，並且要全班都同意且能遵守。例如需要選出每日圖書值日生、規劃與製作借用及維護書籍的說明海報、製作借閱紀錄圖表、定期盤點圖書與檢查圖書狀況、選出圖書小尖兵等。

學習者透過覺察與探索，從有意義的真實生活議題出發，主動建構知識，提出自己的假設，運用既有經驗或知識來解決新問題，在新舊想法的連結過程，產生有意義的建構。教師強化並能引導幼兒具有主動建構的能力，例如幼兒意識並覺察到書籍被破壞對大家的影響，經由幼兒不同的借閱經驗分享，討論可行的可能策略；立基於幼兒過去活動選拔經驗，以民主的方式選出每日圖書值日生；過去曾經習得觀察記錄植物生長的過程與方法，故可應用自創圖表的舊經驗與技能來製作新的借閱紀錄圖表等。整個過程都是以解決問題為起點，過程中教師必須能提供統整且連貫的活動設計，提供幼兒有機會在學習過程中將舊經驗應用在新情境上，以產生整體知識概念，並解決問題。

二、統整課程的面向與內容

　　有關統整性主題課程的面向與其內容，主要為Beane（1997）提出四個面向的統整，包含經驗的統整、知識的統整、社會的統整、課程的統整，以下整合各學者對於統整課程面向的內涵來加以說明（周淑惠，2011、2017；Beane, 1997）。

(一) 經驗的統整

　　將新舊經驗統合成有意義的系統，以便應用於新的問題情境。統整性課程是提供學生統整學習經驗，在有意義的脈絡中學習，知識概念的學習必須是由具體情境而來，也就是在一個可供來回操作、探查的具體現場為基礎來支持幼兒的學習歷程。周淑惠（2011）從學習的角度進一步解釋，這樣的學習經驗涉及兩方面的整合，一方面為新經驗整合於幼兒現有的意義基模中（既有的知識概念），另方面為組織或統整過去的舊經驗，並將舊經驗應用於新經驗中，幼兒有機會能整理新舊經驗。舉例來說，幼兒為了解決「如何用積木搭建出會旋轉的涼亭」，幼兒已經有的舊經驗是搭建娃娃的家（房子），教師引導幼兒組織與統整已經有的搭建經驗與技法，討論、觀察、預測、計畫與實作應用在涼亭的搭建上，同時提供多元的環境支持（包含素材），過程中引導幼兒根據過去的經驗來幫助自己解決現在的問題。幼兒可能在過程中發現、發明創新不同的搭建技法，也可能在來來回回的嘗試錯誤過程中不斷應用或調整舊有的技法，最後幼兒不僅發展出各種新的技法與知識系統，搭建出可以支撐建物，也可以讓建物穩定的旋轉，幼兒將這些新的經驗統整到既有的經驗架構中，重組經驗，擴大其經驗系統。

(二) 知識的統整

　　主要意義在於將分立的各科知識進行整合，應用不同學科的方法和語言來解決真實的問題，是一個將知識做有意義的組織與運用的過

程。教師必須提供機會讓幼兒有機會學習與經歷：知識可以解決生活問題。將已有的知識或技能應用在目前的問題，並能進一步創新問題，透過此能力探究更多的知識概念。舉例來說，面對校園中種植區的玉米長不大，且爬滿了螞蟻，該如何處理。此時，並不是思考有關「玉米問題」的哪個面向屬於數學知識、哪個面向屬於科學知識、哪個面向屬於語文知識等，而是會全盤從「問題」本身出發來思考，解決這個問題需要哪些知識或技能，目前已經有的知識與技能可以解決哪部分的問題，又有哪些是解決該問題所需的知識與技能但是目前沒有的。過程中教師要能提供多元的資源與鷹架策略作引導，使幼兒從既有知識開始，運用既有知識與技能於新問題，並在過程中創新與發現新的知識概念，甚至重組知識系統、擴大原有的知識體系。從這個角度而言，知識是一種動態的工具，將知識的統整作為解決真實問題的工具（鄭博真，2017；Beane, 1997）。

(三) 社會的統整

課程應該從個人和社會議題著手，運用知識來解決真實社會的問題（Beane, 1997），考量社會生活與學校的關聯，以及師生共同參與過程中所展現的民主社會關係，師生與生生之間可以共享教育經驗。教育環境應要考量學生的背景差異與多元文化，強調學生都有機會參與課程、計畫與決定課程，與教師共構課程，課程過程中有機會合作共同達成目的。以社會或真實生活相關的議題探討為主，師生有機會共同計畫與解決或創新問題，創造對個人與社會有意義的情境。在社會統整中強調民主程序與精神，教師必須謹守幼兒為主體的原則，以引導者的角色，鼓勵幼兒提出想法與創新意見，不論其可行性，都要有表述與討論的機會。

(四) 課程的統整

是一種課程設計的過程與行動（周珮儀，2003），課程計畫的統整必須同時考量課程要素：課程目標、課程選擇、課程組織、課程

實施、課程評鑑，考量這些要素的整合與邏輯。根據經驗、知識、社會的統整內涵可知，要實踐眞正的統整，教師在規劃課程時必須要同時兼顧三個面向的統整，思考如何在課程發展與歷程中併進。

　　綜上可知，若缺乏學校課程以有系統性的統整觀點做課程計畫，又缺乏老師有意圖的系統性引導，幼兒將難以經歷主動建構經驗、知識之間的橫向連結。然而，當課程是以眞實議題爲開始，始於幼兒眞實經驗，讓幼兒在探究議題的歷程中有機會同時運用知識、發展知識，甚至整合知識並經歷創新知識的經驗，實踐眞正植基於課程統整精神的統整性課程。

第二節　統整課程設計的方法

壹、統整性課程設計的原則

一、統整性課程的實施原則

　　要實施統整性課程設計不僅要掌握其精神，也必須依循重要的原則，不僅是課程設計上的規劃與安排，更是一種教育哲學觀的實踐。由於課程統整的實施是一個複雜的過程，當教師已具備課程統整的專業知能，鬆開了學科界線，接下來就是一個動態統整的歷程。鄭博眞（2017）彙整學者對於統整性課程設計，提出以下七項原則：

　　(一) 重視教師與師生之間的協同合作。

　　(二) 從課程統整到教學統整、學習統整。

　　(三) 必須要兼顧認知、情意與技能的學習。

　　(四) 拓展學習資源，提供多元的學習機會與經驗。

　　(五) 強調主題中學習活動之間的連貫性，包含內容、經驗的連貫。

　　(六) 以幼兒爲主體進行課程規劃，考量幼兒特質、發展與文化背景。

(七) 強調課程中知識與知識之間的統整，課程與經驗、社會、發展的關聯與統整。

甄曉蘭（2001）則根據課程統整的經驗、知識與社會三個面向，提出統整課程實施的原則如下：
(一) 提供多元的觀點。
(二) 以真實生活為探究議題。
(三) 學習型態是多樣化。
(四) 教師之間的協同合作。
(五) 重視學生與社會的密切關係。
(六) 知識的發展是以真實生活的內容為核心。
(七) 採用多元評量，兼顧形成性與總結性評量。
(八) 涵蓋知識、技能、信念、價值、態度與行動。
(九) 同時兼顧學習內容的橫向銜接與縱向連貫，重視知識內容之間的關聯與學習活動的連貫性。

Beane（1997）指出課程統整的重要概念與原則如下：
(一) 老師是提供鷹架者，而非直接指導者。
(二) 課程發展與實踐過程中學習者是直接參與者，也可以是發起者。
(三) 在課程發展階段要以學習者為主體，學習者也是課程發展過程的參與者。
(四) 課程統整是議題導向（issues driven），比較不是主題導向（topic driven）。

貳、統整性課程設計的實施要點

一、實施統整性課程設計的重要概念

以下根據周淑惠（2011）提出實施課程統整的重要概念，並補充

說明在幼兒園課程常見的現象：

(一) 並非所有學科都需要被統整

不是所有學科都需要被包含在一個統整性主題中。此概念觀察現行的《幼兒園教保活動課程大綱》（教育部，2016）而言，常見的情況是，老師硬生生將六大領域都納入主題中，或者為了讓六大領域都納進來，硬是要設計一個活動放進主題中，但是在這個過程中未思考、探究該主題的意圖為何，如何讓幼兒的學習有意義，該領域的活動是否與主題意圖與其概念之間有意義的關聯，甚至考慮幼兒經驗、能力與知識的連貫。哪些領域、學科需要納入課程中，要以「議題」為中心來做思考，而不是以「學科」為中心，否則容易淪為為統整而統整，產生將一堆看似與主題相關的活動硬湊一起的現象（周淑卿、王郁雯，2019；甄曉蘭，2001）。課程統整不是教育目的，而是幫助幼兒有意義學習的方式（周淑惠，2011）。

(二) 並不是要丟棄所有學科

在幼兒園課程設計中，常見的是老師設計很多活動，看似與主題有關，但事實上距離主題概念重要的相關知識概念很遠，甚至已經抽離幼兒的生活經驗，表面上看起來活動與主題有關，但事實上卻僅是很多活動的組合。教師需要熟悉與學習相關學科知識核心概念，並試著辨別學科之間的異同，才有機會進行領域與學科的統整。並非要成為該學科專家，而是在課程設計過程中，必要時的探究與學習，甚至與幼兒在主題活動進行過程共同探究、實驗、找答案等歷程。既然學科知識在統整性課程有其不可忽略的重要性，幼兒園的統整性主題課程又相當重視幼兒的興趣與經驗，因此主題的來源是很多元的。許多教師對於自己不熟悉的主題會感到惶恐與擔憂，例如幼兒對陀螺感興趣，教師擔心自己都不懂陀螺，要怎麼進行陀螺的主題，又要如何深化幼兒對陀螺的探究。關於此現象，本文提出重要的概念澄清。

主題或待解決、待創新的問題，都會有其所需的學科知識。學科

知識不是課程統整的敵人（Beane, 1995），學科知識是教師進行統整課程的盟友（周淑惠，2011），也就是說，教師必須要能體認，沒有學科知識為基礎，將難以進行知識的橫向整合與串聯，每一個議題都有相關涉及的知識與技能，在統整性課程的實踐中老師是引導者，當老師對所探究議題相關的學科知識缺乏了解時，可能會流於形式或者發展以活動為導向的課程設計。因此，老師在課程發展歷程，需要針對該議題的重要知識做必要的預備與了解，才能更順暢的為統整性課程設計做預備，而這也是統整性課程發展歷程中的重要階段。此外，從課程統整的本質而言，師生可以是共同探究、學習、建構知識者，在運用既有知識的同時，也同時建構新的知識。在教學現場有些課程會邀請當地耆老、繪本作者、領域專家等入園參與課程，這類引入相關專家資源就是師生共同探究、學習、建構知識的過程範例。

學科知識是該學科專業領域所建構的系統性知識，通常也會有明確的理論架構，過去分科教學會將這些系統化知識以片段、抽象方式來傳授，由於抽離了真實生活的情境，對學習者來說是沒有意義的脈絡，例如：學習種植的知識概念，包含光合作用、水分等養分，以自然科學的學理概念來設計各節的講授課程，對幼兒來說是抽象的；但若以探討教室中的植物為主題，例如探究起源是「為什麼左邊窗戶的植物長得茂盛且發新綠芽，右邊的不僅沒有發新芽，有些葉子還快枯萎」，如此幼兒有機會在一個有意義的脈絡中學習與探索，為了解決與改善植物枯萎的問題，需要相關的知識、技術等，透過預測、實驗、觀察與紀錄、驗證等過程學習種植的相關概念；換言之，統整性主題課程本身就是一個探究的過程，而且是教師與幼兒共同探究的過程。

(三) 統整性課程並非等同多學科課程

統整性課程與多學科課程（multidisciplinary curriculum）並不同。統整性主題課程以一個主題為起點，整理與主題相關的概念，接著老師會設計活動來提供幼兒探究相關概念的活動，整個過程中並沒

有特別思考哪些活動屬於哪個學科領域，例如A活動屬於數學、B活動屬於語文。關鍵在主題的探討，而不在學科領域本身。多學科課程的課程設計始於科目本身，以及各學科中應被熟練與學習的內容，在決定主題以後，開始思考每個學科可以提供這個主題什麼，雖然這樣的設計感覺主題與科目之間都有相關，且每個科目的活動也能與主題相關，但是各個學科的內容知識與技巧學習變成主要，主題探究成為次要。據此發現，這兩者差異甚大，多學科課程進行並不容易發展出學習者有統整的機會，但統整性課程主要以主題為探究中心，透過不同概念來統整不同學科領域知識。

二、統整性主題課程設計的步驟

統整性主題課程主要以主題課程來進行，主題課程（thematic curriculum）源自Deway的進步主義。本文引用周淑惠（2017）綜合各家觀點的看法，說明主題課程是以幼兒興趣為基礎並組織的統整性課程，不僅有統整性，也具有探究性，可以提供不同領域學習目標的連接基礎。她進一步定義主題課程為：通常是由師生共同選定與生活相關，且涉及多學科面向的議題或概念，作為學習與探討的主題，並設計相關的學習經驗，試圖探索與理解該主題，且解決探究過程中相關的問題，以統整該主題相關的知識與經驗。

統整性主題課程是進行課程統整的課程之一，也是近年臺灣幼兒園教學現場常見的課程模式。但是，並不是進行主題教學就是統整性課程。假設教師進行的是分科教學，但以主題為開端，將各科與該主題相關的內容都納入，實質上還是分科教學，只是呈現形式不同（周淑卿、王郁雯，2019），上述現象在教師沒有真正理解統整課程的意義時，進行幼兒園主題課程時也很容易發生，似乎只要與該主題有關的活動都拉進來，或者老師只要能想出很多跟主題相關的活動，再畫出一個完整的主題網，就可以是統整性主題課程設計。但事實上，老師在課程統整的知能不足，主題的功能淪為只是給定範圍，接著進行學科、活動的拼湊，亦即名為統整性主題課程設計，行的卻是分科

教學之實（周淑卿、王郁雯，2019）。

根據周珮儀（2003）提出從課程的基本要素，可顯示統整課程設計的特色如下：

(一) 在課程目標
以主題為核心來設定相關目標。

(二) 在課程選擇
強調透過腦力激盪的過程，激發出與課程主題相關的概念和活動。

(三) 在概念與活動
分別依經驗統整的角度，來歸納與篩選概念的活動。

(四) 在課程組織
強調建立這些概念和活動的網絡組織，發展引導性問題來引導學生從事探索活動。

(五) 在課程評鑑方面
強調情境導向與問題解決的真實性評量。

從上述的統整課程設計的特色，與教育部建置「主題統整課程設計工具」（https://syllabusnew.ece.moe.edu.tw/）的設計流程與其內容有相似的概念，該工具有助於教師進行統整性主題課程設計時，能聚焦課程發展脈絡。流程與其步驟如下：
(一) 依據情境選擇主題
(二) 腦力激盪產生各種想法
(三) 使用網絡圖組織想法
(四) 設計可能的活動

(五) 整合可能的活動和界定學習方向

(六) 對照概念和學習指標

　　根據此課程設計工具的步驟，能輔助教師進行統整性主題課程設計時有具體的思考流程，然其關鍵仍在於教師在課程設計的每個步驟，皆能以統整性課程的思維來設計主題課程。以下以「主題統整課程設計工具」的流程為架構，說明每個步驟的重要原則（教育部，2016）：

(一) 選擇主題

　　主題的決定是課程設計的起始點，在幼兒園主題的決定通常來自幼兒感興趣或真實議題。主題決定來源可能有：幼兒感興趣或關注的議題、常見的學科議題、在地文化與環境議題、重大時勢議題、例行活動、節慶時令等。在此階段，教師在決定主題時可以思考的方向如下：

1. 主題的意圖為何。
2. 與社區、文化脈絡的連結。
3. 考慮幼兒的生活經驗、發展與能力現況。
4. 能引發幼兒主動建構與多元觀點。
5. 未來可以延伸或深化的經驗與能力，以及可能產生的新經驗。

(二) 腦力激盪產生各種想法

　　此步驟可以透過自由聯想邀請幼兒與老師共同提出想法，產生與主題相關的想法，以幼兒的角度出發，鼓勵幼兒提出與主題相關的想法，在與幼兒討論想法的過程也是老師能藉以掌握幼兒過去相關舊經驗的重要時刻。此外，此階段的討論也可以有老師意圖中的想法。在這個階段還未到活動發想階段，有時教師會在這個階段就以「想活動」開始，如此很容易落入以活動為導向的課程設計，失去統整性課

程的核心價值，也容易忽略主題意圖的重要性。教師常面臨的是想法太多或太雜，不知道如何組織與取捨，以下列舉幾個可以思考的方向：

1. 幼兒感興趣的。
2. 與主題意圖有較高度相關。
3. 與幼兒生活經驗有直接關聯。
4. 教師意圖與想法的關聯程度。
5. 可以反覆在真實情境中探究。
6. 類似想法或者類別重疊可保留其一。
7. 能提供具體現場，讓幼兒有第一手經驗。

(三) 使用網絡圖組織想法

此階段使用網絡圖組織想法，將師生腦力激盪後的想法，根據想法的屬性分類，歸納出主要概念，並檢視所歸納的主要概念是否從幼兒的角度出發、概念之間彼此是否互斥或者重疊性太高。此外，此階段是界定學習範圍很重要的階段，老師可以透過概念歸納與命名來統整出在這個主題中幼兒可能的學習方向，擬定清楚的學習範圍，接下來的活動設計即可以根據主要概念的範圍來進行活動設計。概念是探究的焦點，也是老師取材的根據。在此階段有時候老師會發現概念太多，不知道如何取捨，此時可以回頭思考最初始的主題意圖，以及與幼兒最相關的是什麼。

接著，要將每個概念進行命名，有關概念化命名，學者們有不同看法，有學者認為主題網是要與幼兒溝通用的，建議要以淺語化方式命名（鄭博真，2017），但也有學者認為並沒有特定的最佳命名方式，可以是以想法的類別屬性來命名，也可以是以議題式為命名。

(四) 設計可能的活動，並整合可能的活動和界定學習方向

根據概念來設計活動，此階段要能以概念所界定的學習範圍來設計活動，提供幼兒探究的機會，同時考量學習範圍和探究的方式。由

於課程是在有意義的脈絡情境中開展，此階段要將概念轉化成活動，由數個活動組成一個有意義的學習歷程。

在活動設計階段，先思考在這個概念中相關的領域，確立教師意圖、欲培養幼兒的能力，再選擇適合的課程目標與學習指標，根據學習指標設計活動。學習指標可以引導教師進行活動設計的方向，在活動過程中老師能有機會引導，幼兒能有機會探究。因此，學習指標的動詞很重要。例如認-中-1-3-1觀察生活物件的特徵，該學習指標的動詞是「觀察」，因此老師設計活動必須要能引導並提供幼兒「觀察」的機會。以下是活動設計的重點：

1. 扣緊統整性主題課程的精神，幼兒是課程的主體。

2. 學習指標的動詞是關鍵，利用動詞來引導活動設計的指引。

3. 以六大領域的課程目標與學習指標為指引，作為活動設計的方向。

4. 完成活動設計後要來回檢視，活動設計內容與學習指標是否能相互對應。

5. 主題活動的順序與連貫性，此連貫性必須考量幼兒經驗、能力等的連貫。

6. 主題的所有活動是否包含各種型態，例如團體、小組、靜動態、多元的空間型態等。

以上四個步驟也與Beane（1997）提出「主題→概念→活動」發展順序相同，由於課程發展歷程始於一個主題，確認與該主題相關的重要想法，將組織後的想法概念化，並根據概念設計活動，上述活動設計可以打破學科界線，以問題為中心，而不以學科為思考起點。

(五) 對照概念和學習指標

此階段可視為檢視階段，檢視在所規劃的主題網課程中，概念與六大領域的課程目標、學習指標的對應情形，各領域所占的比重，若出現重複性高的領域與學習指標，可思考是否需要調整；倘若有課程

發展意圖的考量必須保留該領域所占的比重，則可以通盤思考在下一個主題要特別留意，可以提供上個主題較少涉及的領域，讓幼兒在學習歷程中有機會發展各領域的能力。

第三節　統整課程設計在幼兒園的實施

壹、統整課程設計的範例

一、統整性主題課程設計

　　本節以「布袋戲館」為主題而開展的主題網為例。該主題的背景與起源簡述如下：

　　主題來源為位於臺灣雲林縣虎尾鎮的布袋戲館。虎尾鎮有布袋戲故鄉之稱，布袋戲館也成為地方特色，課程討論與發展來自附近的幼兒園。因地緣關係，該園的幼兒對布袋戲館都有相關的經驗。

　　以下根據教育部提供的統整性主題課程設計流程，進行示範與說明：

(一) 選擇主題

　　以布袋戲館為探究的主題。教師有清楚的主題意圖，幼兒經常有機會接觸布袋戲館，也對布袋戲館有興趣，經常在學校中主動分享相關經驗，例如跟著家人到布袋戲館散步、參觀、看戲是生活日常。可知，幼兒有豐富但卻片段的相關經驗，缺乏系統性的認識布袋戲館的意涵，以及與自己、社區的關係。

(二) 腦力激盪產生各種想法

　　幼兒能講出各項與布袋戲有關的想法，也有部分幼兒會直接以閩南語（臺語）描述與布袋戲有關的詞彙。產生的想法如圖5-1所示。

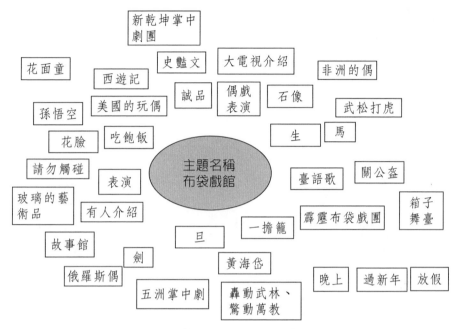

圖5-1　主題「布袋戲館」腦力激盪產生各種想法圖

(三) 使用網絡圖組織想法

接著根據想法的屬性分類，在本例中皆是幼兒的想法，歸納出主要概念如圖5-2。

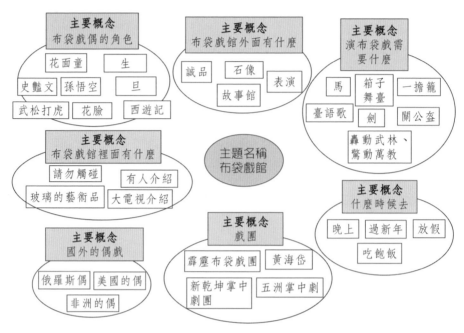

圖5-2　主題「布袋戲館」使用網絡圖組織想法

　　接著，在這個階段教師發現歸納後的概念太多，需要思考主題意圖為何，以及與幼兒經驗最相關的部分有哪些，最後教師決定刪除一個概念「什麼時候去」，保留六個概念如圖5-3。

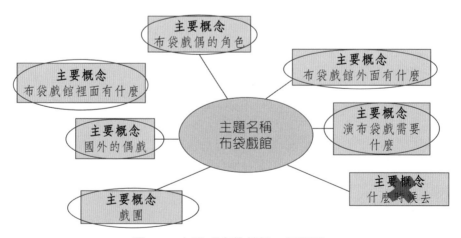

圖5-3　主題「布袋戲館」網絡圖

(四) 設計可能的活動，並整合可能的活動和界定學習方向（圖
　　 5-4）

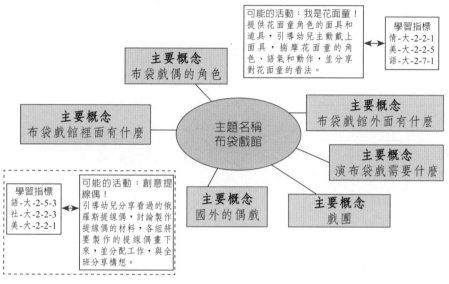

圖5-4　主題「布袋戲館」設計可能的活動

　　接著，在這個階段進行活動順序的排列，並且要檢視活動之間的
連貫性，最後檢視單一概念是否來自多個領域的統整（圖5-5）。

貳、統整課程設計的迷思與省思

　　幼兒園的課程模式相當多元，其中主題課程是目前較常見的，要
實踐統整性主題課程必須先掌握統整的意涵，避免在執行過程窄化
了統整課程的精神，淪為技術性的設計流程或套用模板；換言之，教
師必須要掌握統整課程重視做中學、知識是主動建構與民主精神的
哲學觀點，支持幼兒主動建構的學習歷程。若教師未能真正理解課
程統整的學理概念，僅是在學科知識、教材的連結技巧上著墨，很
容易誤會統整就是將某些教材或學科連結在一起（周淑卿、王郁雯，
2019）。這樣的誤解也可能會導致教師將所有與主題有關的活動

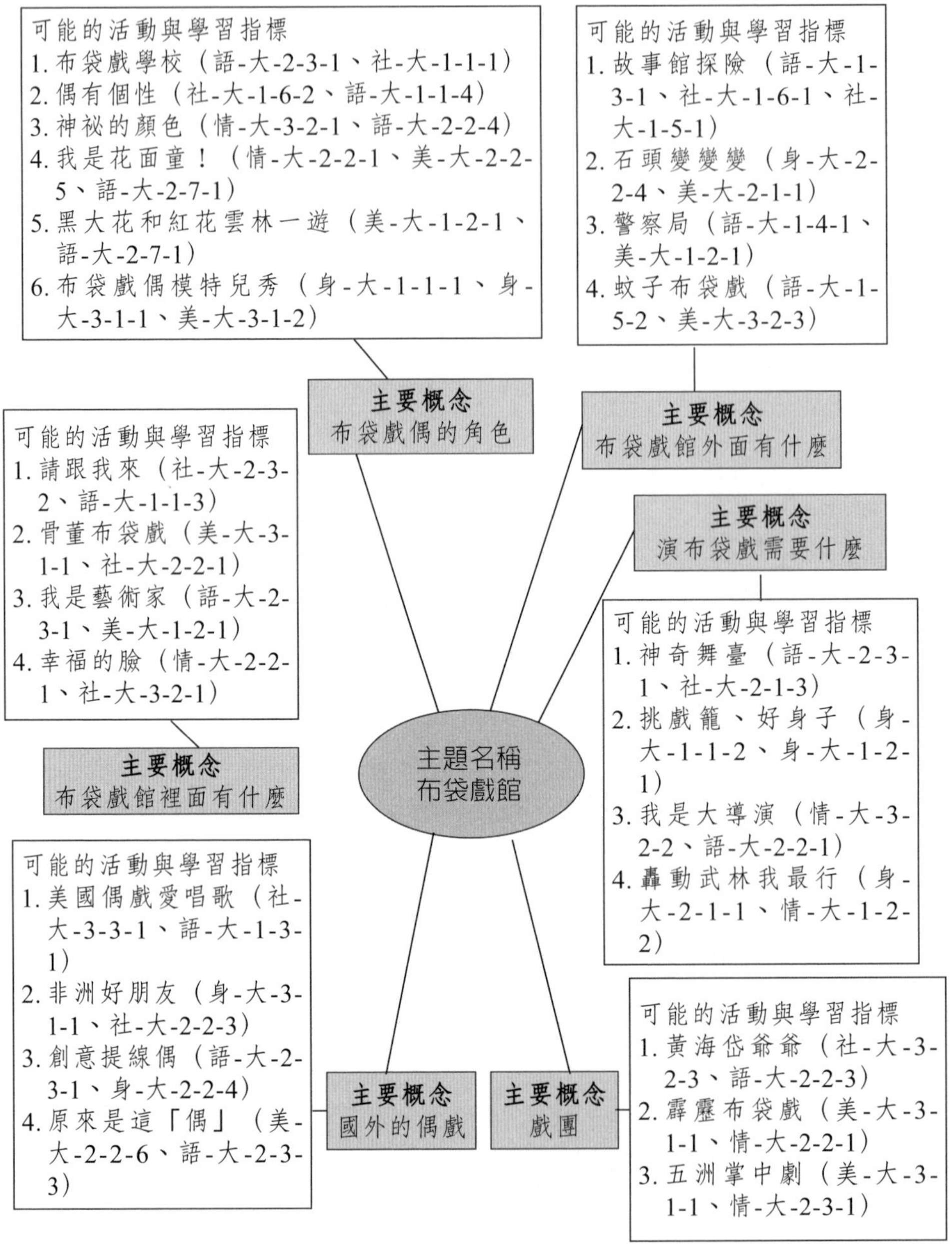

可能的活動與學習指標
1. 布袋戲學校（語-大-2-3-1、社-大-1-1-1）
2. 偶有個性（社-大-1-6-2、語-大-1-1-4）
3. 神祕的顏色（情-大-3-2-1、語-大-2-2-4）
4. 我是花面童！（情-大-2-2-1、美-大-2-2-5、語-大-2-7-1）
5. 黑大花和紅花雲林一遊（美-大-1-2-1、語-大-2-7-1）
6. 布袋戲偶模特兒秀（身-大-1-1-1、身-大-3-1-1、美-大-3-1-2）

可能的活動與學習指標
1. 故事館探險（語-大-1-3-1、社-大-1-6-1、社-大-1-5-1）
2. 石頭變變變（身-大-2-2-4、美-大-2-1-1）
3. 警察局（語-大-1-4-1、美-大-1-2-1）
4. 蚊子布袋戲（語-大-1-5-2、美-大-3-2-3）

主要概念
布袋戲偶的角色

主要概念
布袋戲館外面有什麼

可能的活動與學習指標
1. 請跟我來（社-大-2-3-2、語-大-1-1-3）
2. 骨董布袋戲（美-大-3-1-1、社-大-2-2-1）
3. 我是藝術家（語-大-2-3-1、美-大-1-2-1）
4. 幸福的臉（情-大-2-2-1、社-大-3-2-1）

主要概念
演布袋戲需要什麼

可能的活動與學習指標
1. 神奇舞臺（語-大-2-3-1、社-大-2-1-3）
2. 挑戲籠、好身子（身-大-1-1-2、身-大-1-2-1）
3. 我是大導演（情-大-3-2-2、語-大-2-2-1）
4. 轟動武林我最行（身-大-2-1-1、情-大-1-2-2）

主要概念
布袋戲館裡面有什麼

主題名稱
布袋戲館

可能的活動與學習指標
1. 美國偶戲愛唱歌（社-大-3-3-1、語-大-1-3-1）
2. 非洲好朋友（身-大-3-1-1、社-大-2-2-3）
3. 創意提線偶（語-大-2-3-1、身-大-2-2-4）
4. 原來是這「偶」（美-大-2-2-6、語-大-2-3-3）

主要概念
國外的偶戲

主要概念
戲團

可能的活動與學習指標
1. 黃海岱爺爺（社-大-3-2-3、語-大-2-2-3）
2. 霹靂布袋戲（美-大-3-1-1、情-大-2-2-1）
3. 五洲掌中劇（美-大-3-1-1、情-大-2-3-1）

圖5-5　主題「布袋戲館」概念與活動設計

都放進來，認爲這是統整性主題課程。如同幸曼玲（2018）指出，現行幼兒園經常活動總是熱鬧有餘，連貫不足，無法提供經驗的連貫性，更難以實踐統整課程的目的。要眞正實踐統整性主題課程，必須要從釐清教師的教育哲學觀點著手。然而，翻轉教師對於學習本質的理念，遠比改變課程設計的技巧更困難（周淑卿、王郁雯，2019）。對於習慣分科教學或者過去是以分科學習的教師而言，統整課程的精神與實踐，確實會衝擊過去的教學習慣或學習思維。但是值得期待與改變的是，隨著課程統整的概念備受重視，有機會鬆動學科之間的界線，朝向統整的精神邁進，是每一位專業幼兒教育的教師可以努力的方向。

最後，教育部在幼托整合後頒布《幼兒園教保活動課程大綱》（教育部，2016），並建置「主題統整課程設計工具」有助於想執行統整性主題課程的教師，提供一個較爲結構與順序清楚的課程設計程序，但最重要的是，在每個課程發展的階段，背後的重要意涵與精神，是否能反映在每一個程序中，是教師必須要謹愼思考的，也是統整性主題課程的重要關鍵。

幼兒園教保活動課程
大綱理念、實施與目標

CHAPTER 6

第一節　幼兒園教保活動課程大綱之理念與實施原則

壹、《幼兒園教保活動課程大綱》之基本理念

一、《幼兒園教保活動課程大綱》的內涵

　　我國於2011年6月10日立法院通過的《幼兒教育及照顧法》開啟了我國幼兒教育改革的新頁，教育部依據該法制定《幼兒園教保活動課程大綱》，並於2012年10月5日發布《幼兒園教保活動課程暫行大綱》，2017年8月1日發布正式大綱，即《幼兒園教保活動課程大綱》（後文皆以幼兒園課程大綱簡稱）。

　　幼兒園課程大綱考量了全球幼教的發展趨勢、重視幼兒的主體性與發展需求，同時立基我國文化內涵，研擬具有融合臺灣本土文化價值的課程大綱（幸曼玲、楊金寶、丘嘉慧等，2015），其宗旨為：立基於「仁」的教育觀，承續孝悌仁愛文化，陶養幼兒擁有愛人愛己、關懷環境、面對挑戰、踐行文化的素養，並奠定終身學習的基礎為其宗旨；使幼兒成為重溝通、講道理、能思考、懂合作、有信心、會包容的未來社會公民（教育部，2016）。課程大綱的總目標如下（教育部，2016）：

　　一、維護幼兒身心健康。
　　二、養成幼兒良好習慣。
　　三、豐富幼兒生活經驗。
　　四、增進幼兒倫理觀念。
　　五、培養幼兒合群習性。
　　六、拓展幼兒美感經驗。
　　七、發展幼兒創意思維。
　　八、建構幼兒文化認同。
　　九、啟發幼兒關懷環境。

　　立基課程大綱的宗旨和總目標，並由幼兒的發展出發，將課程分為六大領域：身體動作與健康、認知、語文、社會、情緒和美感六大領域。上述六大領域並非以學科來劃分，而是強調以統整各領域課程的方式來進行課程設計，以培養幼兒擁有六大核心素養。「核心素養（key competence）」是指一個人爲適應現在生活及面對未來挑戰，所應具備的知識、能力與態度，根據課程大綱欲培養幼兒的六大核心素養說明如下（教育部，2016）：

(一) 覺知辨識

運用感官，知覺自己及生活環境的訊息，並理解訊息及其間的關係。

(二) 表達溝通

運用各種符號表達個人的感受，並傾聽和分享不同的見解與訊息。

(三) 關懷合作

願意關心與接納自己、他人、環境和文化，並願意與他人協商，建立共識，解決問題。

(四) 推理賞析

運用舊經驗和既有知識，分析、整合及預測訊息，並以喜愛的心情欣賞自己和他人的表現。

(五) 想像創造

以創新的精神和多樣的方式，表達對生活環境中人、事、物的感受。

(六) 自主管理
根據規範覺察與調整自己的行動。

　　課程大綱提供了教師在課程規劃的方向，應以六大核心素養爲學習的主要目標，採用過程模式（process model）（幸曼玲、周于佩、王珊斐、許淑蘭，2017）。教師須立基以幼兒爲主體的精神，強調幼兒主動探索的能力，透過自編教材以幼兒的生活經驗取材，採用統整的方式實踐課程，有關統整的方式可回顧第五章統整性課程設計。

貳、《幼兒園教保活動課程大綱》的實施

一、《幼兒園教保活動課程大綱》的實施原則與內容
　　幼兒園課程大綱明確指出十項重要的實施通則，教師在進行幼兒園課程設計到實踐的歷程必須要能掌握該通則。本文根據十項實施通則進行重點說明（教育部，2016），並舉實例。

(一) 根據課程目標編擬教保活動課程計畫，以統整方式實施
　　教師在進行課程設計時，必須考量：
　　1. 以幼兒爲主體，並重視個別差異，採用統整方式來進行課程設計。
　　2. 以幼兒的真實生活環境爲取材來源，提供具體現場讓幼兒能進行實際探究。
　　3. 考量長期的主題與活動規劃。例如主題的延續、主題涉及廣泛的領域等。
　　4. 幼兒一天在幼兒園的生活都是課程規劃的範圍。例如每日例行性活動、多元的學習活動、全園性活動。

(二) 依據幼兒發展狀態與學習需求,選擇適宜的教材,規劃合宜的教保活動課程

1. 以幼兒基本需求出發,例如幸福感、歸屬感、衛生健康等,包含幼兒生理、心理的健康安全。

2. 考量幼兒生活環境、文化、經驗與發展的個別差異,設計符合幼兒生活經驗的活動。例如位於雲林縣虎尾鎮布袋戲館附近的幼兒園以「布袋戲館」爲主題開展課程,可參閱第五章的範例。

3. 學習與理解自己與他人的不同文化、性別與種族等,並能關懷與尊重。例如覺察性別、種族刻板印象、學習關懷與尊重多元文化。

(三) 配合統整的教保活動課程計畫,規劃動態的學習情境,開展多元的學習

1. 依據幼兒園的課程取向,規劃安全、正向與有意義的學習情境,並提供多元的活動形式。例如根據教學目標,擷取各樣的文化與環境素材,提供幼兒親自參與體驗的經驗。

2. 隨著課程變動保持必要的持續調整,以支持幼兒探索生活環境。例如延續幼兒對主題的高度興趣,提供機會深化幼兒對該主題探究的深度與豐富其經驗。

3. 建立師生的正向互動與信任關係。例如教師有正向的幼教專業自我效能與自我概念,並與同儕、幼兒建立正向的互動關係。

(四) 重視幼兒自由遊戲及在遊戲中學習的價值,讓幼兒得以自主的探索、操弄與學習

1. 重視幼兒自由遊戲,鼓勵幼兒自發性遊戲與學習,主動探索、驗證與發現。例如提供低結構素材與豐富的自然環境,鼓勵幼兒自發性探索各樣素材,像是鬆散素材的創作與發現。

2. 幼兒遊戲過程中可以提供必要的引導。例如幼兒發現與發明的過程,教師可以提供探索的相關媒介、素材,介紹該領域專家運用的技巧,鼓勵幼兒應用與創新。

(五) 嘗試建構學習社群，以分齡、混齡或融合教育的方式進行，在協同合作溝通中，延展幼兒的學習

1. 幼兒是學習社群的一員，學習協同合作，共同達成目標。例如幼兒在學習區有共同目標，為了完成目標任務，需要協商與合作。

2. 透過異質性團體，發展利社會行為。例如不同年齡、發展狀態、生活經驗的幼兒，透過合作為達共同目標的過程，彼此提供經驗、知識，並能相互學習與交流。

(六) 教保服務人員須關照有特殊需求的幼兒（包括區域弱勢、經濟弱勢和特殊幼兒），提供合宜的教育方式

以「帶好每一位幼兒」為目標，並能提供有特殊需求幼兒之必要協助。例如提供處於家庭文化不利的幼兒，針對需求提供個別教學時間。

(七) 教保服務人員在課程進行中根據目標扮演多重角色，並在課程規劃前、課程進行中和課程進行後省思自己

1. 教師須能視活動需求提供觀察者、參與者、引導者或是評估者的不同角色。例如在團討、學習區、例行活動時間等，教師會觀察幼兒狀態發揮不同角色的功能。

2. 要能自我省思，覺察自身文化對教學行為的影響，並能作必要的調整。例如教師自身的性別刻板印象影響教學行為，在戲劇活動中安排男生飾演醫生、法官，安排女生飾演護理師、保母。教師應能自覺自身的性別刻板印象影響教學行為，而調整為讓幼兒根據興趣來選擇與協商角色的分派。

(八) 教保服務人員須進行教學評量，檢視自己的教學，同時也須有系統的規劃和實施幼兒學習評量

1. 根據幼兒園課程取向，進行課程規劃、課程進行中、後的教學評量，並能根據幼兒評量來省思自己的教學。例如根據幼兒在學習

區的觀察與紀錄，省思教師在學習區中環境線索的布置是否能發揮暗示、引導效果，或者可再增加素材等。

2. 評量採用多元評量方式，並重視家園合作，且能針對幼兒在六大核心素養的學習情形進行總結性評量。例如根據幼兒在幼兒園的觀察及紀錄內容與家長分享和討論，從多元觀點來蒐集與掌握幼兒的整體表現。

(九) 自幼兒園到國民小學是幼兒從非正式教育到正式教育的一大轉變。幼兒園宜主動扮演銜接的角色，協助幼兒面對新情境的挑戰

1. 有計畫的進行幼小銜接。例如教師在大班下學期主動與國民小學合作，協助幼兒認識、理解小學的社會規範、人際互動、角色期待。

2. 家長是幼兒園與國民小學間溝通的重要橋梁，小學老師是幼小銜接的重要夥伴。例如幼小銜接必須建立幼兒園教師、小學教師、家長之間雙向交流與溝通的模式，而不是幼兒園教師單向的預備與聯繫。

(十) 建立幼兒園、家庭與社區的網絡，經營三者間的夥伴關係。透過教保活動課程，培養幼兒對文化的投入與認同。面對多元文化的社會，培養幼兒面對、接納和欣賞不同文化的態度

1. 教師能重視生活環境中的社會文化活動，透過課程設計轉化為課程活動。例如教師覺察到社區中里民辦公室在特定節日會舉辦特定活動，形塑社區的專屬特殊文化，教師可與社區合作，將該活動融入課程中，提供機會讓幼兒體驗與學習，所處環境中的價值與民俗風情。

2. 幼兒是社區的參與者與共構者，並提供家長參與幼兒園課程與教學的機會，重視家庭、幼兒園與社區的連結。例如幼兒園邀請社

區共同舉辦社區活動，或者結合社區的在地資源舉辦幼兒園活動，並邀請社區人員入園共同參與。

第二節　幼兒園教保活動課程大綱之領域目標、課程目標與學習指標

壹、領域目標、課程目標與學習指標的內涵

幼兒園課程大綱的六大領域皆由領域目標、課程目標和分齡學習指標架構而成。每個領域都有其領域目標、該領域欲培養的領域能力和學習的面向，並由領域能力和學習面向架構出其課程目標，在課程目標下根據2-3歲、3-4歲、4-5歲及5-6歲四個年齡層規劃各年齡層的學習指標。從概念的層次來看分別為：課程大綱總目標、領域目標、課程目標、學習指標（教育部，2016）。

一、領域目標

從該領域出發描繪的孩童圖像，是該領域對幼兒學習的整體期待。

二、課程目標

幼兒在該領域的學習方向，由領域能力與學習面向交織而成。

三、學習指標

以課程目標為基礎，根據四個年齡層規劃的分齡學習指標，強調在幼兒先前的基礎上朝學習指標的方向進一步學習。

從課程設計的角度觀之，課程目標與學習指標是幼兒園進行課程規劃的藍圖。同時，教師進行課程設計時須謹記「六大核心素養是統整各領域的領域能力而來」，並以統整方式實施。因此，教師對於課程大綱總目標、領域目標、課程目標、學習指標的內涵必須有清楚與

正確的認識，並依據課程大綱的實施原則進行課程設計。

貳、領域目標、能力與學習面向

　　本文根據教育部（2016）幼兒園課程大綱的內容，進行六大領域目標、能力、學習面向的介紹，並舉例說明。

一、身體動作與健康領域

　　身體動作與健康領域目標有下列三項：

(一) 靈活展現基本動作技能並能維護自身安全。

(二) 擁有健康的身體及良好的生活習慣。

(三) 喜歡運動與樂於展現動作創意。

　　身體動作與健康領域欲培養的領域能力如下：

(一) 覺察與模仿：是指幼兒能注意到新事物的存在，意識或模仿生活中出現的各類動作和健康行為。例如：覺察到跳繩時的身體狀態、模仿正確的洗手步驟、戴口罩方式等。

(二) 協調與控制：是指幼兒能整合不同動作，使動作間配合得當，和諧一致。在過程中練習掌握各個動作的執行步驟，控制身體不同的部位。例如：協調跳繩時的身體動作，控制身體的各個部位。

(三) 組合與創造：是指幼兒能掌控自己的肢體，發揮想像力，組合各種肢體動作，以扮演心中設定的故事或圖像的能力。

　　身體動作與健康領域的學習面向如下：

(一) 身體動作：包括穩定性動作、移動性動作。

(二) 用具操作：指藉由使用各種工具、文具、玩具、素材、器材、遊具、設施與設備，以協助幼兒發展各種動作技能，包括操作性動作和精細動作。

(三) 健康行動：指健康與安全的學習。健康方面包括個人衛生、保健行為、健康促進行為、健康飲食、收拾整理與維護環境的自

127

理行為，協助幼兒發展健康信念、學習健康行為與落實自我管理。

根據上述身體動作與健康領域能力，以及學習面向交織而成的課程目標請參見表6-1，共有八項課程目標，其分齡學習指標可參考幼兒園課程大綱。

二、認知領域

認知領域目標有下列三項：

(一) 擁有主動探索的習慣。

(二) 展現有系統思考的能力。

(三) 樂於與他人溝通並共同合作解決問題。

認知領域欲培養的領域能力如下：

(一) 蒐集訊息：透過感官、工具測量及記錄等活動獲得訊息。有系統的、有條理的覺知、觀察與測量訊息，並記錄蒐集到的訊息。

(二) 整理訊息：將先前蒐集到的各種訊息，利用歸類、分類、比較、找出關係、序列與型式、合成與分解或圖表等，將這些訊息一步步的加以組織整理出脈絡。

(三) 解決問題：在發現探究性的問題後，與他人討論提出解決問題的思考歷程，該思考歷程包括與他人共同討論提出可能的方法及方法的可行性，經實作與驗證、檢查結果，進而解決問題的過程。

認知領域的學習面向如下：

(一) 生活環境中的數學：有關自然現象及文化產物的數學，幼兒可藉由數學而了解自然現象和文化產物。

(二) 自然現象：包括動植物、天氣、溫度、石頭、沙及光影等。

(三) 文化產物：舉凡人類為因應生活需要而製造或創造的器物、設備、建築物。

　　根據上述認知領域能力與學習面向交織而成的課程目標，請參見表6-1，共有七項課程目標，其分齡學習指標可參考幼兒園課程大綱。

三、語文領域

　　語文領域目標有下列五項（教育部，2016）：
(一) 體驗並覺知語文的趣味與功能。
(二) 合宜參與日常社會互動情境。
(三) 慣於敘說經驗與編織故事。
(四) 喜歡閱讀並展現個人觀點。
(五) 認識並欣賞社會中使用多種語文的情形。

　　語文領域欲培養的領域能力如下：
(一) 理解：幼兒覺察、區辨與詮釋所接收之訊息的能力。
(二) 表達：幼兒回應人或文本，運用肢體、口語或自創符號呈現意義，以及創作的能力。

　　語文領域的學習面向如下：
(一) 肢體：肢體動作能表達許多約定俗成的意義，甚至有構成藝術創作的潛力。
(二) 口語：口語的音韻特性，以及在社會中使用各種語言。人們經常綜合運用肢體動作和口說語言表達需求、感覺、感情和想法，例如戲劇扮演活動。
(三) 圖像符號：圖像符號具有指示、提醒和說明等功能。
(四) 文字功能：文字有記錄、備忘與將思考具象化的功能。

　　根據上述語文領域能力與學習面向交織而成的課程目標，請參見表6-1，共有十二項課程目標，其分齡學習指標可參考幼兒園課程大綱。

四、社會領域

社會領域目標有下列五項（教育部，2016）：

(一) 肯定自己並照顧自己。

(二) 關愛親人。

(三) 樂於與他人相處並展現友愛情懷。

(四) 樂於體驗文化的多元現象。

(五) 親近自然並尊重生命。

社會領域欲培養的領域能力如下：

(一) 探索與覺察：幼兒對自己、他人及生活環境中的事物感到好奇，透過行動發現其中的特質和內容。幼兒因此能對這些人、事、物有更進一步的理解和體會。

(二) 協商與調整：指幼兒在人際互動的過程中，學習表達和聆聽，以及與他人溝通和商量，同理他人想法與感受，並能以顧及自己和他人需求的方式，學習改變自己想法或行為，與他人和諧相處。

(三) 愛護與尊重：幼兒能主動關注自己、他人和自然生命的態度，學習照顧自己，願意跟他人分享及提供協助，發展和諧的人際關係及與自然共處的情懷。

社會領域的學習面向如下：

(一) 自己：指自我認識、自我保護與自我肯定。例如覺察自己的外表特徵、興趣、專長與性別。

(二) 人與人：指人際互動與團體規範。幼兒覺察人我異同、理解他人。

(三) 人與環境：指在家庭、幼兒園和社區中，與幼兒有關的人文與自然現象。

根據上述社會領域能力與學習面向交織而成的課程目標，請參見

表6-1，共有十五項課程目標，其分齡學習指標可參考幼兒園課程大綱。

五、情緒領域

情緒領域目標有下列四項：

(一) 接納自己的情緒。

(二) 以正向態度面對困境。

(三) 擁有安定的情緒並自在地表達感受。

(四) 關懷及理解他人的情緒。

情緒領域欲培養的領域能力如下：

(一) 覺察與辨識：個體覺察到內外在刺激，有情緒出現時，能辨識當時是什麼情緒狀態和種類。

(二) 表達：學習理解所處文化的規則，適時、適情境及適角色來表達情緒。

(三) 理解：能了解情緒產生的原因，去釐清發生什麼事及個人對此事件的想法。

(四) 調節：運用各種策略來改變負向情緒或過度激動的情緒。

情緒領域的學習面向如下：

(一) 自己：指自身因受到環境的刺激而產生情緒反應。

(二) 他人與環境：他人是指幼兒能感受到他人受環境的刺激而產生的情緒反應；環境是指幼兒以擬人化的形式，投射自身對環境中事物刺激的情緒反應。

根據上述情緒領域能力與學習面向交織而成的課程目標，請參見表6-1，共有七項課程目標，其分齡學習指標可參考幼兒園課程大綱。

六、美感領域

美感領域目標有下列四項：

(一) 喜歡探索事物的美。

(二) 享受美感經驗與藝術創作。

(三) 展現豐富的想像力。

(四) 回應對藝術創作的感受與喜好。

美感領域欲培養的領域能力如下：

(一) 探索與覺察：幼兒以敏銳的五官和知覺探索，並覺察生活周遭事物的美。

(二) 表現與創作：幼兒嘗試以各種形式的藝術媒介來發揮想像，進行獨特的表現與創作。

(三) 回應與賞析：幼兒對生活環境中多元的藝術創作或表現，表達其感受與偏好。

美感領域的學習面向如下：

(一) 情意：幼兒在不同的美感經驗中，能連結正面的情意與產生愉悅的感受，以及樂於從事與美感有關的活動，讓幼兒享受過程中的樂趣。

(二) 藝術媒介：視覺藝術、音樂及戲劇扮演。

根據上述社會領域能力與學習面向交織而成的課程目標，參見表6-1，共有六項課程目標，其分齡學習指標可參考幼兒園課程大綱。

表6-1　《幼兒園教保活動課程大綱》之六大領域課程目標總表

領域	領域能力	學習面向		
		身體動作	用具操作	健康行動
身體動作與健康	覺察與模仿	身-1-1 模仿身體操控活動	身-1-2 模仿各種用具的操作	身-1-3 覺察與模仿健康行為及安全的動作
	協調與控制	身-2-1 安全應用身體操控動作，滿足自由活動及與他人合作的需求	身-2-2 熟練各種用具的操作	身-2-3 熟練並養成健康生活習慣
	組合與創造	身-3-1 應用組合及變化各種動作，享受肢體遊戲的樂趣	身-3-2 樂於善用各種素材及器材進行創造性活動	
		生活環境中的數學	自然現象	文化產物
認知	蒐集訊息	認-1-1 蒐集生活環境中的數學訊息	認-1-2 蒐集自然現象的訊息	認-1-3 蒐集文化產物的訊息
	整理訊息	認-2-1 整理生活環境中的數學訊息	認-2-2 整理自然現象訊息間的關係	認-2-3 整理文化產物訊息間的關係
	解決問題	認-3-1 與他人合作解決生活環境中的問題		

（續）

領域	領域能力	學習面向			
		肢體	口語	圖像符號	文字功能
語文	理解	語-1-1 理解互動對象的意圖	語-1-2 理解歌謠和口語的音韻特性 語-1-3 認識社會使用多種語言的情形	語-1-4 理解生活環境中的圖像符號 語-1-5 理解圖畫書的內容與功能	語-1-6 熟悉閱讀華文的方式 語-1-7 理解文字的功能
	表達	語-2-1 以肢體語言表達	語-2-2 以口語參與互動 語-2-3 敘說生活經驗 語-2-4 看圖敘說	語-2-5 運用圖像符號	
		自己	人與人	人與環境	
社會	探索與覺察	社-1-1 認識自己	社-1-2 覺察自己與他人內在想法的不同 社-1-3 覺察生活規範與活動規則	社-1-4 覺察家的重要 社-1-5 探索自己與生活環境中人事物的關係 社-1-6 認識生活環境中文化的多元現象	
	協商與調整	社-2-1 發展自我概念	社-2-2 理解他人,並與他人互動 社-2-3 調整自己的行動,遵守生活規範與活動規則		
	愛護與尊重	社-3-1 喜歡自己,肯定自己 社-3-2 保護自己	社-3-3 關懷與尊重生活環境中的他人 社-3-4 尊重他人的身體自主權	社-3-5 尊重生活環境中文化的多元現象 社-3-6 關懷生活環境,尊重生命	

（續）

領域		學習面向	
		自己	他人與環境
情緒	覺察與辨識	情-1-1 覺察與辨識自己的情緒	情-1-2 覺察與辨識生活環境中他人和擬人化物件的情緒
	表達	情-2-1 合宜地表達自己的情緒	情-2-2 適當地表達生活環境中他人和擬人化物件的情緒
	理解	情-3-1 理解自己情緒出現的原因	情-3-2 理解生活環境中他人和擬人化物件情緒產生的原因
	調節	情-4-1 運用策略調節自己的情緒	
		情意	藝術媒介
美感	探索與覺察	美-1-1 體驗生活環境中愉悅的美感經驗	美-1-2 運用五官感受生活環境中各種形式的美
	表現與創作	美-2-1 發揮想像並進行個人獨特的創作	美-2-2 運用各種形式的藝術媒介進行創作
	回應與賞析	美-3-1 樂於接觸多元的藝術創作，回應個人的感受	美-3-2 欣賞藝術創作或展演活動，回應個人的看法

幼兒園課程類型設計的理論與案例

CHAPTER 7

☺第一節　單元課程在幼兒園教學上的設計

壹、單元活動的意義及其歷史沿革

一、單元教學的意義及其重要性

「單元教學」是由教師依據時令節日，以及幼兒的身心發展，從日常生活中選擇合適的單元，再依據合宜的教學計畫，以實施教學。這種教學法具有明確的目標，有與目標密切配合的教材、有指導學習的有效方法、有評量教學效果的具體標準，學習者所獲得的是完整的生活經驗。

根據《教育大辭典》的解釋：學習一事一物，自始至終可以告一段落者，謂之「單元」。單元（unit）為其間的一個環節，有一般性的價值，也有其特殊的意義。依學習時間的長短和學習內容的多寡可分為「大單元」和「小單元」，「大單元」進行一個月或六週，「小單元」一般以一週為活動時間。

「單元活動」屬於活動課程（activity curriculum）取材於幼兒生活，舉凡日常生活中食、衣、住、行、育、樂等面向，都可以經由教師精心設計成為教學活動的內容，藉以充實幼兒生活經驗，或解決其生活中所面臨的問題。教師在教學過程中，宜注意到每位幼兒能力、需求、興趣、家庭與社區的個殊性，以活動的方式進行適性揚才的教學方法，引導幼兒學習以達成教學活動的目標（張衛族，2009）。

「單元教學」一般使用在教師要教導幼兒基本有關認知、情意和動作技能的學習，因此結構性較強，大部分是由教師或幼兒園事先已經構思設計完成的教案。為了達成教育或教學目標，課程設計一般係採線性（linar）方式進行，其發展模式大抵為「由上而下」（top-down）的工具理性思維，追求可欲的、可預測的和可量化的目標，同時學習的有效性，也是單元結構式教學所欲達成的教學目標。

為達以上的教學特色，單元教學在設計時宜有下列的考量：

(一) 活動設計通常在教學前就已確定內容和進度。

(二) 每天的活動包括團體、分組和個別活動。

(三) 學習動機和情境布置是教師事先計畫與安排的。

(四) 活動的設計包括認知領域（cognitive domain）、情意領域（affective domain）和動作技能領域（psychomotor domain）等三方面。

(五) 單元課程屬於活動課程，與幼兒日常的食、衣、住、行、育、樂有關。

(六) 活動時間一個小單元通常一天或一週，大單元可以是一個月左右。

(七) 單元活動的教學以教師為主體，幼兒靜聽或按著老師的口令和節奏，進行認知、美勞、唱遊及戶外活動。

(八) 依課程目標規劃結構式勾選評分的三點或五點量表，供父母及幼兒園參考。

二、單元活動教學的歷史沿革

(一) 1919-1946年的發展

1919年杜威來華講學，在教育界掀起了一連串改革之風，「單元教育法（unit teaching method）」就在此股風潮帶動下紮根生長。從陶行之先生的「教、學、做合一」理念，陳鶴琴先生的「五指教學法」，以及張雪門先生的「行為課程」都可發現「單元」的特質。政府來臺後，這種教育新觀點未減其色，反而更將其發揚光大。

(二) 1946-1981年發展

從民國35（1946）年至今，臺灣幼兒教育界先後進行了數次課程實驗：

1. **民國35-55（1946-1966）年**：張雪門先生繼續在臺灣推展「行為課程」，並在全省各師範學校進行實驗。

2. **民國42-48（1953-1959）年**：熊慧英女士延續陳鶴琴先生理念，在省立臺北女師附小幼稚園進行「五指課程實驗」（現臺北市立大學實小附設幼兒園）。

3. 民國53-59（1964-1970）年：由熊芷校長所領導，實驗大單元設計教學法，仿效美國小學一、二年級趨向大單元組織型態，使教材成爲一個完整的生活經驗，而非各自獨立或零碎知識。

4. 民國59（1970）年：美籍布克太太（Mrs. Broke）的「發現學習（discovery learning）」觀點強調學習區布置，以及「開放教育（open education）」引進臺灣，有別於「教師中心」的傳統教學觀點，鼓勵幼兒依自己的興趣自由選擇情境「角落」，自由操作探索學習。後由幼教學會郭豸女士大力推動，各公私立幼稚園紛紛起而效尤。

(三) 1981年-至今

1. 民國70（1981）年：委託國立臺灣師範大學附設幼兒園，策劃並推動「幼兒科學教育課程」。最後於民國74（1985）年完成四冊實驗教材，並以單元架構呈現。

2. 民國75（1986）年：當時教育廳邀請八所省立師專幼教科共同規劃發展《幼稚園大小班單元教學活動設計》共四冊，提供幼兒教師做教學參考。其後又以此爲藍本編寫四冊《幼兒學習活動設計參考資料》。此時課程設計形成了兩個部分：第一個是單元教學活動設計；另一部分就是布置開放的學習空間（角落或學習區）。

3. 民國77（1988）年：臺北市教育局委託臺北市立師範學院兒童發展中心推動「開放教育」、本土化的課程實驗研究與推廣，將開放教育中的課程統整化、教材生活化、教學活動化的理念加以實踐。

4. 民國100（2011）年起至今：幼兒園新課綱經由暫行版到實施版；課程領域包括認知、語文、身體動作與健康、社會、情緒與美感六大領域。

以上不同時期所推動的課程教學，雖各異其趣，成效亦不同，但單元教學的特質卻是一脈相承且發揚光大，即使近年在臺灣似乎拋開了傳統教學的束縛，但基礎理念傳授的「單元」教學，其影子依然清晰可見，「方案」或「主題」以幼兒爲主體的教學此時蔚爲風尚。

貳、以新北市佳美幼兒園為例說明其變革

從傳統到開放的佳美幼兒園，位於新北市永和，創園於民國54（1965）年，她經歷五十多個年頭的發展。從早期強調讀、寫、算的教學，到以角落學習為基礎的小單元教學，以及目前的主題建構教學。可從佳美的發展歷程，讓我們看到一部臺灣幼教課程與教學發展史的縮影。劉玉燕（2004）將佳美的發展分成四個階段：

一、「傳統教學期」——民國54-63（1965-1974）年

民國54（1965）年幼稚園的教育等同於「小學先修班」；老師會教幼兒玩遊戲、唱兒歌，讓幼兒吃點心，但這些活動無非是要誘導幼兒學習讀書、寫字、算數和注音符號。

傳統教學期，以老師單向授課為主，較少考慮幼兒的自主學習，所有活動都是全班集體行動，甚至包括日常生活中的喝水與上廁所等。

二、「開放角落前期」——民國63-69（1974-1980）年

(一) 由傳統教學改變成角落教學，最大困難是空間不足及教師的教學理念問題。

(二) 在空間方面，先將全校幼兒人數減半，讓幼兒的使用空間變大，並採班級教室和角落教室並存方式。

(三) 在教學方面，採用半傳統、半角落的教學形式。

(四) 當時單元進行的時間大致是每週一個單元，老師在學期初就將一學期的單元題目與各項活動規劃好，並先發給家長；這段期間課程特色是傳統與角落教學兼容並蓄。

三、「開放角落後期」——民國69-78（1980-1989）年

成立新佳美之後，佳美和新佳美全校所有的班級都改成角落教室，每個班級都是角落教學，不再排排坐了。發現當時這段時間老師追求的重點是：怎樣讓「角落反映單元主題」。此時期課程特色是在

盡量延續幼兒自主遊戲的時間。同時教學單元活動進行時間，也由每週一個小單元延長為二週、三週或四週為一個大單元，讓老師和幼兒有更持續的融入學習活動的時間。

四、「開放角落+主題+情境」──民國78（1989）年至目前

當老師已能依循單元主題去補充幼兒感興趣的學習材料時，不免開始質疑：所謂「角落配合單元教學」，幼兒在遊戲的過程中能不能感受到單元的整體性，還是單元只是老師用來構想教學時能有依據的起點而已？或許幼兒並沒有感受到單元的存在，對幼兒來說只是一個個孤立的小單元而已。可是原本採用單元教學是為了打破分科，以統整幼兒的經驗，所以如何在教學上有更大的突破，以真正讓幼兒融入單元主題的學習，真正達到統整學習的功效，是這段期間大家追尋的目標。

參、單元活動教學案例及其評述

一、單元活動的步驟

單元教學法的過程可分為三個步驟：

(一) 準備活動（initiation activities）

從活動的準備，如閱讀資料、蒐集資料、布置情境到動機的引起，都屬準備活動。

(二) 發展活動（developmental activities）

這是教學的主要活動，可採觀察、實驗、討論、製作和閱讀等活動進行學習，內容可包括團體活動、分組活動和學習區的個別活動。

(三) 綜合活動（culminating activities）

是單元活動的最高潮，是將發展活動的學習作整理、組織、驗

證、發表、欣賞或評量的階段；同時亦可引起下一單元的動機，以構成單元教學的繼續和聯繫。

　　教師一般為要教導幼兒基本概念，其所完成事先構設的教學目標的「單元教學」活動主題，見表7-1與表7-2，其案例於下文加以說明。

二、單元活動主題名稱上下學期名稱示例

表7-1　幼兒園上學期單元活動主題

班別 名稱 編號	小班	中班	大班
1	我們的幼兒園	老師和朋友	快樂園地
2	月亮和月餅	中秋節	星星月亮太陽
3	蛋糕和蠟燭	生日快樂	國慶日
4	我的身體	奇妙的身體	健康檢查
5	紅綠燈	十字路口	交通安全
6	蔬菜和水果	米和麵	我們的食物
7	夾子遊戲	洞洞遊戲	管子遊戲
8	拼拼排排	顏色和圖形	小小建築師
9	動一動	跳一跳	小小運動家
10	我生病了	醫生和護士	小小醫院
11	垃圾哪裡來	河水變黑了	環保小尖兵
12	玩具店	小小樂隊	小小劇場
13	鞋子和襪子	我們的衣服	服裝店
14	嚐一嚐	糖果屋	糖和鹽
15	壓歲錢	過新年	舞獅迎春

表7-2　幼兒園下學期單元活動主題

班別 名稱 編號	小班	中班	大班
1	開學了	快樂上學去	喜相逢
2	美麗的花園	昆蟲世界	春天來了
3	看圖說話	故事屋	小小圖書館
4	彈珠遊戲	毽子和陀螺	中國童玩
5	美麗的花園	環保小尖兵	綠色大地
6	好玩的黏土	紙的世界	沙和石頭
7	我愛媽媽	媽媽真偉大	母親節
8	好鄰居	幫助我們的人	各行各業
9	好玩的地方	美麗的寶島	世界真奇妙
10	粽子和香包	龍舟比賽	仲夏夜端午節
11	下雨了	好玩的水	奇妙的水
12	蚊子和蒼蠅	交通安全	我是捍衛小寶貝
13	白天和晚上	鐘錶店	昨天今天明天
14	和風遊戲	好玩的磁鐵	奇妙的聲音
15	衣服變小了	歡送大哥哥大姊姊	上小學囉！

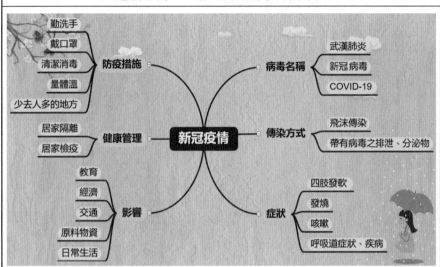

主題概念網──配合新課綱學習指標設計

防疫措施
勤洗手
戴口罩
清潔消毒
量體溫
少去人多的地方

健康管理
居家隔離
居家檢疫

影響
教育
經濟
交通
原料物資
日常生活

新冠疫情

病毒名稱
武漢肺炎
新冠病毒
COVID-19

傳染方式
飛沫傳染
帶有病毒之排泄、分泌物

症狀
四肢發軟
發燒
咳嗽
呼吸道症狀、疾病

防疫措施
1. 認-大-3-1-1
與同伴討論解決問題的方法,並與他人合作實際執行。
2. 社-大-1-5-3
辨識生活環境中的危險,維護自身的安全。
3. 身-大-3-2-1
與他人合作運用各種素材或器材,共同發展創新玩法。

健康管理
1. 語-大-2-3-2
說出簡單的因果關係。
2. 社-大-2-2-3
考量自己與他人的能力,和他人分工合作。
3. 身-大-2-3-2
熟練並維持日常生活的健康行為。

影響
1. 語-大-1-1-3
懂得簡單的比喻。
2. 社-大-2-2-1
聆聽他人並正向回應。
3. 身-大-2-1-2
在團體活動中,應用身體基本動作安全地完成任務。

病毒名稱
1. 認-大-2-2-2
與他人討論自然現象特徵間的關係。
2. 語-大-1-5-2
理解故事的角色、情節與主題。
3. 身-大-1-3-4
覺察與辨別危險,保護自己及他人的安全。

傳染方式
1. 語-大-2-2-2
針對談話內容表達疑問或看法。
2. 身-大-1-3-1
覺察與模仿日常生活的健康行為。
3. 社-大-1-3-1
辨認生活規範和活動規則的理由。

症狀
1. 認-大-2-2-3
與他人討論自然現象的變化與生活的關係。
2. 社-大-2-1-1
表達自己的身體狀況及其發生的原因。
3. 美-大-1-2-3
覺察並回應日常生活中各種感官經驗與情緒經驗。

145

(續)

主題名稱：新冠疫情		班別：大班	教學者：林昱嫻
		人數：25人	活動日期：3/1-3/31
教學目標	一、認識新冠疫情（C） 二、了解防疫措施的方法（C） 三、學習戴口罩和勤洗手等防疫措施（P） 四、實施與家人、朋友一起保護自己的防疫措施（P） 五、分享新冠病毒的感想（A）		
活動名稱	活動一：小心！病毒來襲——説出新冠病毒的傷害 活動二：症狀知多少——討論新冠病毒的傳染途徑 活動三：健康小小兵——管理防疫的大不同 活動四：和病毒説掰掰——實際執行防疫措施的方法 活動五：健康防禦一級棒——會保護自己、家人和朋友		
活動目標	一、能説出新冠病毒的危害（C） 二、會做出對疫情、病毒的防範方法及措施（P） 三、體會新冠病毒的疫情，並分享其感想（A）		

三、單元活動——「新冠疫情」設計案例（I）

活動名稱	活動過程	學習指標
活動一：小心！病毒來襲	一、準備活動 1. 編排小劇場引起動機討論疫情 2. 觀看新聞引起共鳴與討論 3. 透過繪本認識新冠病毒 4. 使用清潔工具整理環境 二、發展活動 1. 團體活動 　(1) 情境布置，打造一個清潔的教室 　(2) 討論新冠病毒造成的影響 　(3) 設計團體遊戲「病毒來找碴」的活動 2. 小組活動 　(1) 閱讀組：觀察疫情病毒 　(2) 音樂組：教唱洗手歌 　(3) 扮演組：小劇場的角色扮演 　(4) 美勞組：製作剪貼本 　(5) 益智組：配對有關病毒的翻翻樂	語-大-2-2-2 針對談話內容表達疑問及看法。 身-大-2-3-1 使用清潔工具整理環境。 身-大-2-1-2 在團體活動中，應用身體基本動作安全地完成任務。

146

（續）

活動名稱	活動過程	學習指標
活動一：小心！病毒來襲	3. 學習區活動 (1) 益智區：增添病毒之相關桌遊與教具 (2) 語文區：疫情、病毒之相關繪本故事 (3) 美勞區：嘗試畫病毒、剪貼活動 (4) 扮演區：醫院、藥局之角色等扮演 (5) 積木區：與扮演區做結合，建構、搭建醫院、藥局等防疫措施	社-大-2-2-3 考量自己與他人的能力，和他人分工合作。
	三、綜合活動 1. 分享繪本內容的感想與回饋 2. 討論活動中疫情、病毒的防範觀念 3. 對於活動的自我反思報告	社-大-2-2-1 聆聽他人並正向回饋。
活動二：症狀知多少	一、準備活動 1. 動畫短片引導 2. 說明傳染途徑的方式 3. 介紹新冠病毒的症狀 二、發展活動 1. 團體活動 (1) 討論傳染途徑的分別與症狀的產生 (2) 設計團體遊戲「防禦傳染大作戰」的活動 2. 小組活動 (1) 閱讀組：傳染途徑及症狀分析討論 (2) 大肌肉活動組：編律動教唱 (3) 扮演組：小小醫生及護士扮演 (4) 美勞組：製作傳染途徑過程圖、症狀示意圖 (5) 益智組：傳染途徑及症狀連連看 3. 學習區活動 (1) 益智區：增添圖卡配對等教具 (2) 語文區：傳染及其症狀之相關繪本故事 (3) 扮演區：宣傳口號的小劇場 (4) 美勞區：與扮演區結合設置宣傳海報 (5) 積木區：搭建預防傳染的防禦塔 三、綜合活動 1. 分辨傳染途徑與症狀的分別 2. 發表對活動過程的感想 3. 對於活動的自我反思報告	語-大-2-2-3 在團體互動情境中參與討論。 身-大-1-3-1 覺察與模仿日常生活的健康行為。 社-大-1-3-1 辨認生活規範和活動規則的理由。 語-大-1-4-2 知道能使用圖像記錄與說明。 認-大-3-1-1 與同伴討論解決問題的方法，並與他人合作實際執行。

147

（續）

活動名稱	活動過程	學習指標
活動三：健康小小兵	一、準備活動 1. 不同情境劇區分個人防疫管理的重點 2. 利用圖示進行説明與比較 二、發展活動 1. 團體活動 　(1) 討論個人防疫管理的不同 　(2) 設計團體遊戲「守護健康——個人防疫管理」的活動 2. 小組活動 　(1) 閱讀組：欣賞影片進行個人防疫管理的討論 　(2) 科學組：分析個人防疫管理不同之處的原因 　(3) 扮演組：演示不同情境下的個人防疫管理 　(4) 美勞組：繪製或剪貼方式呈現個人防疫管理的不同 　(5) 益智組：考驗記憶翻翻樂 3. 學習區活動 　(1) 益智區：增添個人防疫管理相關字卡等教具 　(2) 語文區：結合扮演區撰寫新聞腳本 　(3) 扮演區：模擬扮演新聞播報的角色扮演 　(4) 美勞區：製作小書用剪貼或其他工具進行創作 　(5) 科學區：紀錄與研究個人防疫管理不同之處 三、綜合活動 1. 分享情境劇內容的感想與回饋 2. 分辨個人防疫管理的不同問答挑戰 3. 對於活動的自我反思報告	社-大-1-5-3 辨識生活環境中的危險，維護自身的安全。 認-大-3-1-1 與同伴討論解決問題的方法，並與他人合作實際執行。 身-大-3-2-1 與他人合作運用各種素材或器材，共同發展創新玩法。 社-大-2-2-1 聆聽他人並正向回饋。
活動四：和病毒説辦辦	一、準備活動 1. 運用宣傳影片介紹防疫措施 2. 討論影片當中防疫措施有哪些 3. 拆解洗手、戴口罩步驟，實際説明與練習 二、發展活動 1. 團體活動 　(1) 分享在日常生活中有看到或知道哪些防範方法 　(2) 討論防疫措施為什麼重要	

（續）

活動名稱	活動過程	學習指標
活動四：和病毒說辦辦	(3) 設計團體遊戲「病毒病毒我不怕」的活動 2. 小組活動 (1) 閱讀組：閱讀宣傳文宣進行討論 (2) 音樂組：教唱戴口罩之歌 (3) 扮演組：小劇場的角色扮演 (4) 美勞組：製作防疫方法的四格小漫畫 (5) 益智組：預防病毒方法排列步驟大考驗 3. 學習區活動 (1) 益智區：增添自製打擊病毒防禦自我大富翁教具及相關桌遊 (2) 語文區：討論口罩為何能預防病毒 (3) 美勞區：自製專屬口罩 (4) 扮演區：用棒偶進行防範方法的短劇演出 (5) 科學區：探究口罩之構造 三、綜合活動 1. 分享學到哪些防疫措施 2. 複習戴口罩及洗手步驟 3. 對於活動的自我反思報告	社-大-1-5-3 辨識生活環境中的危險，維護自身的安全。 身-大-3-2-1 與他人合作運用各種素材或器材，共同發展創新玩法。 認-大-2-3-3 與他人討論生活物件與生活的關係。 社-大-2-3-2 理解生活規範訂定的理由，並調整自己的行動。
活動五：健康防疫一級棒	一、準備活動 1. 將所學的課程進行統整復習 2. 唱跳防疫健康操 二、發展活動 1. 團體活動 (1) 討論保護自己與他人的方法 (2) 設計團體遊戲「防疫觀念協力闖關」活動 2. 小組活動 (1) 閱讀組：欣賞兒童專欄防疫的報導 (2) 音樂組：教唱防疫兒歌 (3) 扮演組：記者會小劇場扮演 (4) 美勞組：結合扮演組運用鬆散素材打造記者會 (5) 益智組：遊玩健康防禦拼圖 3. 學習區活動 (1) 科學區：模擬研究病毒實驗室 (2) 語文區：探討防疫知識相關手語	身-大-1-1-2 模仿身體的動態平衡動作。 社-大-2-1-2 調整與建立合宜的自我照顧行為。 認-大-1-2-3 以圖像或符號記錄自然現象的多項訊息。

149

（續）

活動名稱	活動過程	學習指標
活動五：健康防疫一級棒	(3) 美勞區：用鬆散材料製作防疫小卡與家人分享 (4) 扮演區：演繹家庭日常生活中的防疫步驟 (5) 積木區：結合科學區搭建實驗室 三、綜合活動 1. 分享印象深刻的活動感想與回饋 2. 練習與他人講述如何保護自己的方法 3. 對於活動的自我反思報告	社-大-1-4-1 覺察自己及與家人間的相互照顧關係。

下面說明實施單元教學時，應注意及省思的問題：

(一) 依照幼兒園的課程領域及內容安排活動，易導致分科的單元活動設計及教學；教師宜因應周遭發生的狀況加入課程的學習，例如此案例「新冠疫情」（COVID-19）。

(二) 教師預先或採坊間已設計好的教材，易形成教師主導教學的傾向。

(三) 以教材為中心，常常照本宣科，忽視幼兒學習興趣及個別差異。

(四) 給幼兒太多的讀、寫、算練習，忽略幼兒學習過程的評量及觀察。

(五) 幼兒缺少親身體驗和操作的機會，教學偏重注入式、灌輸式，以及偏重認知課程，不易養成幼兒解決問題和應變的能力。

(六) 因師生互動較少，不易養成幼兒主動性、自發性和自律性的學習態度。

第二節　華德福課程在幼兒園教學上的設計

壹、華德福課程發展及其重要性

1919年全世界第一所華德福學校由奧地利的哲學家、改革家、

建築師和教育家魯道夫‧史丹納（R. Steiner, 1861-1952）於德國斯圖加特（Stuttgart）所創立。他的學說思想深受盧梭（J. Rousseau）《愛彌兒》（1762）所影響：「兒童有權享受童年」，「童年是一段具有特殊發展法則與特殊意義的時期」的啟示；1840年福祿貝爾（F. Fröebel）以「幼兒園」是兒童的花園，來形容重視兒童權利的教育環境，他認為教師的責任在協助幼兒克服障礙，穩健的發展自我，並且提出「遊戲」是兒童自我教育的最好方法。Steiner的教育思想除深受Rousseau與Froebel的影響外，蒙特梭利（M. Montessori）主張透過兒童自動自發、獨立活動，而實現自律和自我認同的各種管道，讓幼兒主動展開活動的本質，也深深的影響Steiner。1913年2月Steiner創立「人智學」學會，地點在瑞士的巴塞爾（Basel），世界各國的會員蜂擁而至，至今仍是「人智學」的國際重鎮中心。

　　「人智學」（anthropos-sophia or human wisdom）希臘文是「人類」（anthropos）與智慧（sophia）的結合，其目的在致力了解與揭露人類存在之謎。「人類的智慧」，強調人是經由「心靈」來達到更完美的世界，華德福教育的目的在促進宇宙與自然重視令人身、心、靈平衡發展的教育理論（慈心華德福，2020）。「人智學」是提供人與宇宙間的實際概念，喚醒人類意識、連結人與自然、宇宙的靈性、啟發人對自然界、宇宙間一切產生虔敬與感恩的心，「人智學」在透過探尋生命存在的起源與資源，藉以解開人類生存的奧祕。目前全世界約有七百七十多所華德福學校，六十多所師資培訓中心，一千多所幼兒園，以及三百多所療癒中心，其影響遍及全球，荷蘭、德國、巴西、南非、日本、菲律賓、韓國及臺灣等地均設有華德福學校，在全球教育改革中蔚為一股風潮（慈心華德福，2004）。

　　孩子被喻為「瀕臨絕種的動物」（R. House, 2010）；在「千禧兒童」一文中的開場白，強調智育和過度活動、貪圖享樂的文化已浸染幼兒生活。根據調查：英國的小孩每4人中有一人的房間有電視，格林菲（S. Greefield）教授表示：資訊科技的過度使用，往往會使幼兒喪失想像力與創造力，以及無法維持長時間的專注力，甚至改變

151

大腦的運作方式。現在兒童受「速成」文化的影響，以及高科技的轟炸，「倉促兒」急於進入成年世界，童年時光縮短了，童年消失得太快，大人們變得越來越不了解幼兒內在的真正需求……。

貳、華德福教育的內容與實施

一、植基「人智學」身心靈發展的華德福教育

華德福學校的教育立基於Steiner「人智學」的思想系統，作為辦學的目標與方向。「身、心、靈」的全人發展是華德福教育關鍵的重點所在。因此「藝術」與「美感」成了課程發展的兩大重要元素（陳伯璋等人，2008）。華德福學校也將課程視為一種藝術創作，以及美學實踐的經驗過程，讓孩子運用多種感官系統和環境互動，在這樣自由創造的場域獲得經驗形成概念。「人智學」的教育不僅重視兒童有形的實體，更重視孩子無形的靈魂，以及永恆的精神特質。華德福的課程內容、教學方法，以及教學態度都肯定人智學中「身、心、靈」的「三重性」。為了要達成「人智學——身、心、靈」的和諧發展，華德福教育在教學上有兩大依歸：一是傳授必要的知識與技能，讓孩子做好進入社會的準備；二是這種教育方式從個人福祉的角度出發，讓孩子決定自己的人生，同時負起責任（Oldfield原著；方淑惠譯，2010）。因此，意志力（willing）、感受力（feeling）和思考力（thinking）的訓練與養成，就成了華德福全面與平衡的教育方法。

就課程內容與教學方法而言，華德福是為了滿足孩子的需求，而非要求孩子達到課程要求，這點與一般的教育方式極為不同。親近自然、重視創造力與想像力、強調孩子的學習節奏和重視藝術陶冶（鄭怡華，2019），就成了華德福教育的四大特色。臺灣宜蘭慈心華德福學校郭朝清校長揭櫫：華德福教育在追求生命的完整發展，養成孩子思路清晰、感覺敏銳與行動積極，三者平衡發展而相互交織，讓生命成為一個真正自由的人，擁有一輩子最重要「自由意志」的資產（方淑惠譯，2010）。

二、華德福的教育内容及其特色課程

(一) 幼兒園生活的規律活動

「規律」（rhythm）一詞源自希臘字ruthmos，意指「流動」；此說明華德福幼兒園的教育是在幼兒平和、流暢與合理的氛圍引導下，以兒童發展的觀點來看各種活動安排的意義，每個活動的彼此交替間都是經過縝密思考，這與一般學校「按表操課」是大不相同的（方淑惠譯，2010）。根據在華德福幼兒園任教近30年的Oldfield表述：華德福幼兒園上午的課程包含「內化」與「外放」兩個重點，「內化」活動有「團康活動」和「說故事」，基本上由老師主導；「外放」活動有「創意遊戲」和「戶外遊戲」。前者的內化活動鼓勵孩子們儘量學習，後者的外放活動，以幼兒自主活動為主，占的時間比重也比較高。學校說明這樣的安排是要讓孩子有健全平衡的體驗。這種「順勢而動」的節奏，孩子們很快地就會成為習慣，當然每個老師也都會視情況訂正自己的規律模式，但基本上都還維持「外放」與「內化」兩者的不變原則。從學校上午「外放」的創意活動（60分鐘）及戶外遊戲（60分鐘）、「內化」的團康活動（30分鐘）和說故事，或偶劇展演（30分鐘），表7-3可見這種比例的時間安排。

表7-3　華德福學校日常規律活動的安排

時間安排	活動種類	說明
09：00-10：00	創意活動及日常活動	「外放」60分鐘
10：00-10：30	團康活動和打掃時間	「內化」30分鐘
10：30-11：00	洗手、點心、衛生時間	
11：00-12：00	戶外活動	「外放」60分鐘
12：00-12：30	說故事或偶劇場	「內化」30分鐘

註：方淑惠譯（2010），華德福的幼兒學校。

(二) 「規律」活動的實踐

除了上述學校日常規律活動的持續進行外，老師會從日常活動中挑選特定項目，作為每週的規律活動，安排在創意遊戲時進行（如表7-4）。

表7-4　華德福學校創意活動時間的「規律性」活動

星期	創意活動（規律性）	說明
一	濕水彩畫	快樂而輕鬆使用畫筆，感受色彩的流動與交互作用，愉悅的發展出藝術敏銳度，享受作畫的過程。
二	蠟筆畫	成形的蠟筆畫，讓幼兒輕易獲得滿足感。
三	蜂蠟捏塑	蜂蠟的味道和觸感，豐富幼兒的體驗，讓幼兒扮演「創作者」的角色。
四	烘焙、湯食	了解和體驗製作過程：磨麥、和麵、揉麵、吃麵等。幼兒從中學習物品的科技與科學原理（如研磨機和烤箱的製作原理）。
五	清潔	透過擦、洗、熨燙、打掃等，學會尊重與照顧環境，培養關懷與社交的行為。

註：作者整理自方淑惠譯（2010），華德福的幼兒學校。

華德福的「季節桌」依四時更迭改變，呈現當季特色的玫瑰或薰衣草等裝飾，讓幼兒體驗不同季節的「年律」的變化；手工藝品的製作、蔬菜野果的湯食，也因當地當季的時序運轉而變化，這種「規律」活動對幼兒學習的影響頗大。數十年在華德福學校的教學經驗告訴我們：「有怎樣的老師便有怎樣的幼兒」，生活中很多時候都需要老師站在幼兒的立場，選擇最理想的故事方式，一旦選定每天重複並逐漸養成習慣，如進行「團康」活動的方式、烘焙前的準備工作、擺放餐具的方式等，這種「做事情」的節奏，孩子便自然而然的在「無壓力」的情境中，潛移默化形成做事的規律。

其次，「收拾與擺放」東西的規律——幼兒階段的孩子，還沒有「秩序」的概念。剪刀、紙張要放在哪裡？毛線、鉤針與澆水的壺

具、鏟子等均有固定擺放的位置，孩子久而久之「物歸原處」的概念就會在腦海中呈現。Oldfield告訴我們，井然有序的學習環境，將有助於孩子發展其「意志力」。

除了「做事情」與「放東西」的規律外，「回應」的規律，也就是師生間的應對關係，也是華德福學校教育的方式。例如幼兒用手打人或推擠他人，老師通常會告訴幼兒「手是用來工作和玩遊戲的喔……」，當然這種「回應」的規律會因幼兒的年齡與發展，老師會根據判斷建立規律的「回應」方式。

(三) 華德福學校「規律性」活動課程的實踐意義

1. 濕水彩畫

濕水彩畫是將圖畫紙浸泡潮濕後，再以水彩筆將顏料塗畫於上，顏料上使用三原色——紅、黃、藍，因為使用單純的顏色，孩子的內心也會變得單純，透過顏色的混合讓色彩自己說話；同時也激發幼兒對顏色的想像與故事的創造。

2. 蜂蠟捏塑

幼兒期透過大自然素材的運用，來發展幼兒的想像力是非常重要的，而且捏塑會強化孩子的生命力，透過蜂蠟的捏塑拉、提、搓、揉等動作，不僅可以滿足孩子的需求，更可以透過藝術表達內心的體驗與感受，藉以培養孩子的意志力。

3. 烘焙‧湯食

華德福的教室就像是在家裡一樣，而老師就像是媽媽，在家裡會做家事、烘焙……，讓孩子一起參與製作是非常自然的學習。

4. 晨圈‧詩歌

在7歲以前，孩子的靈性和世界仍是一體的。他們感知得到四周環境的波動，也深受影響，如何透過有意識的肢體運作，帶給孩子內於外的平衡與安定感。因此，帶有重複性韻律節奏的晨圈與輪舞活動，就成了華德福幼兒教育課程中很重要的一環。

5. 優律詩美

優律詩美是一種「和諧」的律動，強調身體的律動、心靈的感受及靈性的滋潤三者合一的藝術。優律詩美主要用在表演藝術、教育性優律詩美和治療性的優律詩美，這種律動可以促進個人與團體的成長。幼兒從學習直立、走動和自由移動的經驗，感受三度空間找到身、心、靈的平衡。

6. 操偶與故事

在華德福教育中為孩子說故事是重要的，每位老師用內化過的生命語言，活生生的將童話故事裡優美的詞語詩句，以樸質的布偶劇方式，呈現在孩子的面前。

7. 自由想像與遊戲

給孩子充分追、趕、跑、跳、碰、爬等的活動，他們很快就進入語言表達及思想的表達。在自由遊戲時間，孩子們可以透過身體的感官和周遭環境互動，完全的發揮想像力與創造力，將蘊藏於感官內的人、事、物、地進行無拘無束的想像與遊戲。

參、華德福教育的特色

一、以培養意志力、感受力和思考力的和諧發展為教育目標

魯道夫・史丹納（R. Steiner）開宗明義的說明辦學的目的：華德福教育的最大努力，在培養「自由」的人，讓他們為自己的人生訂定目標與方向。

個體的生長與發展，大抵可分成生理意志（出生到7歲）、情感發展（7-14歲），以及認知思考（14-21歲）三個重要階段。出生到7歲的孩子，大都透過「動作」來回應周遭世界，天生的本能促使孩子富於模仿與想像力，能敏銳察覺環境對神經系統的影響，此一階段大人要扮演「宗教家」的角色；7-14歲的孩子情緒反應漸為明顯，大人們往往需扮演「藝術家」的角色，透過情感所規劃與設計的教學法，通常會深受孩子的喜愛；14-21歲青春期的孩子，觀念和理想看

法越來越富深度與廣度，大人們便需要扮演「科學家」的角色。不同階段的孩子因應發展與需求的不同，因此，意志力、感受力和思考力的調和與平衡，以培養幼兒身、心、靈和諧發展的全人，就成了華德福教育目標的重點。

華德福的教育在回應人性本質及人類真正的需求，生命中的每個階段都有其不同的發展和需求，因此宗教家、藝術家和科學家的階段角色，教師有時必須視孩子的需求而有所轉換與調適，因為孩子不只具有形的實體，更具無形的靈魂，以及永恆的精神特質。華德福的課程內容、教學方法，以及教學態度，都在肯定培育這種身、心、靈「三重性」的意志力、感受力和思考力的平衡發展，兼顧孩子「個性」的發展，以及其人與人之間互動溝通的「社交能力」。華德福教育重視課程與藝術的結合，這樣不僅能豐富孩子的天生情感，更是文明教化過程的基本條件。

二、華德福幼兒教育的核心原則

重視幼兒教育是華德福的一大特色，幼兒園的生活體現了華德福教育的基本原則。

(一) 了解孩子的發展需求，提供相關學習經驗。

(二) 認識孩子具有生理、情感、認知，以及精神上的需求。

(三) 分析教育對孩子生活，與生命歷程中近、中、長程的影響。

基於教育對孩子一生的影響，華德福教育特別衍生出下列規範，密切配合幼兒階段的發展需求：（方淑惠譯，2010）

(一) 保護孩子的權利，讓他們享有健全及適切的童年。

(二) 讓孩子發揮活潑好動的天性，而非壓抑。

(三) 經由模仿與示範來進行教學。

(四) 透過規律與重複的活動，讓孩子產生幸福與滿足感，並從中學習。

(五) 給予孩子充分的時空及合宜的工具，讓他們發揮創意遊戲

與想像力。

(六) 了解幼年時期感官體驗（五感）對孩子的影響。

(七) 回應孩子在社會環境下，以及當代的特定需求。

這個律則是華德福的黃金法則，然而卻是現代社會與教育所漠視，甚至被遺忘的。

三、華德福幼兒教育重要活動原則與內涵

(一) 模仿與示範

Steiner認為「模仿」和「示範」是孩子於周遭環境建立關係的重要方法。7歲以前的幼兒生性喜歡模仿又好動，「示範教學法」就成了華德福老師對7歲以前的孩子，常用而潛移默化孩子行為的重要方法；華德福老師很少對幼兒用權威式的「不准動」或「不要吵架」的命令口氣，和孩子互動或糾正其不良行為。

華德福老師相信幼兒時期是個對周遭人、事、物、地極為敏感的階段。「模仿」是孩子對外在世界，以及內心意志的印象整合；Steiner認為孩子主動透過行為而學習，這種學習也就是「模仿」，可以為孩子發展終身自我探索與發現能力奠定基礎。「模仿」並不是教出來的，每個孩子都有自己的模仿方式，模仿也顯示孩子有意願和另一個人建立關係，強調「我和你」的經驗，這對日後發展正面的社交關係，與自我認同有很大的助益。「模仿」可充分立即模仿、稍後模仿和內化吸收，由於兒童會模仿大人的態度、情緒和直覺反應，這些都會影響幼兒未來人格的發展，大人因此也必須為此負起責任。

(二) 規律與重複

「規律」是在不斷的反覆練習中建立，也是前面所述「內化」與「外放」的交替。幼兒身、心、靈的健全發展便是奠基在兩者的平衡交替之中，「內化」階段停留太久，孩子可能變得自私、孤僻與自我中心；「外放」階段若停留太久，孩子可能變得缺乏個性與定性。這種平衡點在試探華德福學校的幼兒，也在考驗著老師的專業與能力。

「意志力」以健康的身體為本,而「規律活動」則有助於幼兒健康,保持強健的生命力(方淑惠譯,2010)。

「規律活動」對華德福的幼兒而言,不僅對衝動與情緒建立秩序,更強化了幼兒的自制力與延宕滿足孩子的需求。例如蠟燭點燃後再吃點心,聽故事前先唱一首歌,或做麵包之前先洗手和穿圍裙等的「規律」的例行動作,就是在延緩孩子的需求,強化其自制力,老師就不需威脅或生氣的告誡孩子。

(三) 創意遊戲與想像力

玩耍或遊戲是一種強烈且具發展性的內心需求,無論是身體遊戲、想像模仿遊戲或有目的扮演遊戲,一旦根據他人的意圖以兒童以外的力量加以操控,就不是真正的玩耍遊戲了。成人的工作是由外界決定,遊戲則是孩子自己決定,依照孩子的想法展開,兩者是有很大的不同的。「遊戲治療」是處理受虐兒童的專家們常用的標準療法,孩子一旦出現問題便會停止玩耍遊戲,一旦又開始玩耍遊戲,表示孩子已經恢復正常了;孩子在遊戲中表現出他們的焦慮,也在遊戲過後減輕或消除壓力;一個沒有玩樂遊戲的童年用「黑白」與「暗淡」來形容是很真確的。

「一沙一世界,一花一天堂」的想像在孩子遊戲世界中放閃,一根棍子、兩塊木頭權充起孩子遊戲的電路世界,孩子是天生的「魔術師」,將現實的物質世界與幻想世界結合且不斷的變化,成為各種象徵。可惜的是現實世界裡,「電視」凍結了孩子們的想像「畫面」的能力。

(四) 結合藝術的教育活動

華德福的濕水彩畫、詩歌晨圈或輪舞、編織、縫紉與刺繡、蜂蠟捏塑等是其教育中的重磅活動。捍衛人本的藝文活動,是避免人性受到「物化」的摧殘與影響。華德福教育認為課程應與藝術做全面結合,培養每個孩子的美感和藝術鑑賞能力,藝術活動能豐富孩子天生

情感，為人類智力與意志力的發展注入溫暖與生命力。

三原色的濕水彩畫，不僅顏色單純，也可激發幼兒對顏色的無限想像與創造力。蜂蠟捏塑——藉由大自然素材的捏、塑及形變，感受蜂蠟的堅硬溫暖與柔軟，這對強化孩子生命力與意志力是很重要的。其次，晨圈與詩歌的重複與平衡活動，帶給孩子安定感；優律詩美讓幼兒身、心、靈的三者合一；講故事與布偶戲展現了孩子說、聽、唱、畫、編、演，讓繪本童書裡的世界和兒童內在世界的本質合而為一。透過童話故事角色背景、內容寓意，不僅可以抒發孩子內在心緒，同時也會經由改編角色、背景、情節與結局甦醒兒童自己的內在意識，甚至覺醒再建構自己的生活世界，使生命充滿信心與希望。

華德福學校的老師有可能在一天內反覆的說同一個故事，甚至好幾天好幾個星期後才會換下一個故事。這種安定幼兒喜樂與智慧的力量，一直到9或10歲以前都是鼓舞兒童最佳的精神食糧，也是治療各種偏差行為的妙方。幼兒藉著日記圖說故事、自畫小書故事，一個改編而療癒的生活或生命故事，就可能觸發孩子改變行為或激發其解決問題的意志，這種翻轉以幼兒為主角，在聽完故事後自己說故事、畫故事和編唱故事，以至操偶演故事，音樂、琴聲、繪畫、人際互動等五感發展，華德福教育結合藝術種種的活動，證明「身、心、靈」三重性的完美結合。

肆、華德福教育的影響

一、華德福學校的催生

華德福學校在培養意志力、感受力和思考力，這種強調「身、心、靈」結合的教育，是以「幼兒」發展與「需求」作為教育本質的核心原則。1919年9月7日第一所華德福學校在德國斯圖加特（Stuttgart）成立，創辦人是菸廠負責人莫特（E. Molt）博士。學校全名是「史丹納・華德福」。華德福是德國南方巴登市（Baden）的華德福村（Waldorf），也是工廠創辦人亞斯多家族的故鄉（方淑惠譯，

2010）。Molt為自家工廠員工設立課程，因此萌生為兒童提供教育的想法，他接著請史丹納（Steiner）幫忙規劃、籌備和監督，為工廠員工的孩子設立學校。不久學生人數超過千人，華德福學校在歐美各國如雨後春筍般紛紛設立，這是莫特和史丹納共同耕耘，在全球推行規模最大的私校運動。

　　第一所華德福學校在1919年斯圖加特成立時，該校並未設幼兒園，一直到1926年也就是Steiner逝世後一年，第一所華德福幼兒園方才成立。幼兒園的成立源自伊麗莎白·馮·格魯內利斯（Zizabeth von Grunelius），她一面工作、一面聽Steiner上課，以及接受師資訓練。1924年華德福校區終於騰出一塊空地，蓋了一間小屋、沙坑和花園，而於1926年的復活節，幼兒園開始正式營運。

二、華德福學校的全球經驗

　　以Oldfield介紹華德福的全球經驗而言，包括南非、巴西、巴勒斯坦、北美、德國、英國、臺灣、日本和韓國等地之外，1961年24所德國幼教機構，還共同成立了「華德福幼兒園聯盟」，為兒童能接受人性教育的權利而努力。

(一)「南非」在脫貧的基礎上努力

　　華德福教師培訓員與來自各村的受訓員，努力為融合與跨文化交流而互動。培訓員帶著學員及家長蒐集隨手可得的自然素材，運用手工藝、木工、彩繪、歌謠、遊戲及規律活動的療癒本質，活動與當地科薩（Xhosa）文化緊密結合，並以此為據點，開展對肯亞、烏干達和坦尚尼亞的學員展開跨文化的合作活動。

(二)「巴西」貧民區的運動

　　烏塔在德國完成華德福師資培訓後，便返回巴西聖保羅華德福學校任教，這所學校學生社經背景都遠比貧民區黑人小孩來的優渥，後來自己便致力於這些「沒有童年的孩子」的教育工作。先在烏塔家裡

的小屋開始行動，後來得到華德福教育理念夥伴的認同，以及德國的捐款，終於在荒地上搭建起一棟簡樸的房舍，以及青少年活動中心和工作坊：提供木工、烘焙、電工、藝術活動、衛生保健，以及文化表演等活動。烏塔提出自己對「貧民區孩子」的解決之道：開辦幼兒園是克服經濟弱勢與無助的第一步，一生而為學習「自由」和「愛」的信念與行動，促使華德福教育的力量展延且不斷擴大。

(三)「北美」提升家庭文化的服務

華德福教育中心在北美的影響屬在舊金山蘇菲亞計畫——她屬於市內兒童照護服務的典範。「中心」以支持無家可歸或失親失養的母子，透過華德福教育幫助母親和孩子創造出復原的環境或療癒的效果。因此，這個服務分成三方面的活動：一是針對無家可歸的流浪兒童，設立華德福托兒所，提供短期的收托照護；二是協助母親對待孩子和教養兒童的新方法，幫助家長解決問題，而非試圖自己解決；三是開店做生意，二手商店、餐廳和超市等，將賺來的錢資助前兩項活動的完成。這種協助工作，名之為「提升家庭文化」的服務，經由這種學習，父母（尤其母親）可以學到教養子女之道，進一步豐富自己和家庭生活。

(四)「臺灣」另類學校的誕生

就像馮朝霖教授對宜蘭慈心教育工作團隊的禮讚：你們的行動研究體現了真實而令人感動的生命——「創化」（self-organization）、「轉化」（transformation）、與「參化」（co-evolution），也見證了臺灣教育史上「另類教育」改革的動人「典範」（人智學教育基金會，2004）。

在國立臺灣師範大學教育系所舉辦的「臺灣特色學校」研討會，在其教育學院八樓的「教育牆」展示臺灣各特色學校的「特色」，其中以「教育的靈魂」——標示宜蘭縣的慈心華德福學校；1996年張純淑女士創立慈心幼兒園至2015年獲教育部核定改制成為「宜蘭

縣立慈心華德福教育實驗高級中等學校」，校園即小自然，透過環境或課程設計，教導學生透過感官進行經驗探索，利用四季節氣變化的觀察，學習人與自然共生的身、心、靈和諧發展。此外，陳伯璋等人在科技部兩年期整合型計畫「另類學校的課程美學建構與實踐」（陳伯璋等人，2011-2013）的前言中述及：另類教育（alternative education）的產生，其實就是對臺灣由來已久的傳統教育感到不滿所提出的另一出路，就其角色地位而言，是一種「邊陲」或「邊緣」的角色，但它對主流思潮及學校教育危機的振聾啟聵之聲，是不能充耳不聞的。

　　華德福教育對臺灣「懸缺課程」（null curriculum）與古典美學所展開的「人智學」建構，例如置身學習於「自然／文化」共構的環境美學、呼喚「存有」生活的美學體驗、自由與想像的「遊戲」空間、落實人性價值於「公民美學」教育，以及「教學」與「藝術」相互指涉與共構的特徵等；另類學校尤其華德福教育的理念，至今仍可在臺灣另類教育的發展史與行動中，發現其披荊斬棘一步一腳印的足跡……。

第三節　方案課程在幼兒園教學上的設計

壹、方案課程發展的意義與重要性

一、方案課程發展的意義與重要性

　　1918年進步主義學者克伯屈（W. H. Kilpatrick）在〈project method〉一文提及「方案」這個字並非我發明，也不是我開始將其引進教育領域。作為方案教學的倡行者，Kilpatrick顯然說明「方案」並非一個新創的概念，它甚至被引用已經歷一段歷史。

　　德國學者克諾爾（M. Knoll）自1988年以來發表十數篇文章，分別就方案教學的起源，進行跨國比較與考證。依據Knoll（1997）的看法，方案教學雖然常被認為是源於十九世紀末期的美國工業與進步

主義教育運動，但其源起應始於十六世紀末期義大利的建築與工業教育運動。Knoll進一步將其區分為五個階段：

(一) 1590-1765年：方案教學（project method）在歐洲建築學校出現。

(二) 1765-1880年：方案漸漸被視為一種正常的教學方法，並且移植到美國。

(三) 1880-1915年：方案型態的教學，在一些手工訓練及一般公立學校的課程中普遍地應用。

(四) 1915-1965年：方案教學（project method）獲得重新的界定，且該項教學內涵又從美國回傳到歐洲。

(五) 1965年至迄今：重新發現方案的想法，並且進行第三波國際性的概念移植。

根據學者徐南號教授的分析考證認為：方案的思考方式是根據杜威（J. Dewey）的反省思考過程，哥倫比亞大學教育學院的李查德（C. R. Richards）最早命名，但使這種教學法擴充應用範圍者則是克伯屈（Kilpatrick）。依據臺灣學界對方案教學的起源追溯，主要偏重在美國的推廣層面，並且以美國進步主義重新界定的方案教學作為概念探討的起源（洪福財，2005）。

Katz與Chard為近年在美國推動方案取向課程的代表性人物，他們將方案定義為「係針對一種主題或議題的深度研究，這種研究可以是孩子個別的、群體的或全班一起進行」；此等議題應當是孩子在生活世界所關心與想努力追尋的（Katz & Chard, 1989; Katz, 1994; Chard, 1998, 2001）。方案的重要特徵，是幼兒、教師或師生共同針對議題細心的尋求問題與解答，其旨在對議題有更多的認識，而非一味的在回應教師所提問題的標準答案（Katz, 1994；洪福財，2005）。

臺灣地區幼教受歐美幼教學界引領多時，Katz與Chard出版*Engaging Children's Minds: The Project Approach* 一書及其後續幼教學

術團體的推動，使得方案教學以新面貌引進臺灣，對本地的幼教學術與實務界均產生影響。只是，「方案教學」在臺灣倡行多時，學界與實務界對概念與實際運作的詮釋並不完全一致，甚至部分教師深陷於方案、主題、單元、學習角等類似概念的混淆，不僅在實踐方案教學缺乏深刻的體驗與理解，甚至誤將方案教學引爲「流行」的盲目跟從（洪福財，2005）。

在本章的第一節我們曾提及「單元教學」是學習一事一物，自始至終可以告一段落者，謂之「單元」（unit）；它通常是教師對一特殊主題事先縝密規劃的活動或學習課程，教師通常已具備清晰的計畫，知道要讓幼兒學習哪些認知、動作技能和情意的學習。

學習區角（learning area、learning corner & learning center）是教師標示幾個區域，每個角落有其特定的學習目標，其材料和設備等都是教師爲了幼兒發展某些概念或提供學習而特別設置的。因此，我們很容易看出無論是「單元」或「學習區角」都是在教師指導下，依教學目標進行單一或大小不一的主題而進行活動；它們的重點並不在協助幼兒針對周遭發現的問題或感興趣的問題，尋求答案或引起他們主動探索的動機。因此，比較偏重教師的教學或其內容的延伸；方案教學則重在擴展幼兒經驗，教師基於鷹架角色，協助幼兒獨立自主完成其系統學習的建構工作。

圖7-1呈現了各種教學法中，幼兒參與及有決定權的不同程度（林育瑋等譯，2019）。

然而，方案教學是不同於單元的講述，方案是以幼兒爲教學，主要養成幼兒主動學習與探索，讓幼兒成爲策略學習者，爲自己活動負責任，引發好奇心與學習、專注與合作性的社會發展也因此而養成。

二、瑞吉歐方案課程的歷史沿革

方案並不是一種教導幼兒教育的新方式，它是進步主義運動的重要部分，在1960-1970年間英國幼兒學校（Infant School）已廣泛的運用（Smith, 1997；林育瑋等譯，2019）。後因Reggio Emilia教育機構推動「方案」的成果，因此，針對學習主題進行深入探究（包括

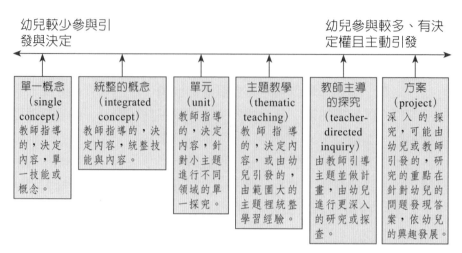

圖7-1　不同教學取向幼兒主動引發及決定權的分析

兒童、教師或師生、家長）的方案學習，便成了世界各國幼兒教育的「顯學」。它與本書第八章第三節所講述「問題解決學習法」的創新特色課程是息息相關，甚至它也是以問題為基礎的學習（problem-based），一般稱之為problem-based learning，簡稱PBL。

　　瑞吉歐‧艾蜜莉亞（Reggio Emilia）是一所義大利由市政府經營的幼兒學校，1963年由馬拉古齊（Loris Malaguzzi）所創。在這五、六十年的漫長歲月裡，瑞吉歐‧艾蜜莉亞教育系統已經發展出一套獨特與革新的哲學和課程假設、學校組織方法和環境設計的原則，這個結合綜合體系被稱為「瑞吉歐‧艾蜜莉亞教育取向」（羅雅芬等譯，2000，Ewards等編著）。瑞吉歐的教師們喜歡稱他們的教學方式，為「我們的方案」與「我們的經驗」，而不以「模式」稱之。

　　1963年第一所義大利政府經營的幼兒學校誕生。

　　(一) 草創時期「魯濱遜」學校，只有兩個教室但足夠60位幼兒——但這一所非宗教性幼兒學校，打破天主教會對幼兒教育的壟斷與監視，這是一個重大的里程碑。1966年的火災後的重建，學校是秉持著民眾的熱情與毅力，作為這所學校的根基，卻也頂著並非人人對學校都是友善的態度與挑戰。看到Malaguzzi接受Gandini的採訪，

讀者或可了解當時創校的舉步維艱，與定位屬於自己校園教育文化的荊棘不易。

(二) 全新投入「魯濱遜漂流記」和「木偶奇遇記」的方案活動，以及深受Piaget認知影響，瑞吉歐學校進行有關數量、分類、形狀、方位、測量，以及物質恆存及變化、速度和空間等概念的探索與遊戲活動。1954年南義大利人逐漸遷移至北部，造成城鄉工作的轉移，婦女打破傳統，以及嬰兒潮等改變了幼兒學校的目標與角色，要求子女們進入幼托機構收托等蔚為社會風氣。

(三) 1967年所有家長和教會所經營的學校悉歸瑞吉歐‧艾蜜莉亞市政府收歸管理與運營。這期間抗爭聲浪不斷，不過也因非宗教性民間團體的團結，現今義大利90%以上3-6歲的幼兒已獲得上學的權利，家長們也可從國立、市立及私立三種學校擇一就學。

(四) 1971年Malaguzzi出版《一個新幼兒學校的經驗》與《社區式經營的學前學校》；這與1980年「當眼睛穿越過高牆」的展覽，同樣是劃時代轟動世界的幼兒大事件。此時不僅教會慢慢退出幼教的壟斷，瑞吉歐‧艾蜜莉亞的教師經驗也融入並成為策劃和經營瑞吉歐學校的成員。天主教會譴責瑞吉歐教育體系戕害幼兒身心發展的說詞，以及無法接受他們在教育獨占權喪失的事實與不安。在雙方溝通協調後，教會過時而古老的教育理念，逐漸被瑞吉歐「家長、教師和幼兒」三合一「協作式」關係的教育體系取而代之。

貳、方案課程的內容與運用

一、方案課程的主張與內容

(一) 方案課程的教育主張

1963年義大利第一所市政府經營的幼兒學校，有其學校的三個傳統，包括進步主義學派、Piaget和Vygotsky學派建構式心理學，以及義大利戰後的左派改革政治。在此組織發展的前提下於瑞吉歐‧愛蜜莉亞教育取向（the Reggio Emilia approach）中，「市

民」（civil）是常被提及的字眼，她代表幼兒被理解因教育而謙遜（civility）、受教化（civilization），以及具備公民良知（civic conscience），因此這個教育體系的核心來自「互惠」、「交流」與「對談」，其目的在提升與維護兒童的潛能與權利。

教師扮演著「夥伴」、「園丁」及「嚮導」的角色，瑞吉歐的課程是透過計畫、紀錄和對談的協議式學習。教師鼓勵幼兒經由他們隨手可得的「表達性、溝通性、認知性」語言，來探索環境和表達自我。「語言」可以是文字、動作、圖形、繪畫、建築、雕塑、皮影戲、拼貼、戲劇或音樂等。學校的成員除了教師以外，還有教學協同人員、家長，瑞吉歐透過紀錄的方案課程便是由這些人共同企劃的「方案工作」（project work）。為了探索孩子的心靈，因此幼兒學校是模仿家庭與社區的模式加以經營與規劃的，而「工作坊」是保護教師免於冗長而令人生厭演講的學習方式之一，它是一個擁有豐富材料、工具，以及專業能力人士的空間；它造就教師之間的相互支持，以及運用各種不同的媒材、學習途徑、溝通表達，使學習得以更深入。

其次「創造力」讓幼兒人人成為「創客」（maker）的理念到處可見，因此認為「創造力」是出現在日常生活中的經驗。具有下列特質：

1. 創造力不應只被視為一種獨立的心智功能，而是思考、認知和抉擇的特質。

2. 創造力來自各式各類的經驗，伴隨資源的充沛而發展，包括冒險超越已知事物的一種自由感。

3. 創造力藉由認知、情意與想像的過程表達出來，三者結合往往會有出人意料的解決問題之技巧。

4. 成人較不強調既定的教學法，創造力便更能展現它的力量。

5. 創造力要求「求知的學校」（the school of knowing）能與「表達的學校」（the school of expressing）相結合，以便開啟學習語文之鑰。

為了貫徹瑞吉歐的教育理想，課程設計結合了社會服務和教育的

概念，幼兒的每天生活採分齡與混齡並進的活動方式。教師鼓勵幼兒重複體驗重要的經驗，觀察再觀察、思考再思考，以及呈現再呈現；活動中鼓勵幼兒使用圖像文字（graphic languages）。同時，強調與重現系統的紀錄——發展落實以幼兒為學習中心的檔案。幼兒學習檔案的目的有四：

1. 與幼兒一起工作的過程，作為下一個階段學習的出發點。
2. 教師研究的工具。
3. 父母認識學校的資料。
4. 獲取大眾的支持途徑。

(二) 方案課程的教育內容

「方案」提供幼兒和教師學習經驗的基礎，做中學、團體討論和不斷反思獲得最佳解決問題的方法，因此強調內在動機的引發、自主性的活動、概念與技能的運用，以及經由計畫、記錄和對談的「協議式」學習，就成了「方案」課程的教育重點。這和結構性教學中教師指導性活動、幼兒聽從指示，以及外在學習動機等是不一樣的。Malaguzzi《其實有一百》（*No Way. The hundred is there*）的書中充分指出「方案」課程的內容精要：

其實有一百孩子

是由一百組成的，孩子有

一百種語言，一百隻手，一百個念頭，

一百種思考方式、遊戲方式及說話方式；

還有一百種聆聽的方式，驚訝和愛慕的方式；

一百種歡樂，去唱歌去理解。

一百個世界，去探索去發現。

一百個世界，去發明。

一百個世界，去夢想。　　　　　Malaguzzi

下面表7-5呈現方案「主題」與教師主導學習不同的說明。

169

表7-5　教師主導計畫與方案（主題）發展的比較

教師主導計畫的呈現	方案（主題）的呈現
學習時間長短已預先計畫好，實施時間較短，約一週或兩週。	視方案或主題發展的情況決定學習時間的長短，通常延續數週，有時會到數個月。
由教師或依課程綱要決定主題，有可能符合幼兒興趣，也有可能不符合。	主題由教師與幼兒共同協商，並建構課程目標，幼兒的興趣為選擇主題的主要標準。
教師事先擬定計畫、呈現主題、設計並預備學習經驗。	教師觀察幼兒的探索行為，以幼兒的興趣決定主題或方案進行的下個步驟。
教師依課程目標決定單元目標，不一定包括探究的經驗和提供學生研究，以達成課程目標。	教師在建立網絡圖中，評估幼兒先前的知識，接著再組織方案，讓幼兒學習他們不懂的知識；在主題或方案進行統整課程目標，總是會包含幼兒探索的活動。
知識由教師預先計畫的經驗中獲得，將資源帶進教室當中，採大團體及小團體的教學活動。	知識經由尋求答案或研究的過程獲得，幼兒參與決定學習活動、事件，以及如何尋找答案。
由教師提供資源，但幼兒也可能帶入資源。	資源由學生、教師或參與教室的專家帶入，也可以從實地參訪中獲得。
不一定進行實地參訪。若有實地參訪，有可能決定在任何時候進行，但經常都是在課程結束前的高潮進行。	實地參訪為主題或方案進行時相當重要的一部分，同一個方案中可能有多次參訪，通常時間定在早期的階段。
主題通常在一天中，教師所決定的某一段時間進行，或教師會將其統整進許多領域，且散布在一天的活動裡。	方案散布在整天的活動中，以及整個教室裡，包含多種不同課程領域及技能。
活動（例如完成一件美術作品、進行一個科學活動）均由教師計畫好學習某一個特殊的概念。	活動焦點在探索、尋找問題的答案及運用資源。教師在幼兒報告、分享及討論時協助統整概念。
幼兒的表現與特殊活動相關；如用繪畫表現出觀察科學實驗的結果、創作出一份地圖、畫一張圖片或寫出遊戲時的情形，表現的活動通常不會重複。	各種表現活動（繪畫、書寫、搭建或建構）挑戰幼兒概念的統整能力，表現的內容即為幼兒學習的內容。在主題或方案進行的過程中，各項活動會重複呈現幼兒在知識上及技能上的成長。

註：林育瑋等譯（2019）。

二、方案課程的運用

　　根據文獻及研究，方案課程的發展對幼兒的學業、社會、情緒，以及解決問題的能力有著密切關係。透過規劃、對談與記錄的協議式學習（negotiated learning），對幼兒、教師、家長及社區民眾形成一個全是大贏家的學習（見圖7-2）。

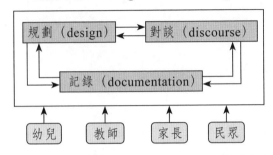

圖7-2　協議式學習三要素：規劃、對談與紀錄

　　一般而言，方案的展開可包括三階段：方案的起始（第一階段）、方案的發展（第二階段）、方案的總結（第三階段）。方案展開的流程，如圖7-3所示（Chard, 1998；林育瑋等譯，2019）。

　　方案教學發展的三階段五個重點工作，包括：團體討論、實地參訪、發表、調查及成果的回顧展示等任務，如表7-6所示（Chard, 1998；林育瑋，2019）。

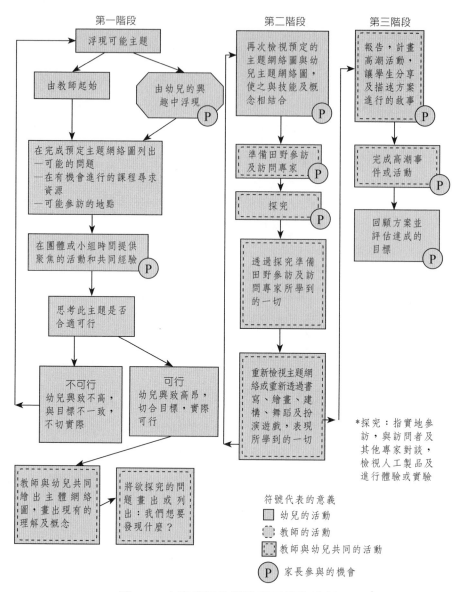

圖7-3　方案發展的階段與展開的流程

表7-6 方案教學發展三階段與五個重點工作

工作	團體討論	實地參訪	發表	調查	成果展示
階段一 方案 起始	• 分享對此主題的先前經驗和目前現有的知識	• 孩子與父母談論他們先前的經驗	• 以圖畫、寫作、建構活動、戲劇扮演等方式，分享先前的經驗及知識	• 根據孩子現有的知識提出問題	• 分享及發表個人對主題的經驗
階段二 方案 發展	• 準備實地參訪工作 • 回顧實地參訪工作 • 從次級資源中學習	• 走出教室調查實地參訪的環境 • 在現場或教室裡訪談此領域的專家	• 簡單報告實地速寫和筆記 • 以素描、繪畫、寫字、數學、圖表、地點等來表示新的學習	• 調查最初的問題 • 實地參訪和圖書館研究 • 提出更進一步的問題	• 分享及發表新經驗、新知識 • 持續方案工作的記錄
階段三 方案 結束	• 準備分享主題過程 • 回顧檢視與評估方案	• 經由外在團體的觀點評估所進行的方案	• 將研究過程歸納濃縮，以便與其他人分享	• 思考新問題	• 澈底對方案的學習進行總結

　　瑞吉歐方案教學除了上述每個階段五個重點工作的掌握外，針對教師與幼兒在三個階段的工作及任務，也有其銜接與連貫的作法，如表7-7的重點說明。

表7-7 三個階段中教師任務與幼兒工作間的關係

階段 角色	階段一	階段二	階段三
教師 的任務	• 孩子已有的相關經驗為何？ • 孩子已知的是什麼？ • 他們的疑問是什麼？ • 有哪些誤解（如果有的話）？如何被表達？ • 家長如何與工作產生關係？	• 可以給孩子哪些新的直接經驗？ • 他們可獲得什麼新見解？ • 課程目標如何有效達成？ • 如何使工作多樣化，以順應個人學習的需求及興趣？	• 此主題中，最合適的高潮活動為何？ • 哪些想像的活動最能夠使孩子獲得新知識，以及個人化與內在化？ • 哪些主要見解應被強化？如何強化？

（續）

階段 角色	階段一	階段二	階段三
工作事項	・主題的初步討論 ・研究的對象，討論及思考，故事或影像 ・現有知識的主題網——全班理解力的基準線 ・列出欲思考的問題	・戶外教學前的預備討論 ・戶外教學 ・說明學到什麼的後續討論及計畫 ・訪問專家 ・長期及分階段性工作的進行	・一次高潮活動 ・將新經驗個人化、內在化
幼兒的工作	・回憶親身經驗 ・表達個人記憶 ・討論並比較共同及不同經驗 ・腦力激盪，發表個人經驗與概念 ・陳述個人問題	・準備戶外教學 ・現場工作：記下參觀地點速寫及現場筆記 ・後續工作：精心完成素描，撰寫加入插圖的報告 ・圖書館調查研究、資料蒐集 ・訪問專家	・檢討所有在主題中完成的工作 ・評量作品，並選出最具代表性者 ・重新建構組織此主題學習過程，使別人易於欣賞及了解 ・展示藝術作品 ・選出交由學校記錄的作品及帶回家的作品

參、「方案」主題的案例分析及其評述

一、案例（一）瑞吉歐幼兒學校「獸醫」方案

3-5歲幼兒Bright Beginning, Woodford County, Special Education Association Eureka, Illions

執行期間：八週

教師：Pam Scranton, Brenda Wiles

	瑞吉歐幼兒學校「獸醫」方案
第一階段	**〈引發方案的開始〉** 「獸醫」方案最初是由一個幼兒引發的。一天早上，他的貓到獸醫診所結紮，他因為不想離開貓而哭了起來。當他在團體時間分享這個經驗時，其他的幼兒整個早上便不斷談論起David的貓。第二天早上，我們提到要將教室變成獸醫診所的可能性，此後幼兒們開始提出問題。我發覺到獸醫詞彙的不足，對他們而言是一項限制，於是我們決定到圖書館尋找資源。
第二階段	**〈方案的發展〉** 結束圖書館之旅後，幼兒們開始閱讀關於獸醫的書籍，討論我們在獸醫診所中應該看到哪些動物。實地參訪時，幼兒們區分兩群，真正對此方案感興趣並投入的幼兒，負責繪出診所的每一個部位，記錄受訪者的答案，並繪製診所的草圖。我們所拜訪的專家Marge醫生，帶這群幼兒參觀一個例行性的檢查，讓幼兒操作很多獸醫的器具。回到教室後，幼兒們便開始計畫建造自己的獸醫診所。他們運用到實地參訪時所記下的田野速寫草圖及相片，以及利用家長提供的箱子及其他所蒐集的物品來建構。有些幼兒特別在意將自己建造與參訪診所設施看起來相似，因此他們很注意診所的每一個小細節，這一群幼兒亦將他們在獸醫診所有看到的動物呈現出來。
第三階段	**〈方案的結束〉** 當接近五月時，早先幾個星期熱門的扮演遊戲熱潮已經漸漸退去，他們決定將建構獸醫診所的過程寫下來。我們製作了另一個網絡圖發現到認識了好多獸醫診所的詞語，並且可以告訴其他人「獸醫診所」中有哪些重要部分，以及為什麼重要。我們討論到如何將自己所學的一切與父母、鄰班其他的幼兒分享，並將這些點子記錄成一張表。最後這群幼兒決定製作一本書，然後在他們的書中列成一張清單，他們並且蒐集牆上展示的畫作及圖表，將這些都擺進獸醫的書中。

資料來源：摘錄自林育瑋等譯（2019）。

　　「獸醫」方案是個典型的方案主題的發展，Wiles與Scranton兩位老師不僅充分按照三階段的敘寫，也充分掌握其內容的精要。

二、案例（二）「小水滴大漣漪！關懷特攻隊」方案

	臺南市白河區大竹國小附設幼兒園方案發展：張美惠園長
第一階段	**〈引發方案的開始〉** 幼兒們例行在社區進行週三的散步，發現六順宮旁的大樹下的阿嬤，為什麼一直坐在那邊？田裡面的蝴蝶怎麼不見了？老師發現幼兒只在扮演著走馬看花的旁觀者，與單向的接收者。幼兒園可以對社區有些正向的意義嗎？因應少子化與高齡化的趨勢，老人價值重新定位，以及展現幼兒行善、關懷的品格核心價值，在老師腦中盤旋著。
第二階段	**〈方案的發展〉** 1. 怎麼落實幼兒園社區責任（kindergarten social responsibily, KSR）？關懷的生活態度，怎麼教？如何開始？ 2. 幼兒的舊經驗已學習「幼兒與家庭」、「幼兒與學校」，因此「幼兒與社區」——關懷特攻隊及阿公阿嬤的玩具箱等系列統整與連貫的學習活動就此展開。 3. 這個由老師引發的方案，包括目標信念、課程發現、課程活動等的安排與實踐。「關懷特攻隊」的主題，包括阿公阿嬤的故事、柑仔店阿嬤的寶藏、六順宮的守護者、關心獨居老人、阿公阿嬤的玩具箱等活動設計。
第三階段	**〈方案的結束〉** 1. 具體的成果：在「幼兒」的成長方面，幼兒學習轉化為服務社區的動力，也改善幼兒與阿公、阿嬤互動的頻率與品質；在「老人」的轉變方面，打破原來的生活習慣、心態變年輕，也豐富了晚年生活；在「社區」的活化方面，啟動關懷聯繫的網絡與責任感；「家長」肯定孩子的轉變，也以具體行動支持學校；「教師」自我增能，帶來成就感與正向態度。 2. 經驗分享與推廣：園長擔任研習活動的分享者、其他各校園夥伴們的參訪，以及日本兵庫縣教育大學盧田宏與鈴木正敏教授等參訪讚譽有加。

註：盧美貴（2020）整理改寫。

三、遠近看兩個東西文化不同的方案發展

（一）「獸醫」方案係由「幼兒」的生活中浮現；「關懷特攻隊」是教師關懷幼兒學習與社區的引發動機，兩者均勾勒與發展出豐富而近便可行的活動。

(二) 「獸醫」方案來自幼兒自主學習與探索性的生活經驗，參訪圖書館找資料學習字詞及分類、拜訪醫院、專家分享與訪談均爲落實「幼兒」主動發想與實踐，是一個以幼兒爲主體成功探索與學習的案例。

(三) 「關懷特攻隊」方案，不僅統整了幼兒3年在幼兒園學習的內容，立基於幼兒園在家庭和社區「微系統」的角色，同時也完成了幼兒園社區責任的新興議題與功能，這種迸出社區關懷與凝聚的火花，頗具課程活動的發展與創新性。

(四) 義大利瑞吉歐和臺南白河大竹國小附幼的方案，基本上都掌握了家庭、生活與地區性的文化；同時與教學目標及目的性吻合；方案具體提供了幼兒可操作性及生活連結的素材；社區的近便性，可提供方案主題的就地取材，以及父母與社區人士成了關懷與支持性的夥伴。

(五) 「獸醫」方案萌發在遙遠的義大利國度，「關懷特攻隊」是臺灣本土發展的方案——來自教育部教學卓越特優團隊的教學；我們看出東西文化的不同，也影響了「方案」課程設計的差異發展。

第四節　蒙特梭利課程在幼兒園教學上的設計

壹、蒙特梭利課程發展的意義及其重要性

一、以「兒童」爲中心的環境

蒙特梭利（D. M. Montessori, 1870-1952）的出生相距福祿貝爾（F. Fröbel, 1782-1852）的逝世18年，前者是幼兒科學教學的創始人，後者是幼兒園及恩物的創始人。蒙特梭利的教具或多或少有著福祿貝爾恩物的形影，卻又踏在其肩膀，更符應幼兒發展推陳出新與巧奪天工的創發教具。

蒙特梭利強調「學習環境」的準備，這個學習環境包括教師與幼兒的互動，空間裡的教具、材料和用具，都是隨手可取的眞實工具，

配合幼兒的身軀和小手量身訂做，優雅而井然有序，幼兒從中學到秩序與條理。因此，真正落實以「兒童」為中心的環境，這就是人們用來辨識蒙特梭利教育理念的主要特徵。她提供真實的器物讓幼兒實際操作，因為是以「幼兒」為中心的環境，所以幼兒隨手可以取用各種教具和設備，同時這個環境還必須是愉悅、優雅且整潔、明亮有秩序感的（黃月美等譯，2008）。蒙特梭利所謂「準備好的環境」，不只是環境，而是孩子不久要面臨的未來世界，亦即一切文化的方法與手段，因此它必須具備以下的條件（相良敦子，1987）：充分發揮孩子的節奏與步調的場所、保護孩子給予安全、自由活動的場所與用具、環境有其秩序，也要其限制，同時要與整體文化有連貫性。理解蒙特梭利「環境」的真義，師生互動與教具的使用方能得心應手，蒙特梭利對環境注解的「初衷」本意，參看圖7-4（盧美貴，2020）。

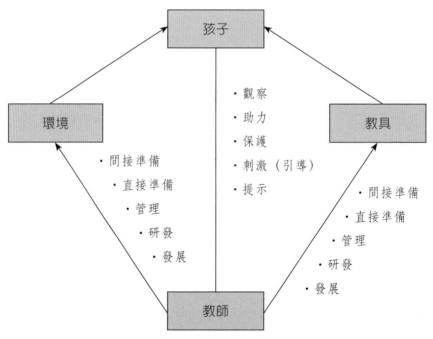

圖7-4　幼兒與教師、教具環境間的互動關係

1970年蒙特梭利創立「兒童之家」於羅馬貧民區，這裡的兒童是主人，所以稱之為「兒童之家」（Casa dei Bambini），其以「兒童」為中心，構成「環境」的三個基本條件由此而生（岩田陽子，1987）。

二、蒙特梭利課程發展的重要性

蒙特梭利除了重視「環境」的重要，說明物、人與教育內容的環境條件外，落實以「兒童」為中心，強調幼兒自主學習、重視日常生活的訓練，更重視視覺、觸覺、聽覺、味覺，以及嗅覺等感官的「五感」訓練。此外，在能力與責任方面，培養孩子承擔責任、規劃開放時間，以及透過觀察與記錄幼兒，運用觀察資訊導引教師對環境的敏感度和課程規劃。蒙特梭利課程的重要性與影響分述如下：（盧美貴，2020；黃月美，2008）

(一) 重新發現童年更多的祕密

蒙特梭利做學問與研究的實事求是，稱其為「幼兒科學教學創始人」是當之無愧的。「童年的祕密」揭櫫幼兒本質並賦予其意義，一掃以前傳統看待幼兒的觀念與舊思維，從而讓後人認知幼兒的想像世界、反覆探索與練習、秩序感是童年時的敏感期之一、幼兒的生活步調比大人慢了許多，他的生活中只有過去式和未來式，童年時期因為歷經否定期，而常有拒絕成人的命令、暗示與要求，了解這些「童年的祕密」對教師與父母在教養幼兒時不僅學會等待，而且會更以愛與榜樣來引導幼兒的生活與學習。

(二) 開發幼兒潛能允許承擔責任

蒙特梭利認為教育的目的在依幼兒內在本質與興趣開發其潛能，而非以命令或教條強迫兒童做任何學習。她以自由、自動為其哲學基礎，強調兒童身心內在潛能的展現與開發；孩子對真實的工作，充滿熱忱與興趣，大人管教過多有時反而欲速則不達。因此，在觀察幼兒的生活與學習能力後，適時允許孩子承擔責任，這種「鷹架」

（Scaffold）的學習，頗似近代維高斯基（Vygotsky）「最近發展區」（zone of proximal development, ZPD）的理論。

(三) 留白的減法課程讓幼兒全神貫注的學習

「多一些觀察，少一點教學」，蒙特梭利不相信有不能學習的孩子。她認為如果孩子沒有在學習，是因為大人不夠仔細在觀察與聆聽孩子的一舉一動。缺乏目標的活動與有目標且能自我引導的活動之間是不同的，蒙特梭利的教育理論告訴我們，除非絕對必要，否則不要硬把孩子從他們感興趣的活動中抽離現場。

(四) 「兒童之家」提供教學典範

日常生活、感官教育、算術教育、語言教育及文化教育的重要性，則在「兒童之家」的教保內容，說明其作法與貢獻。

貳、「兒童之家」的教育意義及其內容

一、「兒童之家」的教育意義

前述以「兒童」為中心的環境，敘述「兒童」是「兒童之家」的主人，「人」與「物」是其構成的兩大因素；以「人」而言，「兒童之家」是一群2歲半到6歲的兒童所組成的生活共同體；以「物」的構成要素而言，雖然各國有其民族、文化與地理上的差異，不過「家」的設置如客廳、廚房及寢室、庭院等有著大同小異的陳設，「兒童之家」就是透過這種結構，使兒童在一個熟悉的環境中操作學習（岩田陽子等人，1987）。

兒童天性好動與好奇，凡事都想探索仔細是他們的衝動與特性。舉凡一般家庭中「物」的環境大部分是為「大人」設計的，並不適合幼兒在自然狀態中學習與生活的環境。因此，在「兒童之家」裡，原則上是讓幼兒輕鬆而愉快的在地毯上操作教具做學習的，在這樣的情景下，幼兒內在生命力「作業」藉反覆探索練習教具與自我檢證，以

及秩序感的成長律則，打開心門充分吸收，藉以探索其成長學習的敏感「關鍵期」。

二、「兒童之家」的教育內容

「兒童之家」設置的意義，是為了幫孩子準備一個能幫助他們自然且能充分發展的環境，不僅只是提供適合幼兒體型大小的教具，同時這裡的大人必須是尊重兒童，滿足兒童生命力衝動和成長發育的「敏感期」，當然也在處處能操作滿足其好奇心探索與關注學習的場域，在重視兒童活動的意義下，提高教學成效以達成教育目標。

(一) 物的環境條件
1. **身體上的平衡**
(1)適合兒童身材的用具。
(2)兒童能搬得動的東西。
2. **精神上的平衡**
(1)用具本身能提醒孩子是否覺得自己的動作太過粗野或在操作上有無錯誤。
(2)操作時若不專心就可能會損壞物品。
3. **具有吸引力**
(1)會讓兒童主動的想要接近的東西。
(2)令人感到舒適的用具。
4. **合乎衛生的**
(1)讓兒童覺得有責任把用具整理乾淨。
(2)容易清理與擦洗的東西。
5. **生活化的**
日常生活中實際用得到的東西。
6. **具有民族色彩的**
(1)符合地區性生活條件的東西。
(2)代表地區特殊性的東西。

181

7. 有關自然的

(1)能夠了解自然法則的東西。

(2)有機會能培養愛護自然的東西。

(二) 人的環境條件

1. 兒童之間互為規範相互學習。

2. 年長的兒童能幫助年紀小的兒童。

3. 養成年長兒童的責任感。

4. 培養互助合作的精神。

5. 尊重每個兒童的能力及自發性。

(三) 教育內容的環境條件

1. 能有反覆練習的環境。

2. 具有自我發現與訂正錯誤的環境。

3. 可以自由選擇目的物的環境。

4. 可以自己進行活動的環境。

5. 提供要求分解操作活動的環境。

6. 可以要求靜肅的學習環境。

7. 能夠進行日常生活練習的環境。

8. 提供訓練感覺的環境。

9. 能夠以感覺訓練為基礎，吸收語言、數學，以及其他各種文化知識的環境。

10. 可以進行身體健康與體育活動的環境。

11. 能夠接受藝術與宗教高層次刺激的環境。

12. 能與自然接觸，並體會到自然法則的環境。

參、「兒童之家」的教保內容與學習

蒙特梭利在觀察與教學過程中，發現孩子有強烈探索環境與周遭一切的本能。這種生命的衝動，促使孩子從日常生活中學習並發現自

我，而提供孩子自我發展的先決條件，便是給孩子好的學習環境，包括專門的知識引導和豐富的學習內容，「兒童之家」便是在這樣的教育理念和教育目標下設立的，其重要的教育內容包括：1.日常生活練習；2.感覺教育；3.算術教育；4.語言教育；5.文化教育等五大類，分別說明如下：

一、日常生活練習

是指2歲半到3歲或不滿6歲的孩子，在該國人與自然環境條件下，所作日常生活的練習。蒙特梭利是以文化人類學，以及生物學的立場來探究日常生活訓練的目的。從文化人類的立場來看，日常生活即代表各國的文化遺產，孩子個體的成長與文化息息相關，並且發展積極的人格特質。從生物學的觀點來看，蒙特梭利認為日常生活中的工作，是促使身體機能中，腦、肌肉、感覺，以及精神活動和智能開展的協調發展。其直接的目的在透過學習的過程、指導的訓練與活動養成個體獨立和自主的精神，間接的目的在促使幼兒的意志力、理解力、專注力和秩序感。在「兒童之家」所實施的日常生活教育分為四大類，即「基本活動」、「社交行為」、「對環境的關心」與「對自己的照顧」，茲將其訓練的內容，列示如表7-8提供學習者參考。

表7-8　「兒童之家」日常生活練習項目及其內容

基本活動	社交行為	對環境的關心	對自己的照顧
*・走（步行） *・坐 *・站 *・拿（持） *・搬（運） *・放（置） *・絞 *・倒（移、注） *・摺 *・切、剪	*・門的開關 *・打招呼 *・應答的方法 *・與他人接觸的方法 *・感謝和道歉 *・遞交物品的方法 *・咳嗽、打噴嚏、打哈欠的方法 *・輪流使用戶外遊戲器材	*・作業的準備 　搬運地毯 　打開、捲起地毯 　地毯的清理 *・掃除 　打掃室內 　刷灰塵 　使用撢子 　擦洗桌子 　擦洗窗戶	*・攜帶物品的整理 *・東西灑落時的處理 *・照鏡子 *・梳頭髮 *・擤鼻涕 *・衣服穿、脫 *・穿鞋、脫鞋 *・鞋的整理保養 *・洗手

183

（續）

基本活動	社交行為	對環境的關心	對自己的照顧
***・貼	***・團體遊戲的規則	***・擦金屬器具	***・衣飾框
***・縫	***・倒茶	***・洗滌	・衣服摺疊的方法
・編	・作業的觀察方法	・熨斗的使用方法	・刷衣服
・捏	・打電話的方法	***・水中剪枝	・漱口的方法
・夾	・問路的方法	***・點火、熄火	・刷牙的方法
・轉（旋轉）	・洗手間的使用方法	***・餐桌的準備	・剪指甲的方法
・擦	・慰問病人	***・庭院工作	・擦汗的方法
・撕	・介紹的方法	***・植物栽培	・洗腳的方法
・打	・車中的禮儀	***・照顧小動物	・洗澡的方法
・敲	・交通規則	・洗餐具	・其他
・捲	・敲門的方法	・蔬菜的削皮	
・削	・入席的方法	・整理棚架	
・拉	・穿拖鞋的方法	・其他	
・揉	・其他		
・其他			

二、感覺教育

蒙特梭利認為從生物學的觀點來說，我們希望幫助個人的身心得以自然發展，以社會學的觀點來說是在使個人獲得對環境的適應為目標。因此，把「日常生活」排在「感覺教育」之前進行，是為了孩子養成「獨立自主」的能力，繼而根據自己的意志進行「自發性」的活動。「感覺」的發展在高等的「智能」活動之前，於是蒙特梭利使用一套能分等級，有組織性的引導孩子感覺刺激的「感覺教具」來達到感覺器官及神經系統的完成，作為發展智能教育的準備工作。

蒙特梭利的感覺教育，其內容是由視覺、觸覺、聽覺、味覺及嗅覺五種感覺領域所組成，其各領域的教具和教具內容如表7-9說明。

表7-9　感覺各領域教具及其內容

感覺的種類	教具	教具的內容
(一)視覺教育：教育兒童辨別物體大小、顏色、形狀的視覺能力。		
1. 大小：(1)圓柱體組 …………		高—低、粗—細、大—小，以及高低粗細的組合。

（續）

感覺的種類	教具	教具的內容
	(2)粉紅塔 ⋯⋯⋯⋯⋯⋯	大—小。
	(3)棕色梯 ⋯⋯⋯⋯⋯⋯	粗—細。
	(4)長棒 ⋯⋯⋯⋯⋯⋯	長—短。
2.顏色：	(5)彩色圓柱 ⋯⋯⋯⋯	和圓柱體相同。
	(6)色板 ⋯⋯⋯⋯⋯⋯	顏色的種類、顏色的明暗（明亮度）。
3.形狀：	(7)幾何圖形嵌板 ⋯⋯	各種平面幾何圖形（圓、三角形、四邊形、多邊形等）。
	(8)幾何學立體 ⋯⋯⋯	基本的幾何學立體（球體、立方體、長方體、三角柱、圓錐、四角錐等）。
	(9)構成三角形 ⋯⋯⋯	由三角形的種類及三角形的組合所構成（辨別與等值）。
4.其他：	(10)二項式 ⋯⋯⋯⋯	顏色和大小的要素之應用。
	(11)三項式 ⋯⋯⋯⋯	顏色和大小的要素之應用。

(二)觸覺教育：教育兒童各種觸覺，如手接觸物品的膚覺（觸覺）、溫度感覺、實體認識感覺、用手握持的知覺及壓覺（重量感）等。
（觸覺教具）

1.膚覺（觸覺）
- (1)觸覺板 ⋯⋯⋯⋯⋯⋯ 物體表面的粗糙、光滑。
- (2)布盒 ⋯⋯⋯⋯⋯⋯ 布的種類與觸感（手指）。

2.溫度感覺
- (3)溫度筒 ⋯⋯⋯⋯⋯⋯ 熱的、暖的、溫的、冷的（靠冷水及熱水調配）。
- (4)溫覺板 ⋯⋯⋯⋯⋯⋯ 物體本身的溫度。

3.壓覺（重量感覺）
- (5)重量板 ⋯⋯⋯⋯⋯⋯ 重—輕。

4.實體認識感覺
- (6)布盒 ⋯⋯⋯⋯⋯⋯ 是觸覺及肌肉感覺的同時配合，靠手的觸覺來了解物體（手部觸覺的綜合運用⋯⋯判斷表面的凹凸、形狀、粗滑、重量等）。
- (7)幾何學立體 ⋯⋯⋯⋯ 基本的幾何學立體（球體、立方體、長方體、三角柱、圓錐、四角等）。

(三)聽覺教育：聲音的強弱、高低、種類（樂音的音色）的辨別能力。聲音的種類有無數種，難以製作特別的教具。可從實際生活中聽到的聲音或各種樂音進行分辨。

（續）

感覺的種類	教具	教具的內容

(1)音筒 .... 雜音（噪音）的強弱。
(2)音感鐘 .... 樂音的高低。

(四)味覺教育：用舌頭來感覺味道的教育。

味覺瓶 .... 基本的味道種類（甜、鹹、酸、苦）。

(五)嗅覺教育：用鼻子來感覺嗅覺的教育。

嗅覺筒 .... 各種具體物品的味道。

　　感覺教育的重要性及其內容項目除上述說明外，蒙特梭利教育課程的先後邏輯性，以及感覺教育領域的角色地位，也可由圖7-5看出端倪。

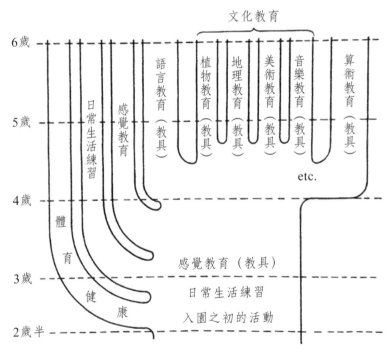

圖7-5　蒙特梭利「感覺教育」的角色

三、算術教育

　　蒙特梭利的算術教育是由感覺教育導入，亦即一面給孩子自由，一面反覆刺激他們的感覺器官，並且培養孩子數量概念邏輯思考的態度。「感覺是精神入口，一切的認識先由感覺獲得，對外界體認的基礎就是感覺認識。」感覺器官透過感官教具的三種操作：配對、序列、分類，藉以培養孩子邏輯思考的能力。例如：在圓柱體教具中找出同樣高低、大小或粗細的教具；或者把蒐集相同的東西加以分類操作；將長棒長、短的順序；棕色梯粗、細的順序等進行序列與分類的操作，透過這三種操作可以幫助孩子「抽象系統的具體化」（石井昭子等，1987）。

　　下面表7-10呈現蒙特梭利算術教具與目的，以及圖7-6蒙特梭利算術教具（幼兒階段）系統概覽，這樣可以一目了然其教具的目的與邏輯功能。

表7-10　蒙特梭利的算術教具與目的

內容	教具名稱	教具的內容與目的
（理解10為止的量與數，認識數量與數字） 數量概念的基本練習	1. 數棒	以長度（連續量）教導1-10的量，在表示量的10根棒子上，有以1為基準的刻度，因此可透過視覺來把握量。
	2. 砂數字板	掌握1-10數字（抽象符號）（用手指來描繪，透過觸覺、視覺學習數字的名稱及筆順）。用數棒的量，將名稱與抽象的數字符號連結起來。
	3. 數棒與數字板	將上述的數棒（具體的量）與數字（抽象符號）連結起來，也就是掌握以下三項關係。 數量 數字　←→　數詞

（續）

內容	教具名稱	教具的內容與目的
（理解10為止的量與數，認識數量與數字）數量概念的基本練習	4. 紡錘棒與紡錘棒箱	對應數棒的連續量，透過每一個分開來的量把它束起來，以了解數量，同時學習認識零。
	5. 0的遊戲	將具體的物（果實等）與0-9的數字（卡片）連結起來，加強練習（進行取數遊戲時，知道拿到0就不能拿具體物）。
	6. 數字與籌碼	做數字與圓點（具體的量）的配合排列，了解數有奇數、偶數之分。
	7. 使用數棒的基本計算練習	認識1-10數字的合成與分解（學習初步加法、減法）。
（認識十進法的基本結構）十進法（I）	1. 金色串珠	認識1、10、100、1,000的十進法結構，透過具體物（串珠）的量，知道10個1形成10，10個10形成100，10個100形成1,000。
	2. 數字卡片	對應上述串珠（量）的數字及表示數字的位數。
	3. 量（串珠）與數字卡片	將上述串珠（量）與數字卡片配合一致。
（十進法的加減乘除概念）十進法（II）	1. 串珠（交換遊戲用）	理解十進法的加強練習。
	2. 數字卡片	加強認識十進法及引導認識加減乘除的概念。
	3. 加算	
	4. 減算使用串珠	
	5. 乘算	
	6. 除算	

（續）

內容	教具名稱	教具的內容與目的
連續數的傳統稱呼與排列（認識連續數的數）與排列	1. 塞根板（Ⅰ）	教導11-19的數（十位數與個位數之排列）。
	2. 塞根板（Ⅱ）	教導11-99的數（11、12、13、……、19、20、21、22、……、29、30……反覆練習，強調十位數進位法）。
	3. 數字的消除（練習紙）	記憶0-100的數字排列。
	4. 100數字排列板	
	5. 數字的填空（練習紙）	
	6. 100串珠鍊（短鍊）	
	7. 1,000串珠鍊（長鍊）	與100的串珠鍊做同樣的操作，透過視覺知道1,000可用10片串珠做成正方形，疊成立體，可與前者100的串珠鍊做比較。

四、語言教育

聽、說、讀、寫在人的生活中，始終扮演著重要的角色，它不僅是學習建構知識的基礎，同時也是表達己見、抒情敘懷、溝通情意、傳遞思想與傳承文化的重要工具。在天涯若比鄰的今日，不論與本地人或他國人士面對面的接觸或藉資訊網絡的互動，語言的重要性不言而喻。幼兒階段的生活環境是充滿語言、文字的世界，也是生長最快速、模仿最多、好奇心與想像力最豐富的階段，此階段個人的社會化往往影響日後的生活。

聽的能力包括培養良好的聆聽態度，其次經由幼兒最愛的聽故事行為，學會表情、動作或語言反應，同時也能分辨口語敘述的意義；說的能力在掌握適當的說話態度，除了會用語言說明現象外，也會複述句子和說明自己的經驗與情節；讀的能力包括喜歡讀、唸熟悉的兒歌、文句，也會愛護圖書，辨別生活中常見的符號，並將字詞加以應用；寫的能力在培養運筆、模擬寫和簡單符號的書寫。語言領域的目

┌─────────────────────────┐   ┌─────────────────────┐
│ 數量概念的基本練習   │   │ 十進法（Ⅰ）   │
│ （理解到10位置的量與   │   │ （認識十進法的   │
│ 數，認識數量與數字）   │   │   基本結構）   │
└─────────────────────────┘   └─────────────────────┘

・數棒   ・量（串珠）
・砂數字板   ・數字卡片
・數棒與數字板   ・量與數字卡片

・紡錘棒與紡錘棒箱
・0的遊戲（取數遊戲）   ┌─────────────────────┐
                                                  │ 連續的   │
・數字與籌碼（奇數與偶數）   │ 傳統稱呼與排列   │
・使用數棒的基本計算練習   │ （認識連續數的數）   │
                                                  └─────────────────────┘

┌─────────────────────────┐
│ 幾何的導入   │   ┌（Ⅰ）─學習11～19
│ （初步的圖形幾何）   │ ・塞根板 ┤
└─────────────────────────┘   └（Ⅱ）─學習11～99

・幾何卡片   ┌ 數字的消除
・幾何卡片訂正表   ・數字的排列┤ 100數字排列板
                                                  └ 數字的填空

┌─────────────────────────┐
│ 代數的導入   │   ・100串珠鍊（短鍊）
└─────────────────────────┘   ・1,000串珠鍊（長鍊）

・二項式
・三項式

圖7-6　蒙特梭利算術教具系統圖

標在聽、說、讀、寫能力的培養是顯而易見的（盧美貴，2020）。

　　因此，了解聽、說、讀、寫在生活中與學習中的意涵，學習適時合宜的語言表達與傾聽技巧、增進聽、說、讀、寫的基本學習能力、養成喜歡閱讀與聽故事的良好習慣，以及培養探索語言的興趣和主動學習的態度，這些目標就成了蒙特梭利語言教育的目標。2歲半到6歲是孩子學習語言的敏感期，提供孩子一個充滿語言與圖文的環境，如賓果遊戲、注音賓果、砂紙注音板、活動字母練習、食物拼

音、金屬嵌板練習，以及名詞拼音練習等就成了蒙特梭利由具體進入半具體和抽象學習的教具橋梁。蒙特梭利認爲在孩子發展口頭式語言後，再幫助孩子分析語言和文法結構，日後孩子學習任何語言，不管是注音符號、羅馬拼音或英文拼音等任何國家的語言，都能輕鬆的加以類化。

五、文化教育

教育作爲一個歷程，並不代表任何一組特別的活動。例如讀、寫、算是意謂著一個群體，和社會企圖把有價值的事物傳遞給她的成員。這種傳遞可以非正式的經由父母、親戚與同儕，也可以正式的經由學校來進行。教育如果確實是一種文化的過程，那文化到底是什麼呢？一般而言，文化最常被認爲是知識、技術、態度、行爲和信念的模式，以及物質性的人工製品，經由人類的社會所生產，並且一代傳遞一代。文化應該被視爲標準與控制機制的組成，社會成員依此機制對事情、事件與行爲賦予意義、價值與重要性（S. A. Adler原著；黃純敏譯，2006）。人類生活的各方面及歷程沒有不受文化影響的，文化對我們的影響正如呼吸的空氣般如影隨形。

幼兒園文化課程的目標如下（幸曼玲等人，2012）：接觸與覺察社會文化的內涵、了解生活環境中重要文化資產的由來和文化意義、探索社會文化活動的內容和價值、提高對在地環境與在地文化的認同度，同時培養面對多元文化的接納與尊重態度。於此，蒙特梭利的文化教育包括地理、歷史、天文、地質、音樂、動植物、藝術與自然科學等，培養孩子對藝術文化的欣賞能力，並認識他所生活周遭的環境，了解宇宙的奧祕與世界之浩瀚，進而擁有豁達的世界觀，以及探索周遭世界的好奇心。砂紙地球儀、地形的認識、認識世界、臺灣拼圖、國旗繪製、各國服飾介紹、七大洲五大洋的拼圖、世界各地的旅遊景點與美食、音樂、地球儀、動植物卡，以及臺灣地圖與食、衣、住、行等，均屬蒙特梭利的文化教育內涵，這也是幼兒打開世界之窗認識世界的開始。

🙂第五節 高瞻課程在幼兒園教學上的設計

壹、高瞻課程發展的意義及其重要性

1960年美國密西根州亞伯斯蘭提（Ypsilanti）貧窮地區，爲挽救瀕臨輟學學生轉機，提出「向貧窮挑戰」的挽救計畫。高瞻係high和scope組成，前者指高度的熱情（high aspirations），後者係指廣泛的興趣（a broad scope of interest）。瓦哥（D. P. Weikart）等人請求州政府（1962年）成立高瞻培利幼兒教育計畫（High/Scope Perry Preschool Project），重視幼兒社會、情緒與認知發展，支持幼兒未來學業上的學習與成長。

對於「高瞻培利幼兒教育計畫」長期追蹤研究顯示（霍力岩，2019）：優質學前教育方案在提高兒童的教育年限和教育成就，增加國家稅收、預防犯罪和減少社福救濟等的支出。美國施瓦哈特（L. J. Schweinhart）和蒙鐵（J. Montie）等人在2005年對高瞻實施結果的研究中發現：優質幼兒教育對人的一生及社會有著莫大的影響。此外，投資1美元給貧困兒童，便有17.07美元的收益，其中12.90美元的收益屬於納稅人，4.17美元的收益爲兒童個人所獲益。

高瞻課程中「計畫」（plan）、工作（do）和回顧（review）的「學習輪」（wheel of learning）之實施，讓研究者看到幼兒學會激發創造力、強化思考，而設計基本規則、實施方式、演化而做總結，這種「腦力激盪」（brain storming）把奧斯本（A. Osbern）1938年所創「人人都可以成爲創客」（maker）發揮得淋漓盡致。

貳、高瞻課程發展的重要內涵

High/Scope的學習輪清楚地提供了教學架構，以「主動學習」爲基礎，配合四個重要元素：

1. 正向溫暖的成人／幼兒互動。

2. 適合幼兒學習的環境布置。

3. 每日例行活動。

4. 評量及協同教學。

此四個要素就如同輪子每一個部分，每一個部分順暢運轉，主動「學習輪」就能順利的轉動。

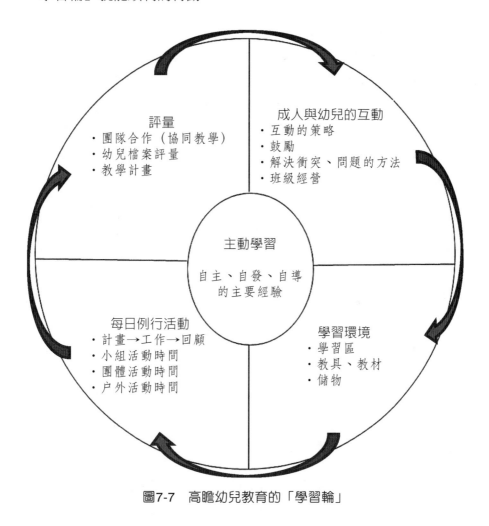

圖7-7　高瞻幼兒教育的「學習輪」

下面分別從「主動學習」、「成人與幼兒的互動」、「學習環境」、「每日例行活動」和「評量」等五個核心要素，來說明High/

193

Scope的重要課程內涵。

一、主動學習

　　相信幼兒有能力自己做選擇，孩子可以自己決定工作和遊戲，這始終是高瞻培利幼兒教育計畫所強調的主張。此一方案深受Piaget學說理論的影響，經歷學說的試驗，從認知性工作轉變到強調兒童是知識的建構者。自1971-1979年培利幼兒教育計畫方案中，已在認知發展的主要經驗目標中增加「主動學習」（active learning），其中自主、自發、自我引導的「主體性」與「主動性」，就成了High/Scope學習內容的重要核心所在（簡楚瑛，2016）。

　　「培利」幼兒教育計畫方案自「幼兒觀察記錄」（Child Observation Record, CORs），以至近年來發展的「幼兒關鍵發展指標」（Key Developmental Indicator, KDIs）的重要構面，不難發現幼兒依自己的意願訂定計畫──專注執行──資源運用到問題解決──反思等的過程，幼兒主動學習（approaches to learning）以達學習的優化目標，若非幼兒主動探究（plan-do-review）是不能竟其功的。CARs-CORs-KDIs代表高瞻課程與教學屢經修正，以及越來越專業與縝密的發展，這也展現其促發幼兒主動學習的五個重要元素，說明如下：

　　(一) 材料：在各個學習區提供多種類、多功能，且有趣的學習材料。

　　(二) 操作：鼓勵幼兒自由發現、把弄，以及操作所提供的多功能材料。

　　(三) 選擇：提供機會讓幼兒自己訂定目標及選擇材料與活動參與。

　　(四) 語言：當與幼兒溝通時，包括語言與肢體的表達。

　　(五) 支持：當幼兒對教師談論他們正進行的計畫時，或當教師加入幼兒的遊戲，以及當幼兒有任何爭論時，教師都會協助幼兒學習解決問題的方法，以鼓勵及支持幼兒的態度。

二、成人與幼兒間的互動

(一) 互動策略

1. 教師調整與幼兒平等對待的高度。

2. 使用沉默、觀察、了解，以及運用聆聽的技巧來促進互動。

3. 互相配合及師生輪流應答的方式。

4. 使用簡短評論或觀察的情景當成師生對話的開始。

5. 呈現及描述幼兒的行為。

6. 了解幼兒所說的話。

7. 鼓勵幼兒拓展會話的範圍。

8. 謹慎的提問與互動行為。

(二) 鼓勵的策略

1. 加入幼兒的遊戲，並在幼兒身旁用相同的材料玩類似的活動。

2. 鼓勵幼兒描述他們的工作、思緒表現，以及工作成果。

3. 藉著給予特定的評論來了解幼兒的工作及思緒。

(三) 解決問題及衝突的方法

例如安靜的觀察、蒐集資料、重述問題、詢問解決的意見、重述選擇要求做決定，以及總結計畫和提供追蹤活動。

三、學習環境

「環境」是會說話的，一個吸引人的環境，友善親近的學習空間是很重要的，因為情境是教室中的第三位老師。

(一) 學習區角的意義

學習區角一般名稱，包括learning area, learning corner, learning center, or learning corridor），其意義係指學習區角活動是幼兒園採用一種積極性，以幼兒為中心的自主活動，藉以展現幼兒個別化探索

與解決問題（PBL）能力的主動性學習。High/Scope主張鼓勵孩子自主Plan-Do-Review，在計畫－工作－回顧過程中，從「被動」到「主動」創新學習，其成效是大大的不同。下面加以說明兩者的不同：

   1. PBL1.0——從教中學－被動接收
    ‧Program based learning－按部就班（接受）
    ‧Phenomena based learning－主動觀察（批判）

   2. PBL2.0——從答中學－從動反思
    ‧Problem based learning－互動問答（思考）
    ‧Practice based learning－親身體驗（感受）

   3. PBL3.0——從做中學－行動應用
    ‧Project based learning－知識運用（操作）
    ‧Product based learning－整合表現（創作）

   4. PBL4.0——從行中學－主動發展
    ‧Performance based learning－績效評量（改善）
    ‧Profession based learning－職能發展（創新）

(二) 學習區角的安排（或統整的改造學習區角）

此種教學活動有著深刻的教育哲學內涵底蘊，以及教育制度嬗變過程的軌跡；幼兒自主學習活動，挑戰了我們傳統3R的幼兒課程組織與發展方式，也挑戰了幼兒學習評量的觀念和作法。

因此，在活動空間上需要注意下列的安排：

1. 為每個學習區選擇適當的名稱。
2. 規劃有趣的學習區讓多種遊戲行為能產生。
3. 在學習區角間建立視覺的屏障。
4. 考慮學習區角間的交通流暢。
5. 適時與適度的改變學習區角內的學習材料。

(三) 學習區角布置原則

1. 提供充足的學習資源及各領域的探索環境。

2. 配合幼兒心理與社會需求，在時間、空間及資源上開放。

3. 學習區角的布置必須是安全、舒適、豐富、變化，能操作、有回應、有秩序的溫馨原則。

4. 教室內或中庭可以放置資源回收的紙箱，由幼兒或家長提供瓶瓶罐罐、紙盒，或幼兒創作時可隨手取得的大小和多元材料。此外，學習區角的挑戰課題仍須注意下列事項：

(1) 配合主題的延伸活動：興趣的延伸或能力的加深加廣；娃娃家與語文區角可以是常設的。

(2) 區角的素材可以是師生自製的、購買的或廢物等的利用。

(3) 室內或戶外均可當情境。

(4) 班級或混班或混齡的學習方式。

(5) 講授－示範－演練－討論－實作（創作）－問題解決（PBL）。

因應主題的不同，學習環境當然隨之有異，學習區角也跟著調整。學習區角的學習經驗與一般性布置如表7-11，提供教師在布置時基本的認知與作法。

(四) 材料的選擇

1. 適合幼兒的發展階段。
2. 反應幼兒的興趣。
3. 材料能具多功能，和產生不同種類的遊戲。
4. 反映幼兒的經驗及文化背景。
5. 確定材料是安全、乾淨，且維護完好。

(五) 材料的儲存

1. 幼兒取物的高度。
2. 使用透明的容器。
3. 一致性的存放在相同的地方。
4. 標示架子及容器的內容名稱，以利幼兒物歸原處。

表7-11 配合主題的區角（learning center）布置

區角名稱	學習經驗	內容一般性布置
語文區	1. 閱讀與傾聽 2. 表達與溝通 3. 操作能力	繪本、字卡、兒歌卡、收錄音機、耳機、偶臺等
娃娃家	1. 角色扮演 2. 家事活動 3. 想像力、創造力的發揮	娃娃配件、家事櫃及廚房用具、清潔用品、衣物項鍊、衣物鞋襪、衣架
益智區	1. 數概念 2. 自由建構 3. 合作學習 4. 腦力激盪	小積木、玩具、拼圖、七巧板、結構或結構物件（鬆散教具）、紙積木、海綿積木、人物積木等
工作區	1. 學習不同畫材、操作的經驗 2. 運用各種教材創作的機會 3. 體驗生活中色彩、形體，以及各種質感獨特性 4. 手眼協調、解決問題	紙、筆（粉鉛筆、水彩筆、鉛筆）、顏料、工具、材料（黏土、空盒罐、色紙、保麗龍、剪刀、膠水、漿糊等）
積木區	1. 自由建構——想像、創造力 2. 配合活動主題搭建或創作造型	1. 以材料分：紙積木、樂高積木、海綿積木、工程師積木、空心積木 2. 以體積分：大、中、小型積木 3. 以模型分：有人物、動物、汽車、標示物等

四、每日例行作息活動

　　High/Scope幼兒課程的第四個要素是「日常例行作息活動」。一個一致性及較少變動的例行作息是很重要的，這是促使幼兒「主動學習」的關鍵因素，因此當作息要有所調整時，需提早告訴幼兒，並告知變動的原因。

(一) 計畫－工作－回顧時間

1. 「**計畫**」：表示幼兒有機會表達他們自己的看法和意見，同時也表現了自己是一個能做決定的個體。對教師而言，可以藉著共同討論的過程提供鼓勵與反應幼兒的意見，這不僅可以促使計畫的成功，同時也可藉機會了解幼兒的發展層次與思考的風格取向。

2. 「**工作**」：在High/Scope日常例行作息時間，往往所占時間是最長、最忙碌的狀態。教師此刻的角色往往藉由「觀察」幼兒的活動，然後「加入」幼兒的活動，鼓勵幼兒擴展其計畫草案，並設計解決問題的情境。

3. **回顧**：此時幼兒展現工作歷程及作品的高潮階段。教師的角色在聆聽或協助幼兒總結計畫到工作完成的歷程分享，包括完成的工作呈現與原來計畫草案的不同或改變，小組夥伴如何分工與合作等想法和執行步驟；有些幼兒還會在跟老師的討論過程中，述說他們未來的延伸活動等。

(二) 小組時間

兩位老師分別帶領班上幼兒（一般是每位老師帶10-15人），教師可視班級人數而定一起工作，工作的內容依照幼兒的需要、興趣、能力、認知上的目標或特色的重要經驗。

(三) 團體時間

整班幼兒與教師一起做遊戲、唱歌、玩手指遊戲、基本的韻律活動、玩樂器、或玩角色扮演的遊戲。這個時段提供每一個幼兒機會去參與在大團體中，並分享彼此的快樂及互相學習。

(四) 清理時間

此刻幼兒將遊戲材料及器具放回已標示好的架子上，以及幼兒將未完成的作品存放起來，此時提供機會給幼兒，學習及使用許多基本的認知技巧，以及提供他們使用控制權。

(五) 回顧時間

幼兒在這個時段裡會將他們的工作經驗以不同方式表現出來，如辨認玩伴或將已完成的作品畫出來等。回顧時間總結他們的計畫及工作內容，以及分享彼此的經驗與想法。

(六) 戶外時間

戶外時間包括跑、跳、爬、推、盪等體能活動，以及與其他同伴一起玩假裝遊戲、操作物品、建構等，並且獨立地去解決問題或有其他同伴或老師的協助一起來解決問題等。老師的角色是觀察、協助、參與、溝通、描述，以及當家長來接幼兒時，與他們討論幼兒的一些特殊狀況等。

(七) 銜接時段，教師須配合幼兒的發展需求建立固定的例行活動

1. 儘量將活動、聚集地點及主要照顧者（教師）之間的轉換次數降到最低。

2. 馬上開始新的活動。

3. 當等待時刻無法避免的時候，想辦法保持幼兒們主動加入活動。

4. 設計一些好玩的方法，讓孩子從一個地方移動到另一個地方。

5. 教師在計畫銜接時間的時候，不要忽略了有個別需要的幼兒。

五、評量

評量包括協同教學、日常軼事記錄、日常協同計畫，以及幼兒評量。

(一) 協同教學

1. High/Scope教育研究中心建議日常軼事記錄的要點是協同教學的教師，每天需要找時間一起討論幼兒的特殊狀況及事件。

2. 將筆記中所描述的幼兒行為填進適當的「重要經驗」分類

中，將筆述部分填上日期及發生的地點、人物及時間。當描述發生狀況時，應將當時發生的情形盡可能的詳細描述，並保持客觀的態度。

(二) 日常軼事記錄

1. 僅以隨手筆記，是不能視為評估幼兒的適當依據，因為這些隨手筆記沒有任何標準來判斷，幼兒遊戲及行為的發展價值。

2. 無法提供可靠及可信的證據。

3. 一個可變通的方法即是利用日常生活軼事，作為完成發展階段記錄的依據，並建立其可靠度及可信度。

(三) 日常協同計畫

High/Scope教育研究中心發展了一個日常協同計畫的程序，說明如下：

1. 第一個步驟是每日的計畫，接著必須是一個2人的團體，使用「幼兒觀察記錄」或稱為「重要筆記」，來評估幼兒的興趣及能力。

2. 將幼兒的興趣及重要經驗，與老師的興趣及教室內的資源或材料合併來安排隔日的活動。

3. 最後將協同計畫填入「簡單的日常計畫表」內，作為次日活動進行的依據。

(四) 幼兒評量

1. High/Scope的幼兒評量，歷經「幼兒評量記錄」（Child Assessment Record, CARs）、幼兒觀察記錄檢核表（Child Observation Record, CORs），以及「幼兒關鍵發展指標」（Key Developmental Indicator, KDIs）（如表7-12所示）。

2. 幼兒評量記錄、幼兒觀察記錄檢核表，以及幼兒關鍵發展指標三者的評量重點，均以「主動學習」為其教學設計的核心，培養幼兒上小學所應具備的認知、動作技能和情意態度，尤以「認知」能力為其主要的教育與評量目標。

201

表7-12　高瞻課程三種幼兒評量構面的發展

幼兒評量記錄（Child Assessment Record, CARs）	幼兒觀察記錄檢核表（Child Observation Record, CORs）	幼兒關鍵發展指標（Key Developmental Indicator, KDIs）
一、創造性行為與表現 二、語言和讀寫能力 三、社會關係 四、移動 五、音樂 六、分類 七、序列 八、數 九、空間 十、時間	一、創造表徵 二、語言和讀寫 三、主動性 四、社會關係 五、音樂和動作 六、數學和邏輯	一、主動學習 二、社會性和情感發展 三、身體發展與健康 四、語言、讀寫與溝通 五、數學 六、創造藝術 七、科學與技術 八、社會探究

3. 幼兒觀察記錄檢核表（CORs）

　　幼兒觀察記錄檢核表內容，包括創造表徵、語言和讀寫、主動性、社會關係、音樂和動作，以及數學和邏輯等六個構面，每個構面分別包括三至八個評量項目。下文以「主動性」構面及項目的呈現方式，以及幼兒關鍵發展指標（KDIs）中的「主動學習」（approaches to learning）中的指標，分述兩者的不同。

　　CORs六大檢核表的構面，每一構面均包含五個不同層次的評量，亦即五點量表用打勾方式來評量幼兒的表現結果。如「主動性」包括表達選擇、解決問題、參與複雜的活動，以及課程進度與流程中的自發性。下面以「解決問題」作為示例：(1)尚不能確定問題所在；(2)知道問題所在，但沒有試著去解決它們，轉而進行其他的活動；(3)用一種方法來解決一個問題，但試過一、二次沒有成功就放棄；(4)顯示某種程度的堅持，試著用各種不同的方法來解決一個問題；(5)高度的參與並堅持地用各種不同的方法來解決一個問題。這對教師而言，有了尺規（criteria）在量化評量上是比較容易顯見其客觀性（見表7-13）。

4. 幼兒關鍵發展指標（KDIs）

此項幼兒關鍵發展指標內容，包括八個構面五十八個項目，即主動學習；社會性和情感發展；身體發展與健康；語言、讀寫與溝通；數學；創造藝術；科學與技術，以及社會探究。從此幼兒關鍵發展指標八個構面五十八個項目看來（表7-14），與「主動學習輪」四個要素，尤其以計畫（plan）－工作（do）－回顧（review）的流程來看，其關鍵發展指標與其構面是緊密相扣，而且包括的範圍，其層次也更寬廣。

表7-13　高瞻（High/Scope）幼兒觀察記錄檢核表（CORs）

項目	高瞻（High/Scope）幼兒觀察記錄檢核表（CORs）	評量打✓
一、主動性	(一)表達選擇	
	1. 尚不能向他人表達自己的選擇。	
	2. 用一個字、一個指示或其他動作來表達他所想要進行的活動或活動的地點。	
	3. 以簡單的句子表達出他想要的活動、活動地點、教材教具或玩伴。	
	4. 以簡單的句子表達出他的計畫及如何運作其計畫。	
	5. 對其所選擇且將要進行的活動給予詳細的描述。	
	(二)解決問題（解決本身的問題）	
	1. 尚不能確定問題所在。	
	2. 知道問題所在，但沒有試著去解決它們，轉而進行其他的活動。	
	3. 用一種方法來解決一個問題，但試過一、二次沒有成功就放棄。	
	4. 顯示某種程度的堅持，試著用各種不同的方法來解決一個問題。	
	5. 高度的參與並堅持地用各種不同的方法來解決一個問題。	
	(三)參與複雜的活動	

（續）

項目	高瞻（High/Scope）幼兒觀察記錄檢核表（CORs）	評量打✓
一、主動性	1. 尚未主動選擇他要使用的教材教具或參與簡單的活動。	
	2. 顯示其較有興趣於使用簡單的教具或參與簡單的活動。	
	3. 單獨的以二、三個步驟來使用教具或組織其遊戲活動。	
	4. 獨自發展出複雜且有多種過程的活動。	
	5. 加入其他人的活動中，並發展出複雜且有多種過程的活動。	
	(四)課程進度與流程中的自發性	
	1. 尚不能遵從課程流程。	
	2. 有時會遵從課程的流程。	
	3. 當被指示去做的時候會參與課程流程。	
	4. 沒有被要求而會參與課程流程。	
	5. 當大人不在身邊時仍會繼續其課程流程。	
二、社會關係	(五)和成人互動的關係	
	1. 在課程中尚不會和成人互動。	
	2. 當其熟識的成人主動與其互動時幼兒會回應。	
	3. 主動與熟識的成人互動。	
	4. 持續地和熟識的成人互動。	
	5. 和熟識的成人分擔勞力，遵守規則的工作。	
	(六)和其他幼兒互動的關係	
	1. 尚不會和其他幼兒一起玩。	
	2. 當其他幼兒主動與其互動時會回應。	
	3. 主動和其他幼兒互動。	
	4. 持續地和熟識的幼兒互動。	
	5. 和其他幼兒分擔勞力，遵守規則的工作。	
	(七)和其他幼兒做朋友	

（續）

項目	高瞻（High/Scope）幼兒觀察記錄檢核表（CORs）	評量打✓
二、社會關係	1. 尚不能叫出班上其他幼兒的名字。	
	2. 能辨認出一些幼兒的名字，並且偶而會與他們交談。	
	3. 確認他的一位同學是他的朋友。	
	4. 被一位同學視為朋友。	
	5. 顯示從一位朋友處得到社會性的支持，並顯示對朋友的忠誠度。	
	(八)參與解決社會性問題	
	1. 尚不能與其他人解決衝突，而以跑開或使用暴力來解決。	
	2. 找到一種可被接受去引起他人注意此問題的方法（不是用打或踢來引起注意力）。	
	3. 要求成人來幫忙解決他與其他幼兒的問題。	
	4. 有時企圖獨自去解決與其他幼兒間的問題，用商量或其他社會上可被接受的方法。	
	5. 慣於獨自去解決與其他幼兒間的問題。	
	(九)了解和表達感情	
	1. 尚不能表達或言語化其感受。	
	2. 表達或言語化其感受，但有時是以不被接受的方式。	
	3. 顯示其感受到他人的感覺。	
	4. 通常以能被接受的方法表達其感受。	
	5. 對其他幼兒的感受以適當的方法回應。	
三、創造表徵	(十)建構和建造	
	1. 尚未使用建構性的教材，如黏土、沙或積木。	
	2. 探索建構性教材。	
	3. 用教材去做某些東西（一堆積木、一堆沙），但並沒有說出它是否是有意地呈現某些東西（一座塔、一片沙灘）。	
	4. 用教材做出簡單的表徵且說或證明它是什麼（說一堆積木是一座塔；說一堆球是一個雪人）。	

（續）

項目	高瞻（High/Scope）幼兒觀察記錄檢核表（CORs）	評量打✓
三、創造表徵	5.用教材做或建構東西，並至少有三項細微的呈現（一幢有門、窗戶及煙囪的房子）。	
	(十一)繪畫	
	1.尚不會繪畫。	
	2.探索繪畫材料。	
	3.畫出簡單的表徵（一個球、一幢房子）。	
	4.畫出表徵的一些細微部分。	
	5.畫出表徵的許多細微的部分。	
	(十二)扮演	
	1.尚不會假扮。	
	2.用一個物體來代替另一個物體，或者用動作或聲音來假扮。	
	3.假裝某一個人或物，或者以其假扮的角色的適當言辭來說話。	
	4.和另一位幼兒玩假扮性遊戲。	
	5.走出假扮遊戲而給他人一個指示（當你是小熊的時候你的聲音要像這樣……）（相當於導演）。	
四、音樂和動作	(十三)展現肢體的協調性	
	1.肢體活動尚不協調。	
	2.在爬階梯、走路及偶而跑向人或物時展現肢體的協調性。	
	3.走樓梯時可以不用扶扶手；可以拋接一個球或沙包。	
	4.可移動物體，如滾輪胎、騎腳踏車。	
	5.參與複雜性的大肌肉活動，如溜冰、以腳踢球走、倒著上樓梯。	
	(十四)展現手的協調性	
	1.以整隻手來抓取小的東西。	
	2.用適當的手指或手的姿勢抓取小東西。	

（續）

項目	高瞻（High/Scope）幼兒觀察記錄檢核表（CORs）	評量打✓
四、音樂和動作	3. 會將物體組合及分解，如拼圖、釘圖釘。	
	4. 能用手仔細地操作小的物體，如穿針、串珠。	
	5. 能將小肌肉動作做得很好且能雙手進行不同方向的工作，如一手拿剪刀、一手轉動紙張。	
	(十五)以固定的節奏模仿動作（以音樂為主）	
	1. 尚不能跟著拍子模仿動作。	
	2. 能一次模仿一個動作。	
	3. 能以簡單的律動跟隨歌曲或樂器的拍子。	
	4. 能以複雜的律動跟隨歌曲或樂器的拍子。	
	5. 能一面做動作、一面唱或哼曲調。	
	(十六)跟隨口令及動作的指示（以口令為主）	
	1. 尚不能跟上口令或動作。	
	2. 能跟著口令做一個動作。	
	3. 能跟著口令做二個動作。	
	4. 能跟著口令做複雜的動作，如放你的雙手在頭上；現在放一隻手在耳朵上，另一隻手在鼻子上。	
	5. 能邊說邊作出一連串的動作，如頭兒、肩膀、膝、腳趾。	
五、語言和讀寫	(十七)了解別人的話	
	1. 別人說話時很少有反應。	
	2. 能跟隨單一的指令。	
	2. 能回應簡單的、直接的、會話性句子。	
	4. 能參與並回應平時的班級會話。	
	5. 能遵從三個連續性的指令。	
	6. 能遵從五個連續性的指令。	
	(十八)說話	
	1. 尚不能說或僅用一、二字的片語。	
	2. 使用超過二字的句子。	

（續）

項目	高瞻（High/Scope）幼兒觀察記錄檢核表（CORs）	評量打✓
	3. 會說出包括兩種以上的意義的句子。如我們到鞋店買鞋，然後去看電影。	
	4. 會說出包括兩種以上意義並描述細節部分的句子。	
	5. 能說、唱自己創作的歌曲或童謠，或將故事的情節詳細的描述。	
	(十九)顯現對閱讀活動的興趣	
	1. 對閱讀尚沒有興趣。	
	2. 對讀故事書有興趣。	
	3. 要求別人唸故事書或唱歌或讀標語。	
	4. 對讀過的故事有興趣，複述或回答問題。	
	5. 經常讀一本故事書並知道何時翻頁。	
	(二十)證明其對「書本」的知識	
五、語言和讀寫	1. 尚不會去取閱書籍。	
	2. 有習慣去取閱或翻閱書籍。	
	3. 會以看圖說故事的方式唸書。	
	4. 眼睛能跟隨書籍印刷的方向閱讀。	
	5. 很明顯的看出他是跟著書本上的文字在閱讀，如在閱讀時用手指出字。	
	(二十一)開始閱讀並證明對字的知識	
	1. 尚不能指認字或數字。	
	2. 能認出一些字或數字。	
	3. 能讀幾個字或簡單的句子，如我愛媽媽。	
	4. 能讀出三十個字或簡單的句子。	
	5. 能以認字或拼音的方式讀簡單的故事書。	
	(二十二)開始寫	
	1. 尚不會寫。	
	2. 對紙筆活動有興趣，如塗鴉。	
	3. 能畫出類似數字或字母的字。	

（續）

項目	高瞻（High/Scope）幼兒觀察記錄檢核表（CORs）	評量打✓
	4. 能模仿特定的字，或許包括自己的名字。	
	5. 能寫出自己的名字或幾個簡單的字。	
	6. 能寫出簡單的句子（如我愛你）	
六、數學和邏輯(1)	(二十三)蒐集及分類	
	1. 尚不會將同類物品聚集。	
	2. 能將特定的物體分組。	
	3. 僅能以一種方式來將物體分組。	
	4. 能以相同的方式將物體分組，並偶而說明他是如何分的。	
	5. 能以一種不同的屬性將物體加以分組，並說明分組的方式。	
	6. 能以兩種不同的屬性將物體加以分組，並說明分組的方式。	
	(二十四)使用「沒有」、「一些」、「全部」等字	
	1. 尚不會使用「沒有」、「一些」、「全部」等字	
	2. 會使用「沒有」、「一些」、「全部」等字，但有時會用錯。	
	3. 能正確使用「沒有」、「一些」、「全部」等字。	
	4. 會用「不是」的屬性來區分物體。如這個積木不是紅色的，所以不屬於紅色組。	
	5. 會在一群物體中使用「全部」及「一些」的字。如我們都是小朋友，但有一些是女生、一些是男生。	
	6. 會使用「全部（大集合）」及「一些（小集合）」的字眼並加以命名。	
	(二十五)根據物體特性以逐次的方式排列物體（排序）	
	1. 尚不能排出物體的序列。	
	2. 以物體的特徵來排序兩個或三個物體。如以顏色、大小、形狀來排。	
	3. 以同一種特性來排序四個以上的物體。	
	4. 會將新的物體插入排序中的適當位置。	

（續）

項目	高瞻（High/Scope）幼兒觀察記錄檢核表（CORs）	評量打✓
	5. 會將兩種物體排序做配對。	
	(二十六)使用比較性的字眼（大、比較大、最大）	
	1. 尚不會使用比較性的字眼（大、比較大、最大）。	
	2. 能了解口令中的比較性字眼。	
	3. 會用比較性的字，但有時會有錯誤。	
	4. 能正確地使用比較性字眼。	
	5. 在比較四種的物體時仍能正確地使用比較性字眼。	
	6. 在比較五種以上的物體時，仍能正確地使用比較性字眼。	
六、數學和邏輯(2)	(二十七)比較物體的數量多寡	
	1. 不能比較兩組物體的數量。	
	2. 能用比較多或比較少來比較兩組的數量。	
	3. 能正確地判斷出各組在五以內的數量，如安和我有一樣多的糖果（每人有三顆）。	
	4. 能用一對一的方式判斷出各組物體的多寡。	
	5. 能正確地比較出各組包含五個以上物體。	
	6. 能正確地比較出各組包含十個以上物體。	
	(二十八)數實物	
	1. 尚不能將物體與數字配合。	
	2. 能用手指著物體數數，雖然有時會數錯。	
	3. 能正確地數出三個物體。	
	4. 能正確地數出四到十個物體。	
	5. 能正確地數出超過十個物體。	
	6. 能以實物做十以內的結合與分解。	
	(二十九)描述空間關係	
	1. 尚不能跟隨描述人與物的方向關係或移動方向的指令，如前後左右、上面後面。	
	2. 能跟隨空間關係的指令，但不會正確地使用。	

210

（續）

項目	高瞻（High/Scope）幼兒觀察記錄檢核表（CORs）	評量打✓
六、數學和邏輯(2)	3. 會使用空間關係的字。	
	4. 會用移動物體的指令（例如上下、左右、前後、遠近、裡外）。	
	5. 能使用描述兩物體間距離的字，如那家店離我家好遠好遠。	
	6. 會使用四種以上描述空間的指令。	
	(三十)描述過去及時間（時間序列）	
	1. 顯示尚不懂得時間或時間序列。	
	2. 知道接下來的時段要做什麼。	
	3. 能正確地描述一連串的事件。	
	4. 能正確地比較時間的長短。	
	5. 能用平常的用語來描述一連串的事件，如用昨天、明天等。	
	6. 能排出五張時間序列圖，並說出合理的內容。	

表7-14　高瞻High/Scope幼兒關鍵發展指標（KDIs）

構面	高瞻High/Scope幼兒關鍵發展指標（KDIs）
一、主動學習	1. 主動性：幼兒能主動探索世界。 2. 計畫：幼兒能根據自己的意願制定計畫，並予以執行。 3. 專注：幼兒能夠專注於他們感興趣的活動。 4. 問題解決：幼兒能解決他們在遊戲中遇到的問題。 5. 資源運用：幼兒能蒐集訊息並形成自己對世界的看法。 6. 反思：幼兒能反思自己的學習過程。
二、社會性和情感發展	7. 自我認同：幼兒具有正面、積極的自我身分認識。 8. 效能感：幼兒感到自己是有能力的。 9. 情緒能力：幼兒能夠認識、標示和調節自己的感情。 10. 同理心：幼兒表現出對他人的同理心。 11. 團體：幼兒能參與班級集體。 12. 建立關係：幼兒能與其他幼兒和成人建立關係。 13. 合作性遊戲：幼兒能參與合作性遊戲。 14. 道德發展：幼兒能發展並形成內在的是非感。 15. 衝突解決法：幼兒能解決社交衝突。

211

（續）

構面	高瞻High/Scope幼兒關鍵發展指標（KDIs）
三、身體發展與健康	16.肢體運動技能：幼兒在使用大肌肉時能表現出力量、靈活性、平衡感和速率。 17.精細運動技能：幼兒在使用小肌肉時能表現出靈巧性和手眼協調。 18.身體意識：幼兒了解自己的身體，並知道如何在空間裡駕馭自己的身體。 19.生活自理：幼兒能夠自己進行日常個人護理。 20.健康行為：幼兒養成健康習慣。
四、語言、讀寫與溝通	21.理解：幼兒能理解所用的語言。 22.口頭表達：幼兒能用語言表達自己的想法。 23.詞彙：幼兒能理解和使用不同的單詞和短語。 24.語音意識：幼兒能辨識口語中的不同聲音。 25.字母知識：幼兒能識別字母名稱和發音。 26.閱讀：幼兒能從閱讀中獲取樂趣或訊息。 27.文字概念：幼兒能認識環境中的文字。 28.書籍知識：幼兒能掌握有關書籍的知識。 29.書寫：幼兒能進行不同目的書寫。 30.英語學習者／雙語習得：（在特定情況下）幼兒能同時使用英語和母語（包括手語在內）。
五、數學	31.數字詞彙和符號：幼兒能辨認和使用數字詞彙與數字符號。 32.數數：幼兒能點數物品。 33.部分整體關係：幼兒對於一定數量的物品，能夠進行組合與分解。 34.形狀：幼兒能辨別、命名和描述各種形狀。 35.空間意識：幼兒認識人和物間的空間關係。 36.測量：幼兒能通過測量對物體進行描述、比較和排序。 37.單位：幼兒能理解和使用單位概念。 38.模式：幼兒能識別、描述、模仿、完成和創造某種模式。 39.數據分析：幼兒能根據數量訊息得出結論、做出決定、解決問題。
六、創造藝術	40.視覺藝術：幼兒能以二維和三維藝術形式表達和表現他們的觀察、思維、想像和情感。 41.音樂：幼兒能以音樂來表達和表現他們的觀察、思維、想像和情感。 42.動作：幼兒能以肢體動作來表達和表現他們的觀察、思維、想像和情感。 43.假裝遊戲：幼兒能以假裝遊戲來表達和表現他們的觀察、思維、想像和情感。 44.藝術欣賞：幼兒能欣賞創造性藝術。

（續）

構面	高瞻High/Scope幼兒關鍵發展指標（KDIs）
七、科學與技術	45. 觀察：幼兒能觀察環境中的材料和程序。 46. 歸類：幼兒能對材料、行動、人物、事件進行歸類。 47. 試驗：幼兒能通過試驗來驗證自己的想法。 48. 預測：幼兒能預測他們期望會發生的結果。 49. 做出結論：幼兒能根據自己的經驗和觀察得出結論。 50. 交流想法：幼兒能就事物特徵和運作方式交流各自想法。 51. 自然和物質世界：幼兒能蒐集關於自然和物質世界的知識。 52. 工具和技術：幼兒能探索和使用工具與技術。
八、社會探究	53. 多樣化：幼兒能明白每個人有不同的特徵、興趣和能力。 54. 社會角色：幼兒能認識到人在社會中有不同的角色和職能。 55. 決策制定：幼兒能參與制定班級決策。 56. 地理：幼兒能認識和詮釋環境中的地理特徵和地理位置。 57. 歷史：幼兒能理解過去、現在和未來。 58. 生態：幼兒懂得愛護環境的重要性。

參、高瞻教學案例及其評析

本教學案例以臺東多多璐幼兒園「風之谷」爲例，做一說明：

一、課程規劃的六W（哈曉如，2018）

(一) What？什麼是情境？

一個吸引人的環境，友善親近的學習空間情境是教室中的第三位老師。

(二) Why？為什麼要規劃情境？

1. 可以打動孩子或是激發孩子主動探索的欲望。

2. 會說話的學習空間，不斷傳達訊息，促使孩子檢視回顧持續探索的熱情。

(三) Who？與誰一起規劃？

1. 老師：看見孩子興趣、需求、渴望，做孩子的學習鷹架、和

213

孩子一起動手做。

2. 孩子：一起打造關係建立的空間，讓孩子有認同感，同時也具有歸屬感。

3. 加入家長、專家與社區資源。

(四) When？何時完成？工作計畫中的時間管理

1. 老師的協同與協商想法。

2. 運用主題與學習區和孩子一起完成情境規劃。

3. 透過實物以豐富學習區情境的營造。

4. 每天規劃與檢視，以便收積沙成塔之效。

(五)Where？在何處利用非線性的材料，有目的的系統完成

1. 善用孩子的表徵記錄（經驗圖表、學習區小組記錄、歷程照片），呈現主題視窗與情境營造。

2. 自發性搜尋→統整分類→經驗圖表完成。

(六) How？動腦、動手的創客工作執行

發現問題→圖像記錄→表徵記錄，結合問題經驗圖表。

二、計畫（plan）（吳茉莉等人，2018）

表7-15　計畫的意義和進行方式

意義	進行方式
・計畫：幼兒訂定計畫，並落實他們的意圖。 ・幼兒訂定計畫和決定，並根據他們的興趣表達選擇和意圖。 ・計畫增加了細節和複雜性。 ・幼兒依循他們的計畫草圖，進行工作和回顧。	・全班幼兒分成兩組。 ・一位教師固定帶一組（為了增加師生間的熟悉度及持續的關注）。 ・以遊戲的方式或計畫本，請幼兒逐一做計畫。 ・教師會請幼兒描述他的計畫並詢問細節，如在哪裡進行？用什麼教材教具？如何進行？有無夥伴？和之前的計畫有無關聯？檢視6W的工作。 ・每位幼兒都計畫後，進入學習區角工作。

表7-16 計畫中「風之谷」積木組（草圖）

主題——風之谷　■大班　□中班　□小班	
計畫草圖（積木組）	教材與資源
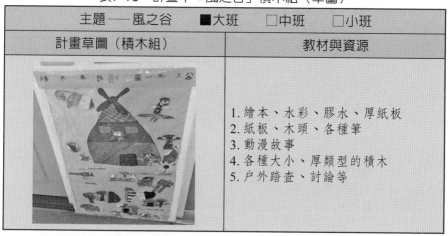	1. 繪本、水彩、膠水、厚紙板 2. 紙板、木頭、各種筆 3. 動漫故事 4. 各種大小、厚類型的積木 5. 戶外踏查、討論等

表7-17 計畫中「風之谷」語文組（草圖）

主題——風之谷　■大班　□中班　□小班	
計畫草圖（語文組）	教材與資源
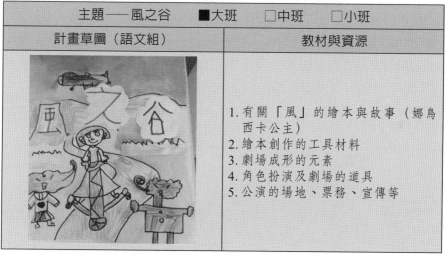	1. 有關「風」的繪本與故事（娜烏西卡公主） 2. 繪本創作的工具材料 3. 劇場成形的元素 4. 角色扮演及劇場的道具 5. 公演的場地、票務、宣傳等

三、工作（do）

表7-18　工作（do）的意義和進行方式

意義	進行方式
• 幼兒實現心中的意圖。 • 幼兒進行有目的的遊戲。 • 幼兒專注的參與社會環境的互動。 • 遇到困難並解決問題。 • 幼兒參與重要經驗所累積的知識，建構自己的想法。 • 教師觀察幼兒遊戲；學習、了解並協助其活動。	• 幼兒進入自己計畫的學習區角中，執行自己的計畫。 • 以自己設定的目的及方法，獨立或與夥伴共同探索、發現、製作、完成計畫的內容。 • 將抽象思考具象化，並試圖解決期間發生的問題。 • 和他人分享自己的成果。 • 教師觀察並記錄幼兒的學習。 • 教師尋找適當的介入點與幼兒共同遊戲，以了解幼兒的想法。 • 教師鼓勵幼兒解決問題或協助解決衝突。

　　計畫成形後，展開工作時「資源」在主題展開前與展開後，以及結束前扮演著頗為重要的角色，下面以「主題資源」在學習的收納與運用做一說明（張宛婷，2019；四季兒童教育專刊50，2019）：

表7-19　工作（do）的方法與步驟

主題——風之谷　■大班　□中班　□小班	
進行方法與步驟	完成圖與回顧（語文組）
1. 計畫（plan） 2. 聚焦期（do） 3. 發展期（do） 4. 統整期（review） 　（語文區與積木區連結成有意義的大統整；工作中同時檢視計畫與回顧）	

　　此外，孩子在「工作」過程中，經驗圖表（Children's progress record: Use of experience charts）的運用相當重要（四季兒童教育專刊48，2018）。舉凡觀察、探索、體驗、行動、記錄、修正、討論、行動等「經驗圖表」，可以幫助孩子將經驗轉化成圖像和符號，同時進行舊經驗的統整，對回顧及延伸下一階段活動有很大的助益。

圖7-8　示例：四季藝術幼兒園「自然素材」保存的方法

四、回顧（review）

表7-20　回顧的意義和進行方式

意義	進行方式
・回顧：幼兒省思他們的舊經驗與計畫的6W連結。 ・幼兒使用他們的經驗歸納出關於人、物、事件和想法的結論。 ・他們將已知的事物和他們正在做和學習的事物間建立聯繫。 ・應與教學目標對應。	・幼兒回到原來計畫的組別中進行回顧。 ・教師以遊戲的方式讓幼兒逐一回顧。 ・幼兒以自己的方式回顧。 ・教師提醒幼兒回顧行動的細節及與計畫的關聯（6W）。 ・回顧的重點在於以心像重述經驗，而不在於作品的分享與讚美。 ・作品評量：蒐集孩子的各式作品，並配合教師的觀察記錄，說明幼兒的學習表

217

（續）

意義	進行方式
・必須考慮幼兒的發展與成熟度。 ・是一個持續的歷程，常有驚豔的事情發現。 ・方法應多樣化，且兼顧過程與結果，應由教師、幼兒、家長與社區人士共同參與。	現。 ・發展評量：觀察幼兒在身體動作、語言、社會與情緒、認知、美感上的整體發展。 ・總結評量：包括觀察、記錄、討論及工作成品等評析，同時包括High/Scope的「幼兒關鍵發展指標」量化與質性評量敘述性報告。

表7-21　回顧（review）的方法與步驟

主題——風之谷　■大班　□中班　□小班	
進行步驟	完成圖與回顧（積木組）
1.計畫（plan） 2.工作（do） 3.回顧（review） p.s亦即從計畫進行工作，慢慢進入回顧的階段。	

　　四季幼兒園「奇妙的服裝之旅」展現各區角的大統整，是相當可以借鑑的統整與回顧的案例，看似不相干的學習區角，竟是「創客」展現的舞臺。

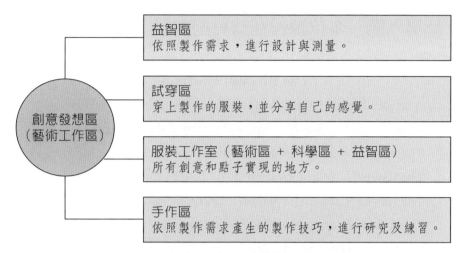

圖7-9　回顧與統整各學習區大匯合串聯

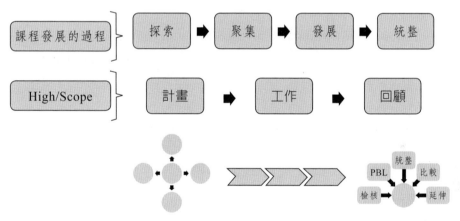

圖7-10　高瞻與一般課程發展的軌跡

　　課程發展的過程，包括「探索」—「聚焦」—「發展」—「統整」，正意味著高瞻課程「計畫」—「工作」—「回顧」的脈絡，這是深受富有邏輯、認知系統的Piaget建構論的影響，在高瞻課程發展過程有著歷久長青的角色，也與課程發展的軌跡有著異曲同工、緊密銜接與環環相扣之妙。

😊第六節　本位課程在幼兒園教學上的設計

The Birth of a School.

A school begins from the place under the tree

Where a speaker and few others are talking about their discovery,

The speaker was not aware of his role as teacher,

The listeners are not aware of their role as the students

The listeners are spellbound and taken by surprise

Thinking how amazing to be with such witty person,

They wish their own children

Also have chance to talk to this wise man

Soon a space in need was built up

That was the birth of the first school in the world.

Louis Kahn

壹、學校本位課程發展的意義與立論基礎

一、學校本位課程發展的意義與特色

　　學校本位課程（school-based curriculum）源自各國學校教育的反思（reflection），它是在一群熱愛與關心教育人士「學校重建運動」（movement to restructure school）帶領下的產物。

　　1994年「改進美國學校法案」（Improving America School Act）及1994年「目標2000年：教育美國法案」（Goals 2000: Educate America Act），成為美國聯邦政府鼓勵學校層級教育改革法令依據的最好說明（Glickman,1993）。此外，美國聯邦教育部委託「國際學校研究中心」（SRI International）所進行全美「有效能學校」（Effective Schools）的專案，亦屬學校自主改革的一項研究計畫。

臺灣自1994年修訂公布的《大學法》與《師資培育法》，以及1995年10月通過的《教師法》等，無疑是臺灣多年來教改訴求的前奏，這個呼籲顯然對政府解除不當的教育干預與過多禁錮，以及早期「皇家」唯一的教育專賣權，有著不小的影響。因此，學校對課程有著更多的自主要求，如何把教師的自我實現與社區資源和人力緊密結合，就成了這一波「學校本位課程」發展的重要課題。

　　臺灣以往的課程發展大抵是一種「由上而下」（top-down）的模式，課程標準是由教育部訂定，課程決定權是以學科專家及行政人員為重心。至於國立編譯館則是以課程標準為依據，進行各科教科書的編輯，學校則變成課程發展的「下游廠商」。這種由「中央→邊陲」的一條鞭法，長久以來造成學校教育的「唯命是從」，而教學專業自主權，只是行政主導權下的「附屬」，這些缺失已造成教育的畸形發展而遠離了教育的本質。因此自1997年以來所進行的「九年一貫課程」修訂，就是一種對傳統課程的反動，而其中最大的特色，就是「學校本位課程發展」的走向，從中展現出「教師專業發展及教學自主性」的強調、課程決定權的下放，以及學校為教育革新的主體。因此，課程決定權以學校為中心、課程與教學進一步結合，以及民主參與多元價值的形塑，就成了學校本位課程發展三個很重要的特色。

二、學校本位課程發展的立論基礎

　　學校本位課程發展，事實上是學校重建（school restructuring）的重要內涵。此一重建又包括知識的「再概念化」（reconceptualization）、權力的「再結構化」（reconstructualization）和文化的「再生」（reculturalization）。茲以圖7-11略述之。

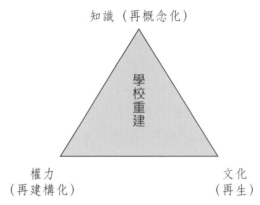

知識（再概念化）

學校重建

權力　　　　　　　　　　　　文化
（再建構化）　　　　　　　　（再生）

圖7-11　學校本位課程發展的理論基礎

(一) 知識的再概念化

由於社會急遽變遷、知識累積、創新與傳遞、學生身心條件的改變，課程發展乃反映此變動與需求。

近年來，由於回到教育本質的訴求越來越強烈，知識的分化與統整如何與生活相結合愈形重要，因此教育工作者，不能再有過去「分科」課程的堅持，而必須對知識與生活的結合「再概念化」。此外，減少知識的層級性與支配性，而轉向「知識橫向間的連結」與知識的流通性，也形成一股新的潮流，課程發展需要新的思維與建立知識開放體系的素養。

(二) 權力的再建構化

傳統課程發展是由上而下的模式，其所展現的權力支配性很強，所以教育行政人員、學者、專家就成為主導的力量，其權威性是不容挑戰的。因此，在課程發展最下層的教師就成了課程或教材的消費者，長久以來便形成「上有政策，下有對策」的疏離。因此從理念課程到操作課程間，無形中就喪失了許多的「原味」，所謂全國統一的課程標準，常是「具文」的參考文件。教師們似乎長期扮演著「被改

革」的角色。

　　學校本位課程發展就是以橫向的權利分享來取代垂直的支配關係，在這種權力關係下，教師才能「增權賦能」（enpowerment）。而學者、專家及教師是一種分工而合作的關係，教師間也是一種協同與合作體。

(三) 文化的再生

　　價值是課程發展中不能逃避的重點，這不僅是影響課程內容選擇的內在問題，同時它也受制於長久以來價值觀所沉澱而成的「學校文化」。因此若能形成「尊重差異」、「同情與理解」、鼓勵創新的多元價值觀，當有助於良好學校文化的塑建。

　　學校本位課程發展著重：(1)課程革新的驅動（change agent）；(2)以行動研究（action research）為導向；(3)校內、外價值的協調與仲裁；(4)學習型組織的推動，因此像合作學習（cooperative learning）、協同教學（team teaching），都必須在新的學校文化的激勵下，才能有具體的成效。若以教師角色的調整而言，在此新的學校文化之下，才能促使教師成為教育改革的主體，可以主動與其他教師合作進行課程發展和教學活動，更願意為知識、權力及價值的折衷而成為「協調者」。學校本位課程發展的確需要有新的學校文化為支柱，根據多元、自由、民主的精神加以形塑，如此方可成功。

貳、幼兒園本位課程發展的重要性

一、回歸基本點（back to basic）的教育──not back to magic

　　文化回應教學（culturally responsive teaching）是多元文化教育中的一種教學實踐取向，他讓不同族群師生的「教」與「學」展現自己文化的特色，在族群增能學習下達到社會重建與自我價值的肯定。

在 *The Birth of a School* 中Kahn提到學校始於一棵樹下，師生互爲教與學的主體性，說的人不知道自己是老師，聽的人也不知道自己是學生，在「形式」融入「情境」的環境達到「潛在課程」的學習，這與嚴長壽以蔡國強的作品「撞牆」爲例，來解釋臺灣教育現況：他說過去家長和老師讓孩子像狼群一樣往同一方向猛撞玻璃牆，即使看到前面的孩子撞得血肉模糊，仍不覺醒（聯合報，2015.6.19）。

> 聯合國出了一道題目，請全世界的小朋友作答：「對於其他
> 國家糧食短缺的問題，請你談談自己的看法？」結果，沒有
> 一個國家的小朋友會回答這個題目。因爲，非洲的小朋友看
> 完題目後，不知道什麼叫做「糧食」，歐洲的小朋友看完題
> 目後，不知道什麼叫做「短缺」，拉丁美洲的小朋友看完題
> 目後，不知道什麼叫做「請」，美洲的小朋友看完題目後，
> 不知道什麼叫做「其他國家」，亞洲的小朋友看完題目後，
> 不知道什麼叫做「自己的看法」。

上文一方面提及文化回應教學，讓臺灣不同族群師生的「教」與「學」展現自己文化的特色；另一方面則顯示在地或本位課程關照各個族群歷史與社經文化背景的差異，否則教學上難免產生偏頗或扞格不入的歧路。幼兒園「本位」或「在地化」並不意味著「侷限性」，而不能與「全球化」（globalization）相容接軌。陳麗華（2002）指出「本土化」至少應有下列十項特性：

(一) 相對性：本土化是相對的概念，從臺灣本土化運動的歷史脈絡考察之，「本土化」是指相對於日本化、中國化，以及相對於西化、全球化而言。本土化不排斥中國化、全球化。

(二) 草根性：本土化是起源於草根性的發展，反對由上而下的推動。

(三) 批判性：本土化是對政治、知識、學術的殖民主義所做的一種批判與省思的過程。

(四) 多元性：本土化是反中心、反霸權和反一元的論述，重視局部性、地方性和多元性。

(五) 脈絡性：本土化措施的推動並無固定的發展模式，強調社會脈絡的契合性。

(六) 主體性：本土化對文化接觸強調平衡的互動、成功的涵化（楊深坑，1999）、創造性轉化（林毓生，1996），以確保本土的自主性和主體性。

(七) 認同性：本土化強調對該地區的情感歸屬和認同。

(八) 實踐性：本土化是由自我認同到社會改造行動的過程。

(九) 外展性：本土化是由本土向外開展的概念，重視本土在世界的角色和定位。

(十) 回溯性：本土化是由近而遠，由遠再回到近，以便更客觀、更清晰的了解本土與強化本土。

因此，幼兒園本位課程則指「全球化思維，本土化行動」（think globally, act locally）的文化互補的意涵。「本土化」可說是本土族群（indigenous people）與地方對本土文化的關照或闡揚；「全球化」則是指各個國家、民族、不同文化體系、生活方式與價值觀的統一化。兩者看似衝突、對立與相斥，其實兩者宛若「太極」的包容與流動自如。

臺灣不少幼兒園和主導招生的「家長」，往往共構歡迎國外幼教模式的「假象」，不了解歐美文化背景往往會誤植其教學方法，導致一個沒有願景、目標與課程設計的幼兒園，將教學與飄搖虛浮的「招生」畫上等號。「忘了我是誰？」完全移植式的教學法往往會落空或事倍功半。本節將說明情境分析（SWOT）、願景的擬定與完善評鑑制度，對幼兒園展現本位課程的重要性與影響。

二、幼兒園本位課程實施的願景與任務

幼兒園本位課程發展是一種強調「參與」、「草根式民主」

225

（bottom-up）的課程，而非top-down；是一種重視親師生與社區共享決定，共同建構學習經驗的教育哲學；也是一項須由全園一同合作、討論、計畫、試驗、評鑑，以及發展切合幼兒需求的課程。

　　很多人說這種改革是非線性的，旅程中充滿各種不確定性與變數，改革宛若「乘著一艘會漏水的破船，在不合作的水手駕駛下，駛向沒有航海圖水域的有計畫的旅程。」因此，全園上下一心有個共同的願景，與齊心努力以完成幼兒園本位課程的發展是很重要的。

(一) 「願景」的形塑及其發展意義

　　「願景」是組織的希望和熱忱，具體說明幼兒園運作的教育信念和可見的未來；藉著激勵（inspiration）、決策基石（decision anchor）和團隊組合（team alignment），改變其成員工作士氣和挑戰目標。願景是動態概念，需要定期檢核，以量測其適切性；願景應聚焦於學習的歷程和成果（outcome），並隨時做有關願景的管理。

(二) 「願景」的管理應包含四方面

　　1. 運用願景的建立、凝聚幼兒園親師生及社區人士對教育的共同想法。

　　2. 依據願景發展幼兒園課程的實施願景。

　　3. 發展願景的檢核指標，作爲教師校務行政及教學成效的檢核工具。

　　4. 在恰當的時機，宜重新檢核或建立新的願景。

參、幼兒園本位課程的發展及其步驟

　　幼兒園本位課程的經營就是要推動既有品質又有獨特風格的幼兒教育，教師的終身學習形塑學習型組織，以及幼兒園建構自我評量機制，加入「背景－輸入－歷程－成果」（CIPP）案主導向的評鑑，是幼兒園本位課程實施的第一步。

下面分述幼兒園本位課程的五大階段：

一、情境分析階段（優點、缺點、機會、威脅）

(一) 成立幼兒園課程發展委員會。

(二) 進行幼兒園背景分析。

二、擬定願景與目標階段（成立工作小組、擬定幼兒園發展願景）

(一)建構幼兒園願景。

(二)發展幼兒園教育目標及願景指標。

三、發展課程階段（擬定課程願景、架構和目標）

(一)擬定近、中、長程計畫與年度計畫。

(二)規劃幼兒園整體課程。

(三)成立課程研發小組。

(四)發展幼兒園本位課程內涵。

四、實踐課程階段（選擇、組織教材與活動）

(一)建構支持系統。

(二)營造學習型組織。

(三)強化與社區互動策略。

五、評鑑及修正階段（檢視進度與問題、評鑑與修正）

(一)評量幼兒學習與發展。

(二)實施幼兒園自我評鑑。

幼兒園本位課程的發展階段如圖7-12所示，以便更了解這五個階段的循環檢證關係。

227

(一) 成立課程小組

課程小組成員除了教師以外，還須包括行政人員代表、家長及社

區代表。主要任務在於分析幼兒園發展的情境後,來規劃幼兒園本位的課程方向,並有計畫性的規劃出幼兒園教師專業成長進修的機會。

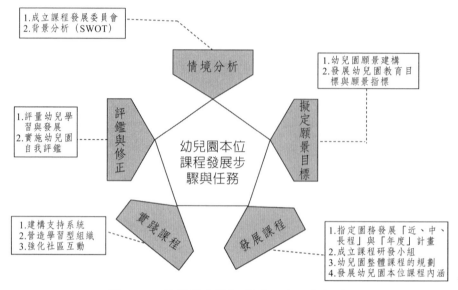

圖7-12　幼兒園本位課程發展步驟與任務

(二) 分析幼兒園情境與擬定願景目標

各個幼兒園的環境背景及社區文化差異,會影響到家長對幼兒的期望,也會影響幼兒園的教育目標及課程內容的規劃。幼兒園一開始須透過SWOT分析表〔S代表優勢(strength);W代表劣勢(weakness);O代表機會(opportunity);T代表威脅點(threat)〕,其SWOT的情境分析表包括地理環境、幼兒園環境與規模、幼兒園設備、教師資源、行政人員、幼兒、家長、社區參與,以及地方資源等項目。

(三) 發展幼兒園本位課程

當幼兒園的發展條件分析出來後,幼兒園接著要擬定目標,除了

描繪幼兒園圖像外，親師生更須建立幼兒園的共同願景。在擬定目標時，應先釐清教育基本理念，以及當今幼兒教育目標，配合幼兒發展訂出課程理念及目標。

1. **選定教學主題**：課程小組事先規劃出園務發展的「近、中、長程」及「年度計畫」後，教師再設計教學主題，教學主題的範圍與實施時間不定，通常一個學期可以實施三至五個較大的主題，主題的選擇可來自「幼兒的興趣與需求」、「評估幼兒園的需求」、「評估社區資源」，以及「評估社會的需求」等。

2. **發展教學概念**：主題訂定後，課程小組可針對選定的主題，蒐集相關資料，以腦力激盪的方式，列出幼兒將習得的概念。等教師列完所有相關概念時，再根據教學時間的長短、幼兒的能力、幼兒園設備與相關配合條件來決定出所要教學的概念。

3. **設計教學活動**：等上一步驟的相關概念確定後，結合全幼兒園教師的專長後，規劃出教學活動、教材、所需資源、時間、評量方式等來幫助幼兒從學習中獲得這些概念，並調整好各個教學活動的順序。

4. **檢視活動設計**：為了確保幼兒園本位課程的完備性，所設計的教學活動須透過適當的檢視，才能達到完整且有效的教學。徐世瑜（2000）建議，可透過布魯姆（Bloom）目標分類、迦納（Gardner）的多元智能分類、教學型態及六大領域來分析活動的內容及性質。

5. **填入總體課程教學進度表**：在決定好教學總時數（扣除幼兒園例行活動），填入調整過後的教學活動順序、標注課程主題、大中班的學習活動名稱於總體課程教學進度表內，並於開學初告知家長。

(四) 實施幼兒園本位課程

有效的學習不僅是幼兒個人的自主建構，同時，教師也必須構思幼兒的學習鷹架，然而，幼兒的學習知識不能脫離生活情境及在地文化，以落實幼兒園本位課程。在實施的過程中，教師要辦理親師座

談，加強與地方人士的溝通，以獲得社區資源的支援與協助。整個幼兒園須營造出「學習型組織」的氣氛，透過教師間的教學觀摩與專業對話持續不斷的學習。

(五) 評鑑與修正

新的課程在幼兒園付諸實行時，在執行上會有混淆、待改進之處，此時，就需要透過幼兒園教師間的專業對話，來加以澄清、改進。教學過程中及教學結束後，教師們必須透過專業對話來檢視班級課程，作為下一次課程的依據。教學時，採取多元化的評量方式（如檔案評量操作、表演、口述、紀錄、觀察等），還必須進行「結構性評量」與「描述性評量」，而評量內容的掌握，宜包括「核心項目」與「個人項目」兩大系統，來檢視幼兒的學習情形。同時，也須藉由課程評鑑來檢視課程設計與實施過程，以及教師的教學成效。

上述的步驟是循環互動的模式，且每個步驟間是相互影響的，必須依據每個步驟或任務所得到的回饋，隨時修改已實施的項目，同時隨時作調整。

肆、幼兒園本位課程發展階段及任務

幼兒園本位課程的發展，園長與教師係成敗與否的關鍵人物；因此在這歷程中認識幼兒的發展、尊重幼兒園原有的文化傳統，以及事先了解課程調整或改變的阻力，及早思考因應對策是必要的。表7-22說明發展階段及其任務。

幼兒園本位課程發展的任務如下所述：

一、檢視幼兒園內外在條件的優勢與限制。

二、運用由下而上的民主運作方式，教師、行政人員、家長與社區人士，共同形塑願景以凝聚共識。

三、根據教師專長與幼兒特質來規劃課程，提供適性化教學。

表7-22　幼兒園本位課程發展階段及其主要任務

階段	任務	主要優先事項
階段一	個別的實驗	1. 對與他人在一起工作沒有信心。 2. 沒有分享理念的意願。
階段二	交換理念	1. 願意私下找出有關的任務與期望。 2. 從事獨立的搜尋工作。
階段三	尋求資訊	1. 非正式地找出有關的任務與期望。 2. 從事獨立的搜尋工作。
階段四	最低責任的參與	1. 擔任只需要有限度領導技巧的角色。 2. 對於參與的程度傾向於採取「低度曝光」。
階段五	主動的參與者	1. 成為活動中的主要參與者。 2. 願意組織與領導不同的活動。
階段六	擔任主要領導角色	1. 對倡導與計畫都有足夠的準備。 2. 檢驗成果，且在需要維持團體生產力與方向時，能夠採取適當的行動步驟。

　　四、兼顧幼兒園、地方和國家之間的課程連結，發展有助於幼兒完成「基本能力」的「統整性」課程。

　　五、提供行政支援、良好的設備資源、合理的時間安排，來提升教師參與課程發展的意願。

　　六、極力爭取家長與社區的理解、認同與支持，將阻力化為助力，讓課程改在學校生根落實。

　　因此，幼兒園本位課程須與「幼兒生活經驗相結合」、「教師應扮演協助課程發展的角色」、「課程發展應具多元性」，以及「著重團隊學習型組織合作」，使其發展歷程具「動態」的循環檢證，是不容忽視的要件。

一、本位課程發展須與幼兒生活經驗相結合

　　國內的研究也證明臺灣前後段學生的差距全世界第一，學習差距的學生比率也高於全球平均值（聯合報，2015.6.16）。新課綱認為

「課程」的概念不僅與幼兒所處文化脈絡相關,而且與其生活經驗相結合,藉以展現幼兒生命力和能動力的本質。

二、教師是發展本位課程協作的重要夥伴

　　幼兒園本位課程是一種強調校內與校外人士共同參與的一種由下而上(bottom-up),而非由上而下(top-down)的草根性的發展歷程;這是一改過往「教師」只是扮演著課程執行者的角色。因此,幼兒園本位課程應是幼兒園園長、行政人員、教師、教保員、幼兒、家長,以及校外諮詢顧問、社區鄰里夥伴等有關人士商議共決的發展結果。

　　「教師」是幼兒自主學習過程中,搭「鷹架」的引導者和對話者,因此教師敏銳而即時性的支持系統是很重要的,一旦孩子能獨立自主學習時,教師便將學習的責任與權利還給幼兒。幼兒可以參與課程的決定和學習過程,教師也可由過去「教學者」的角色,依學習者的不同需求與特質,展現教學不同的特色。

三、「生活美學」是幼兒園本位課程必須融入的課題

　　教學原理當中,學校與班級只是教育的一部分,不該與日常生活世界分離;對於學習者有意義的課程理論與實施規準,則應從更寬廣的生活世界加以理解,而非僅透過教科書之有限世界來認識(陳伯璋、盧美貴,2009)。

　　近年來講求「技術」與「管理」的教學方法,其背後所反映的工具理性思考,將「教育是成人之美」化約為獲得知識的「儲金」,將生活能力的擴展與提升變成考試的預備,將啟迪人性的教育方法變成學校圍牆內工具性與功利性的教學方法,其中最大的關鍵就是生活的「窄化」與方法的「殘缺」。教育「日常生活領域」,不能只是學校及課室的學習,教育的方法應超越實效性的工具思維(陳伯璋,2009)。

　　2004年，內政部在文化公民權運動中，企圖建立審美共同體、公民美學及臺灣生活美學運動，逐步將社會藝術教育與公民的生活緊密連結，透過公共藝術，讓藝術家參與生活環境的改造，全力推動臺灣地貌的公共美學；社會藝術教育推展也讓文化機構、社教機構與學校教育銜接，從小促發公民美學意識的覺醒，進而健全整體的藝文生態。同時，透過文創產業讓藝術與公民生活結合，策劃策展人與藝術家下鄉參與當地民眾的生活，讓藝術在地化與發聲，公共藝術的種子得以在地發芽，讓藝術就在民眾身邊。

　　此外，環境與生活有著密不可分的關係。「環境美學」（environmental aesthetics）即為研究人類與其所身處之自然及社會環境，如何透過美感連結以達和諧關係的學科，主要目的在促進人與環境的和諧關係，使人藉環境審美，了解人與環境相互依存及生態平衡的重要性。

　　建立尊重自然萬物生命的環境倫理觀，進而改變自己的生活方式，並採取行動以珍惜、保護環境的完整性。它帶領我們反思人與環境的關係，反省自己對待環境的態度與行為，改變利用及操控環境的功利思維，建立正確的環境倫理價值（高珮瑤，2012）。因此，幼兒園在形塑本位課程時，強化「生活美學」的意識與價值觀，同時融入身處的「環境」，強化其美學的「五感」教育，以及反思人己，人人與物我的各種人與環境的關係是首要的關鍵。

伍、幼兒園本位課程發展案例與分析

　　下面以「社區放大鏡～舊街好好玩」為幼兒園發展本位課程的案例，加以說明幼兒園與幼兒背景、在地文化特色融入課程，以及設計可能的活動，整合學習指標的反思課程。

- ・案例幼兒園：彰化田中鎮重愛幼兒園
- ・園長及主任：陳嵐儀、陳韶聿
- ・班級和教師：大園丁陳凱音老師、小幼苗Dora班
- ・輔導教授：亞洲大學盧美貴講座教授

一、幼兒園的社區踏查及學習地圖

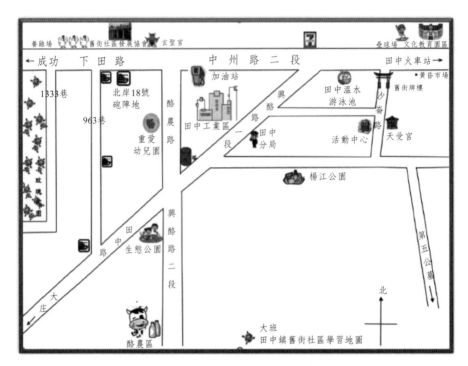

圖7-13　彰化重愛幼兒園社區地圖

二、主題發展歷程——社區放大鏡～舊街好好玩

(一) 什麼是舊街？陌生的名稱？幼兒來自田中鎮11人、溪州鎮7人、北斗鎮25人。

(二) 主題的緣起～在地文化課程——快樂探索‧發現和學習。

(三) 主題課程的規劃、設計情境、主題發想——使用網絡圖組織的想法，設計可能活動、整合可能活動和學習指標——回顧對應指標。

(四) 主題課程脈絡——我和我的家、環境大搜索、社區你和我。

主題課程脈絡

我和我的家	環境大搜索	社區你和我
• 藉由家到學校的路線,建立孩子對家的地理位置概念。 • 周遭環境的認識,了解家→鄰居(住屋)→社區的組成。	• 以重愛幼兒園為出發點,觀察學校附近的人、事、物。 • 培養孩子對於社區的環境,有多一分的認識與關心情感。	• 統整對組成社區所需的要素。 • 實際進行由平面到立體的社區創作。 • 並邀請親子一同來參觀分享。

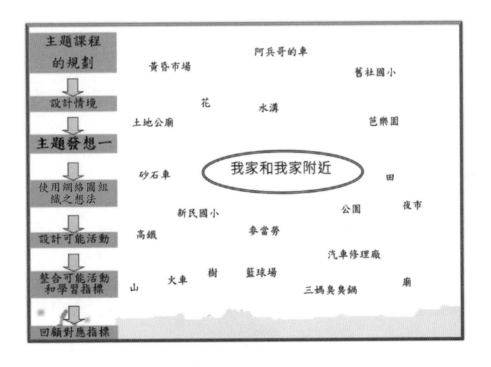

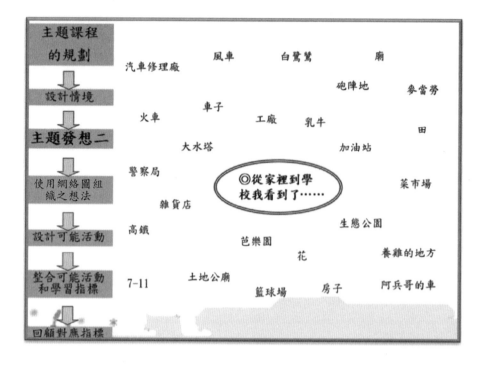

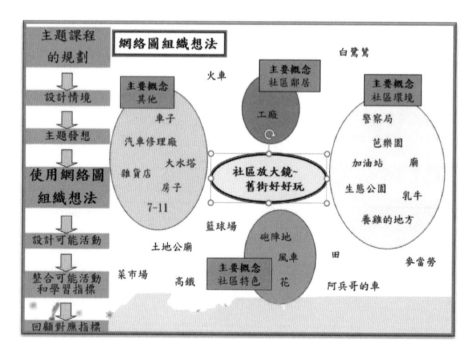

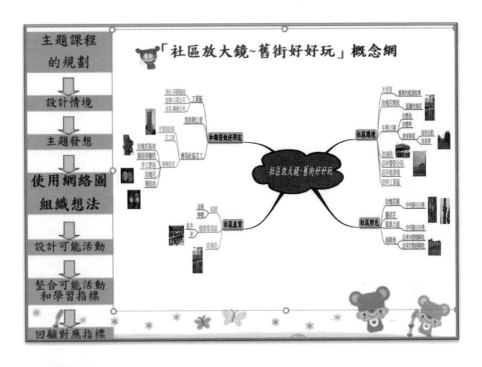

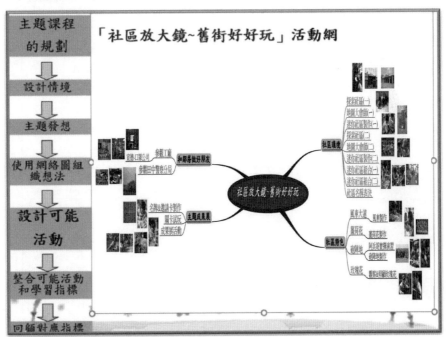

237

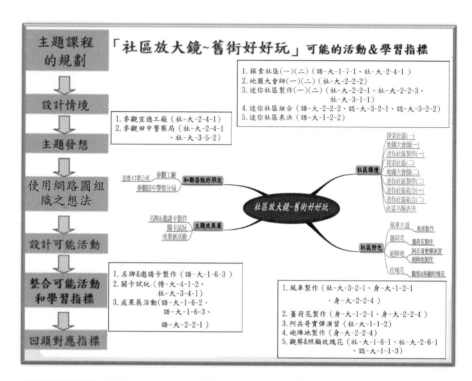

「社區放大鏡~舊街好好玩」可能的活動&學習指標

主題課程的規劃 → 設計情境 → 主題發想 → 使用網路圖組織之想法 → 設計可能活動 → 整合可能活動和學習指標 → 回頭對應指標

1. 探索社區(一)(二)（語-大-1-7-1、社-大-2-4-1）
2. 地圖大會師(一)(二)（社-大-2-2-2）
3. 迷你社區製作(一)(二)（社-大-2-2-1、社-大-2-2-3、社-大-3-1-1）
4. 迷你社區組合（語-大-2-2-2、認-大-3-2-1、認-大-3-2-2）
5. 迷你社區表決（語-大-1-2-2）

1. 參觀宣德工廠（社-大-2-4-1）
2. 參觀田中警察局（社-大-2-4-1、社-大-3-5-2）

1. 名牌&邀請卡製作（語-大-1-6-3）
2. 關卡試玩（情-大-4-1-2、社-大-3-4-1）
3. 成果展活動（語-大-1-6-2、語-大-1-6-3、語-大-2-2-1）

1. 風車製作（社-大-3-2-1、身-大-1-2-1、身-大-2-2-4）
2. 薑荷花製作（身-大-1-2-1、身-大-2-2-4）
3. 阿兵哥實彈演習（社-大-1-1-2）
4. 砲陣地製作（身-大-2-2-4）
5. 觀察&照顧玫瑰花（社-大-1-6-1、社-大-2-6-1、認-大-1-1-3）

主題名稱	主要概念	活動名稱	學習指標
社區放大鏡~舊街好好玩	社區環境	1. 探索社區(一)(二)	●語-大-1-2-2能將一個字的聲音拆解成兩個語音 ●語-大-1-7-1能從環境中認出常見的文字
		2. 地圖大會師(一)(二)	●語-大-2-2-2能針對談話內容表達疑問與看法 ●美-大-2-2-1了解各種視覺工具和素材的特性，以個人獨特的方式進行創作
		3. 迷你社區製作(一)(二)	●社-大-2-2-1活動遇到問題時，能嘗試不同的解決方法 ●社-大-2-2-2能在活動中表現自己的想法，並依當時的發現，調整自己的做法
		4. 迷你社區組合(一)(二)	●社-大-2-2-3能專注且持續地完成活動 ●社-大-3-1-1嘗試自己事情自己做
		5. 迷你社區表決	●身-大-1-2-1觀察安全操作用具的技能 ●認-大-3-2-1與他人討論提出解決問題的可能方法 ●認-大-3-2-2與他人討論解決方法的可行性
	和鄰居做朋友	1. 參觀宣德口罩公司	●社-大-2-4-1能知道老師指示行為規範的理由，並思考行為的對與錯，表現合宜的行為
		2. 參觀田中警察分局	●社-大-3-5-2能體會生活中自己與周遭人事物的關連，而心存感謝
	社區特色	1. 風車製作	●認-大-1-1-3藉由正式工具（如：尺、秤、溫度計）測量以蒐集生活周遭數與量的訊息
		2. 薑荷花製作	●認-大-3-2-1與他人討論提出解決問題的可能方法 ●認-大-2-2-3與他人合作，實際執行所提出的解決方法 ●社-大-1-1-2能覺察環境的安全，並學習維護自身的安全
		3. 阿兵哥實彈演習	●社-大-1-6-1能覺察動植物的成長、生命的改變，及自然景物的變化 ●社-大-2-1-2活動遇到問題時，能嘗試不同的解決方法
		4. 砲陣地製作	●社-大-2-6-1能進行種植與飼養的活動 ●身-大-1-2-1觀察安全操作用具的技能 ●身-大-2-2-4應用各種細節動作，完成學習及收拾活動
	主題成果展	1. 名牌&邀請卡製作	●語-大-1-6-2知道書寫中華文的閱讀方向 ●語-大-1-6-3理解文字和語音一字一音的對應關係
		2. 關卡試玩	●語-大-1-6-3適當使用音量、聲調來吆喝語言 ●社-大-3-4-1能注意團體和個人行為規範的重要，並主動遵守
		3. 成果展活動	●情-大-4-1-2能不需他人提醒做到等待 ●身-大-1-1-1覺察協調的穩定性及移動性動作

創新特色課程在
幼兒園教學上的設計
CHAPTER 8

第一節　美感課程在幼兒園教學上的設計

壹、美感課程的內涵

美感課程並不是專指「音樂課」、「美術課」、「舞蹈課」或「戲劇課」等傳統認爲的藝術學科。

《幼兒園教保活動課程大綱》（教育部，2016）指出，「美感」指的是由個體內心深處主動建構的一種感知美好事物的體驗。而這種「感知美」的能力，是透過個人的想像或經驗，與敏銳的感官對外在訊息解讀的連結，所引發出內在心靈的感動和歡欣愉悅的感受。林玫君（2015）說明此定義基本理念，來自J. Dewey對美感是一種「完整經驗」的看法（林玫君，2015）。

依據《幼兒園教保活動課程大綱》（教育部，2016）美感領域的內涵，包括美感能力、學習面向和課程目標。

一、美感能力

《幼兒園教保活動課程大綱》指出，美感領域的能力包含「探索與覺察」、「表現與創作」、「回應與賞析」。「探索與覺察」是指幼兒以敏銳的五官和知覺探索，覺察生活周遭事物的美。「表現與創作」是幼兒嘗試以各種形式的藝術媒介來發揮想像，進行獨特的表現與創作。「回應與賞析」是指幼兒對生活環境中多元的藝術創作或表現，表達其感受與偏好。

美感經驗來自於生活，引導對生活情境的主動探索，是展開美感課程的第一步。傳統教育是以傳遞「概念」爲優先，重視「正確性」，但美感能力卻是來自活生生的知覺，強調其有效性和價值性，正如Merleau-Ponty（1964）所說的，概念的確定性並不是知覺之確定性的根基，反而知覺的確定性是概念的確定性的基礎。

當孩子以感官覺知生活環境中的事物，所獲得的知覺會與他的生活經驗進行連結並創發意義，這時，孩子需要各種素材再現或表徵這

些事物，並放入情境脈絡中，再次建構新的經驗。孩子如何看待或理解他所探索的客體（事物），如何重新賦予新的意義，教師扮演了重要的角色，因爲師生與教材交互往返的感知、理解、詮釋、判斷與行動的經驗，都將整合爲經驗的整體。

「回應與賞析」攸關美感能力的培養，因爲美感能力涉及到對品味（taste）的檢驗。美感課程是對幼兒知覺饗宴的邀約，教師以「你覺得……」來引導幼兒透過知覺，說出自己的感受，以欣賞和肯定引發幼兒對美感的共鳴，美感經驗的形成，須透過引導和邀約，既無法強制，也不應侷限於技法或概念的正確性。

二、學習面向

《幼兒園教保活動課程大綱》將美感領域的學習面向，區分爲「情意」和「藝術媒介」兩部分。「情意」是指幼兒在不同的美感經驗中，能連結正面情意並產生愉悅的感受，以及樂於從事與美感有關的活動。所以從事與美感有關的活動時，須讓幼兒享受過程中的樂趣。「藝術媒介」則包括視覺藝術、音樂及戲劇扮演。

美感的產生是一種充滿驚奇的、愉悅的，並能對某種已知的事物產生一種非預期的新觀點或創見。美感經驗也提供了想像與創作的空間，幼兒在此過程得到滿足和成就感，其意識到的認知與感受，即爲美感經驗的重要關鍵。

雖然《幼兒園教保活動課程大綱》列出「藝術媒介」有視覺藝術、音樂及戲劇扮演，然而幼兒以感官（五官）來知覺與探索世界，相應的媒介或素材就不只是視覺藝術、聽覺藝術和戲劇涵蓋的形式、媒材或元素。幼兒甚至會以不同的感官知覺來決定再現（或創作）的樣式（例如不同的觸覺和嗅覺的結合，或視覺和肢體動覺的結合）。

三、課程目標

《幼兒園教保活動課程大綱》所列美感領域的課程目標包含：
美-1-1 體驗生活環境中愉悅的美感經驗。

美-1-2 運用五官感受生活環境中各種形式的美。

美-2-1 發揮想像並進行個人獨特的創作。

美-2-2 運用各種形式的藝術媒介進行創作。

美-3-1 樂於接觸多元的藝術創作，回應個人的感受。

美-3-2 欣賞藝術創作或展演活動，回應個人的看法。

美感課程要能生成美感經驗並發展出幼兒的美感能力，而經驗的特質要回到身體知覺——一種個體與環境之間不斷互動與建構的過程。因此，美感領域的課程目標不是單項式的、個別提供的指標，而是需要建立在幼兒具有延續性和完整性的探索經驗上。若只是將單獨的指標拆解成爲片段的、毫不相干的手工課，依照步驟指導幼兒進行統一規格的手工製作，這樣的設計並不符合美感課程的定義和特徵。

貳、美感課程的設計

一、建立教師專業社群，預備「美感課程」的概念和語言

黃月美（2009）的研究指出，當教師對「美感課程」的意義並不清楚時，容易將之視爲藝術課程的概念，因此並不會運用課程美學的語言來審視或觀看自己的課程，反而比較在乎的是幼兒的技巧與能力表現。但是老師們及其同儕在任教園所進行教學成長日的討論後，將課程視爲審美對象，便能以此概念表述、分析課程的進行過程和師生互動的美感經驗。

劉惠娟（2017）指出，教學「情境、歷程、教材及教法」對於形成教學美感經驗具指標性的影響。因爲在教學過程，教師與學生是形成美感經驗之主要關鍵人物，因此以「教師及學生」爲主軸，根據教學之關聯性劃分爲「教師教學、學生學習及教師與學生共同經驗」三個層面，並列出教學美感經驗特質評估指標檢核表（表8-1），作爲建立教師專業社群，共同討論教學美感經驗的參考指標。

表8-1 教學美感經驗特質評估指標檢核表

班級：		授課教師：			觀察者：	
時間： 年 月 日						

指標＼標準 教學美感經驗特質評估指標	檢核評估標準				備註與說明
	具體達到	偶爾出現	有待提升	尚未發現	
教師教學 結合學生生活經驗					
透過感官探索探究					
教法多元有彈性及想像創意					
教材多樣性					
具美感態度的教學情境					
歷程具有連續性與脈絡					
學生學習 具有學習興趣					
創意與實作的學習表現					
師生共同經驗 具有做與受的交互作用					
具有情感的融入					
具有內在統一的一致性					
具有自我完滿的感受					

資料來源：修改自劉惠娟（2017）。

二、與幼兒共同經歷課程發展之探索、聚焦、發展、統整、連結與再創等階段

(一) 探索階段：引發幼兒對情境的知覺和探索

美感是來自知覺意識，人的各種感覺，味覺、視聽，外界的刺激等知覺意識和情境與生命經驗的連結，都有可能產生「美」的感受。引發幼兒自由探索自然世界和人文世界，讓幼兒在充滿好奇的主動探索中，知覺情境世界、經歷美感的經驗過程。

(二) 聚焦階段：凝聚探索的焦點

教師跟隨幼兒探索的腳步和凝視的眼光，理解幼兒探索的對象，引導幼兒運用語言或圖示符號等表徵方式，具體呈現與連結這些看似片段的經驗或概念，共同凝聚探索的焦點，開展經驗的延續性。

(三) 發展階段：在探索的過程以不同的再現方式呈現創意與想像

累積了一個連續的經驗過程之後，幼兒能具有創意地發揮想像，並運用各種媒介（視覺／聽覺／味覺／觸覺／嗅覺／肢體動作）等各種素材進行表達與創作。在表達與創作的過程，教師引導幼兒與素材之間的互動，可以提升幼兒對素材特質和表現方式的進一步認識或熟練，但這個過程必須是自然地發生在幼兒對自身意念表現的需求上。

在發展階段，幼兒群體可能因為有不同的深究焦點或方向，因此有可能衍生出分組、分工、聯繫、討論等多樣化的活動形式。

教師在此過程扮演的角色是專業的觀察和深度理解，並且能夠引導幼兒透過圖示符號記錄工作過程，繼續開展的方向。

(四) 統整階段：引導幼兒進行經驗的統整與評價

在經歷發展階段的多元開展與表現之後，教師要引導幼兒進入統整經驗和評價的階段，運用歷程中累積的圖示符號記錄和經驗圖表，幫助幼兒具體的回顧這些經驗。

教師和幼兒透過敘說、圖示符號的表徵，統整並評價整個探索過程，在此階段，教師引導幼兒回顧探索經驗過程，並引導幼兒說出「我覺得……」（感受與評價），以及「我發現……」（統整與概念建構）。

(五) 連結和再創階段：進行經驗的連結和再創

當幼兒經歷了完整的探索、聚焦、發展與統整等完整的經驗階段之後，教師可以嘗試引導幼兒進行學習的「跳躍」和「超越」，進行

「跨界」（跨班／跨探索主題）的連結，產生一種充滿驚奇的、愉悅的，並能對某種已知的事物產生一種非預期的新觀點或創見，讓美感經驗提供跨界間際的想像與創作空間。

參、美感課程案例分析及其評述

一、當光影遇上聲音——皮影戲開演囉

　　春暖花開時節是最令人渴望回到大自然的懷抱。幼兒園裡的孩子們猶如小小探險家，好奇的探索他們生命中的第五個春天⋯⋯。

(一) 主題緣起：探索春天溫暖的陽光和不同的聲音

表8-2　寶貝幼兒園大班課程發展——探索階段（始於驚奇）

背景說明	太陽班	月亮班
春天到了，太陽班和月亮班的孩子興奮地觀察春天裡的各種事物。陽光暖暖的、樹上長出了嫩芽、戶外的鳥叫聲變多了⋯⋯	太陽班的幼兒在校園中尋找各種聲音，並記錄各種聲音聽起來的感覺。	月亮班的幼兒探索生活中的光，發現有各種不同的自然光。
	太陽班的幼兒探索各種會發出聲音的器物，發現身體也會發出聲音。	月亮班的幼兒發現除了自然光之外，生活中還有許多人造的光。

(二) 聚焦：陽光下的陰影和聲音的奧祕

表8-3　寶貝幼兒園大班課程發展——聚焦階段（歷經發展）

背景說明	太陽班	月亮班
太陽班孩子對春天裡的各種聲音最感興趣；月亮班的孩子則是對春天裡暖暖的陽光感到好奇。於是兩班的孩子各自開展聆聽聲音和觀察光線之旅。	太陽班幼兒探索聲音的各種元素，包括聲音的大小、長短、高低，並加以記錄。他們發現有些聲音聽起來很好聽，有些聲音聽起來不舒服。幼兒也發現在教室講話要小聲才不會吵到別人，但是在戶外的時候講話要大聲一些別人才聽得見。	月亮班幼兒發現光線有一個好朋友—影子。幼兒好奇地探索光線和影子的關係，發現教室和戶外都可以找到影子，但有些影子大、有些影子小；有些影子清楚，有些影子卻很模糊。為什麼會這樣呢？

245

（續）

背景說明	太陽班	月亮班
	太陽班的幼兒進一步探索聲音從哪裡來，發現聲音可以透過空氣／水／固體（木頭桌子／金屬欄杆）來傳播，於是孩子們進行一連串有關聲音傳播的實驗和記錄。	月亮班幼兒發現了影子和光有些關係，於是透過一連串的探索活動，發現光和影子的祕密。什麼地方影子會看起來較清楚？如何讓影子變大或變小？

(三) 發展：影子的小把戲和聲音的大表現

表8-4　寶貝幼兒園大班課程發展——發展階段（深度探索）

背景說明	太陽班	月亮班
太陽班孩子從聆聽聲音開始，發現了聲音的特徵、元素和表現，發現聲音和角色情感有關。 月亮班的孩子觀察陽光的變化，發現光線和影子的關係，並且發展出影子遊戲和皮影戲。	太陽班幼兒發現生活中每個人講話的聲音都不一樣，有快、有慢；有大聲、有小聲；有輕、有重；有聽起來快樂、有聽起來悲傷。於是幼兒討論及探索卡通影片中人物的特徵和聲音之間的關係，並討論如何幫故事中的人物配音。	月亮班幼兒從影子遊戲的探索經驗，發現每個人都可以用身體或手來展現不同的影子形狀，幼兒在玩影子遊戲時，發現這些不同的影子可以一起演出一場戲。但在實際進行的時候，孩子發現能呈現的角色太少，於是想出製作可以透光的紙偶來表演。
	太陽班的幼兒們運用麥克風和分貝儀，找出在戶外或室內表演時，怎樣的音量和聲音表情，才能最生動的表現出人物的特徵。	月亮班的孩子和老師一起在教室外走廊搭起表演皮影戲的偶臺，透過一次又一次的嘗試，試驗如何打光才能夠讓觀眾看得最清楚。

(四)統整：當光影遇上聲音——皮影戲開演囉

表8-5　寶貝幼兒園大班課程發展——統整階段（展現創意）

背景說明	太陽班與月亮班
太陽班和月亮班激盪出共同探索的創意，討論如何合作演出皮影戲。	太陽班和月亮班的幼兒，得知彼此探索的方向之後，就討論怎樣合作運用聲音和影子演出一齣戲劇。孩子們和兩班老師一起討論演出哪齣戲劇較適當，最後決定以「西遊記」當中的「三打白骨精」為劇本。兩班的孩子進行分組分工，開始跨班的合作。
	太陽班的孩子進行角色人物特徵的探索，找出最適合的人物聲音，月亮班則是製作人物紙偶，並試驗最佳的透光設備和表演方式。

(五) 經驗的評價與再創

表8-6　寶貝幼兒園大班課程發展——評價與再創（建立新的整體）

背景說明	太陽班與月亮班
孩子們記錄演出的過程，不斷地修正，兩班孩子的討論交流與合作，進行了經驗的連結，跨界（跨班、跨主題）創意地展現探索成果。	孩子們觀看表演之後，發現舞臺光線有問題，於是想辦法改善舞臺燈光和配音。另外，孩子也發現除了人物配音外，也要根據情節加上配樂，例如白骨精出來的時候會有點緊張，所以要用緊張的音樂，老公公出來的時候會有些悲傷，所以要有悲傷的音樂。
	經過一次次的改進，師生一起籌劃演出活動，除了兩批紙偶操作、配音、音控和戲劇介紹等演出人員之外，還有擔任簽到、引導的分工。完整的演出過程，為兩班孩子的探索畫下美麗的句點。

二、美感課程案例評述

(一) 美感經驗來自於生活，引導幼兒主動探索生活情境，是展開美感課程的第一步

J. H. Pestalozzi（1746-1827）、J. J. Rousseau（1712-1778）和 F. W. A. Fröbel（1782-1852）都認為探索大自然是兒童學習的重要內容，並相信好的教育是經由感官來進行探索與學習。在上述的課程案例，幼兒因為感受到眼前的春天環境和已過的冬天不同，對大自然的

247

好奇和知覺的探索，與其生活經驗連結，於是開啓想像、創意、探索、發現、問題解決等一系列的課程發展。

(二) 美感課程始自於驚奇，歷經發展，達致完滿的感受

美感經驗是源於對事件的驚奇（wonder）、歷經探索未知領域的發展階段、到完滿的感受，使經驗成爲有意義的實現歷程、並帶來新意義和建立新的整體（Dewey, 1934）。上述課程案例，課程的發展歷經探索、聚焦、發展、統整和評價與再創等階段，各階段的經驗開展，不斷地交互往返，其感知、理解、詮釋、判斷與行動的經驗，都在過程中整合爲整體，使學習經驗產生有意義的聯結，而不再只是片段的經驗。

(三) 美感課程與教學活動是藝術創作與展演的表現過程

Eisner（1994）認爲將知識傳授過程中的教學技巧轉移至實踐與體驗的歷程，就是藝術。上述的課程案例，光和聲音的科學知識對於5-6歲的幼兒來說雖然抽象和艱澀，但生活環境中眞實存在的光和聲音，卻能引起孩子的好奇和探索的興趣。在整個課程探索的過程，教師如同一個展演者、藝術家，仔細思量如何在特定的情境下結合知識和技巧，引導幼兒以不同的認知途徑展開對環境的探索與理解，建立和世界的意義連結。

在課程開展的過程，孩子以各種素材再現或表徵他們探索的光和聲音的現象，並以創意的方式表現出來，這種美感經驗的表現性（expressivity），也讓師生彼此欣賞各種新的想法與想像，並成爲評價和再創的經驗基礎。

(四) 美感課程的經驗內涵和課程本身的生成過程，都是具有藝術特質的經驗

上述的課程案例，不同於傳統單元式或單一節課設計的美術課或科學課，而是教師提供支持的環境，讓幼兒在自然的生活探索中，感

知、連結與建構對現象世界的理解和意義。

　　經驗內涵和課程本身的生成過程，都可以具有藝術特質。美感課程讓孩子運用各種知覺途徑、素材，表現或再現其對經驗的深刻體認，發展其美感能力。對教師而言，美感課程更是一個轉化和自我超越的成長歷程，課程案例中，教師建立教學社群，透過專業對話分享彼此的主題脈絡和幼兒的關鍵經驗，經過研究、實踐、理論的循環，提升課程與教學專業，並經由課程的實踐，體認到自身的角色變化——創客（maker）——也是教師身分的再概念化。

　　教師和幼兒共構的美感課程，也許無法如預期的課程計畫或活動設計的既定進程，但生命和經驗裡的不確定性、神祕、疑惑和一知半解，是一個連結／跳躍和再創的空間，用來滋潤想像和展現藝術。幼教師的美感課程之旅，亦是如此。

第二節　翻轉課程在幼兒園教學上的設計

壹、翻轉課程的意義及其歷史背景

　　世界的競爭力已不在工廠而在「學校」，但相對於臺灣教育體系而言，研究結果指出，國中生有56%認為自己學習動機不強，大學生也僅有52%具有學習動機；學習上，中學生在不考試的情境下只有23%的學生會主動讀書，大學生則有52%無法掌握學習重點。對自己學習沒自信的中學生占了30%，而學習遇到困難不會加以解決的大學生更高達46%的比例。根據研究顯示，課室翻轉教學對學生的幫助有下列各方面：提升問題解決能力（67.6%）、提升學習動機（66.2%）、增進批判思考能力（54.9%）、提升創作能力（42.3%）、對促進學生社交合作能力亦多有裨益（35.2%）（亞洲大學，2012；劉若蘭，2006；陳李綢，1998）。無感與無動力的學生幾乎占了總體一半以上，找回他們學習的熱忱應當是教育的當務之急。趨勢大師托佛勒（Alvin Toffler）預言：二十一世紀的文盲，不

是那些不懂讀寫的人，而是不懂如何學習、如何拋棄所學與重新學習的人。

「怎麼學才有未來」是臺灣年輕一代面對「少子化」與「高齡化」社會衝擊之下，所面臨的挑戰與刻不容緩、亟待解決的危機。2012年約計每7位青壯年人口扶養一位年長者，到了2030年約計3位青壯年人口扶養一位老人。這一代的學生要如何擁抱自信與高度熱忱的求成動機，因為2028年大學生的生產力必須是現在畢業生的兩倍，才能使臺灣持續發展而免於貧窮（天下雜誌，2013）。

一、翻轉課程的意義

為何孩子從學習中逃走？教育可以如何不一樣？我們的學生到底該學些什麼？《親子天下》經過5年深入探訪世界跨國教育的變化，其所揭櫫的翻轉學習（flipped learning）真能掌握這場寧靜變革的翻轉學習，教師和孩子們能共同整備未來的學習與打造未來的學校（親子天下，2013）？我們正準備在全球金融風暴與百業不振的風險中，尋找臺灣教育的信念與教育的方向……。

> 「在『勉強』（為考試而唸書）的世界中，我們不曾遭遇任
> 何事、任何人，更不曾貼近自己；我們尊重辛苦多於快樂、
> 順從多於批評、重視反覆多於創造，這是為了將來犧牲現
> 在，以獲得財富、地位、權力為代價的世界。但在『學習』
> 的世界中，孩子能持續與事物、與他人對話，更與自己對
> 話，是在這片看不見的土地中自我翱翔，將土地上所發生的
> 一切與自己連結的世界……」
>
> —— 佐藤學《學習的革命》

「翻轉課程」自1990年至今已成為當代教育的「顯學」，但在大多的文獻或實踐案例，「科技」的運用始終是重點。可汗學院（Khan Academy）3600部教學短片，包括數學、理化、生醫、金

融、天文學、經濟學、電腦科學、歷史及公民等，本研究立足「人文」與「科技」的融通對話基礎。

　　長久以來，受到實證主義影響，整體教育論述是工具與效率的語言，缺乏教育本質——回到人的存有省思。因此當Schwab（1969：1-23）登高一呼課程領域瀕臨死亡（moribund）的狀態時，著實撼動了長久以來看似穩固的課程王國，他認為傳統的課程概念，以及其研究已經無法繼續其任務並改善教學，亟須新的觀點以發現新的問題。因此，「翻轉課程」頗具時代的意義。

　　(一) 「課程」的參與是學生生命歷程的一部分，學生就不應只是擔任「追隨者」的角色，教師也不應只是「獨白」的權威者。

　　(二) 改變「從學習中逃走」、「無動力世代」，以及「失去學習熱情」的「三低」狀態，成為「高度參與教和學」、「高度展現表達力」、「高度活化學習」的「三高」創客。

　　(三) 讓人文與科技的「混成學習」（blended learning）成為下一波教育的主流，從遊戲中「樂學」，讓學生找回學習的「自主權」。

二、翻轉課程源流的歷史背景

(一) 源起——「翻轉課程」不是新鮮事

　　「翻轉課程」成為當代教育的「顯學」，然究其源起在1990年代哈佛大學物理系教授Eric Mazur有感於學生只會考試，卻不會活用知識，於是要求學生「課前」須預習，然後藉由網路反映預習與討論學生碰到的問題。2000年J. Wesley Baker在第11屆大學教學國際會議上發表「classroom flip」為題的論文，強調教師應該「從講臺上的傳道者轉變為學生身旁的引導者」（from sage on the stage to guide on the side）。2003年Nick van Dam出版*The E-Learning Fieldbook*一書，引述德勤顧問公司（Deloitte Consulting）經理人的「混成」培訓模式，如圖8-1所示（階段一）線上自學與（階段二）面對面小組討論，即是學校「翻轉課程」與企業培訓行之有年的「混成學習」（blended learning）。

251

階段	傳播方式	學習目標	學習途徑
階段一 E （線上） ↓	自學式e-Learning  	・知識的習得與評量	・閱讀相關文章 ・使用自學式e-Learning模組 ・使用線上自我評量模組
階段二 C （課堂） ↓	面對面  	・練習與合作學習	・參與角色扮演活動，並做回饋與小組討論
階段三 E （線上）	自學式e-Lerning  	・促進學習成效	・下載並應用工作輔助與決策支援工具 ・閱讀更多相關的參考素材 ・參與討論版的討論

註：E代表e-Learning，C代表Classroom

圖8-1　德勤顧問公司新手經理人培訓模式

　　2004年Salman Khan為幫助表弟補習數學而上傳自錄的教學解說到YouTube，此舉護得廣大網友好評。2007年美國科羅拉多州洛杉磯山林地公園高中（Woodland Park High School）的化學老師Jon Bergmann與Aaron Sams，兩位老師為了解決同學缺課情形，開始使用螢幕截取軟體錄製PowerPoint簡報與講解旁白，先將預錄好的影片上傳到網站YouTube，讓學生自行上網瀏覽學習，兩位老師遂將此模式定義為「classroom flip」，並開始宣傳推廣。自此「翻轉課程」模式迅速在美國幼兒園到高中（K-12），以至高等教育中蓬勃發展。

　　2009年Khan成立可汗學院（Khan Academy），開始專職在YouTube上提供多達3600部──涵蓋數學、理化、生醫、金融、歷史、公民、天文學、經濟學，以及電腦科學等教學短片，此不啻為翻轉課

程與自學之素材寶庫。

　　翻轉課程最佳的推手就是「Khan學院」（Khan Academy）的創辦人——Salman Khan，這個印度孟加拉裔的創辦人，擁有美國麻省理工學院（MIT）數學及電腦學位，以及哈佛商學院企管碩士，任職矽谷創設科技公司工程師及避險基金分析師，當時人在美國讀書及工作的Khan為了解決親戚家小孩的數學問題，將解題過程及教學內容錄下來放到YouTube，讓他們不受時空影響進行學習，之後他的教學錄影，更擴大教學的內容與學科，演變成今日的「Khan學院」。

　　Khan受邀至TED大會演講時提到，教師可利用Khan學院的資源達到翻轉課程的想法，藉由Khan學院的力量，以及TED演講的影響力，「翻轉課程」這個概念更為人所知及所用。Khan預言，科技輔助教學的「混成學習」會是下一波教育的主流（親子天下，2013；劉怡甫，2013）。

貳、「翻轉課程」的內容與運用

　　15年前佐藤學建立一所前導學校（Pilot School），從「濱之鄉」的實踐逐漸將概念和作法傳播出去，得到許多回響和支持，現在日本已有三千多所的學校正在積極推動「學習共同體」。「學習共同體」牽涉到教育哲學信念與思想的改變，而非僅僅只是技術的改變而已；「公共性哲學」認為學校應該開放給所有人，因此開放教室給校內外人士參觀以提升教學品質；「民主主義的哲學」認為校長、親師生與社區人士都是學校的主人，人人都有同樣的發言權與參與學校的活動；「追求卓越的哲學」給孩子最好與最合宜的適性教育，教學永遠也都在追求完美與卓越。實施「學習共同體」的翻轉後，孩子喜歡學習，問題學生沒有了，中輟率變零，老師無力感消失，每個人都能變得健康，而且看到自己的價值；日本有八成以上的老師都相信「學習共同體」是可以成功的（佐藤學，2012）。學生學習的熱忱找回來了，老師打開教室的大門，相互學習也相互形成支持的網絡，因為

「觀課」不是接受評價與評分，而是自我成長與改變，以及追求卓越的動力。

青少年「無聊症候群」，「無感」與「無動力」世代的形成，顯見學生「軀體」在教室，「靈魂」在室外浪蕩，這些教室裡的「客人」大多順從聽話，整體呈現一種「專心聽講」的「假象」，他們雖然沒有放棄學習，但也未見其「樂」在學習。「學習力大調查」結果顯示（親子天下，2012）：近六成的學生放學後不想主動求知、八成的老師認為學生的學習動機不足、越高年級的學生越為學測而讀書；如果一半以上的學生失去了學習的熱忱，拿掉學測之後新的學習動力在哪裡？「考試」領導教學造成學習「工時」的延長與反覆機械的學習；若是十二年國教拿走了「考試」，親師生之間「新的學習」、「新的方法」與「新的重點」又在哪裡？

一、「翻轉課程」──Khan Academy找回學生學習的自主權

可汗學院（Khan Academy）的創辦人Khan締造了一個全世界24小時使用網路資源率最高的紀錄，其內容包括從小學到大學程度互動式習題，只要登錄上網，就可獲得一張專屬「知識地圖」，截至2013年10月可汗學院影片的觀看使用率已達三億次（親子天下，2013）。2010年可汗學院因Google及比爾‧蓋茲的贊助，從孤軍奮鬥的「個人義工」到現在成為一個有四十多位全職員工的非營利組織，除了自製更多影片、改善學習資料庫，也舉辦「發現實驗室」，和中小學老師合作「翻轉課程」的種種試驗，重新打造教師成為「客製化學習」和師生優質「互動」的設計師。

「可汗學院」的軟體可以蒐集孩子個別的學習狀況和成效，這些數據在資料庫儲存著，使教師一目了然學生學習的舊經驗，而實施以個別化輔導，影片的價值在於沒有人會來評價你，你可以自己決定觀看時間、速度。如果哪裡不懂，可以把影片停下來請別人教你，或看另一段影片，也就是說影片把學習經驗個人化，讓學習者覺得安全。

二、「翻轉課程」科技與美學內涵的對話

(一) e-learning的客製化學習

由於可汗學院的大受歡迎，大家或許可以重新思考整個教育制度。為何學習一定要侷限在規定的上課時間和座位？為何要讓學生這樣學習？讓他們覺得自己很笨？為何我們不能把焦點放在學生身上？為何教室裡一定都是老師講課、學生聽講？為何師生互動不能多一點？為何不能成就學生成為真正的學習主體？「可汗學院」翻轉傳統課室，他們不再說：「老師，接下來我該學什麼？」而是說：「這是我學習的目標，這是我為達到目標所做的計畫，請老師提供我可以利用的資源和工具（老師、同儕、可汗學院等各種教材）。」這不僅對學習很珍貴，更是學生一生都需要的技巧。

因為是客製化的學習，所以在「可汗學院」就有了更多的學習「留白」課程，未來的學校會有很多的空白時間給孩子去探索、創造，我想像中，也許每天有三分之一時間學核心課程，但按照每個孩子自己的速度和時間學習，個人化的學習會比較有生產力。三分之一會是有架構的探索，孩子有教練或老師來協助創造、發明及產出。另外三分之一的時間，就讓孩子自己玩（親子天下，2013）。

(二) 科技方法與美學內涵融合及對話的「翻轉課程」

錢理群先生在「慢教育」（第一輯）的發刊辭中，也提到教育是一種「慢活」與「細活」，是生命「潛移默化」的過程，教育的變化是極為緩慢的，而教育更是要以耐心和從容的態度，並對學生學習的情形，加以了解和指引。他引用張文質先生《教育是慢的藝術》一書中的觀點——我們的教育過程急切盼望出成效與結果，能夠「立竿見影」，缺乏期待和從容……我們缺乏一種悠閒的心態。

至於慢教育著實包含「從容」、「悠閒」、「優雅」的態度和價值，這已具「美學」的要素，就像音樂中的「慢板」（adagio）和行板（andante）的「旋律」。教育的進程或是教學的過程，就是這種

美的旋律的展現。「可汗學院」的空白課程，和近日國內教育學者極力推動的「課程美學」有異曲同工之妙，運用科技大規模開放線上課程（Massive open online courses, MOOC）的試驗外，也將課程美學中「生活」、「身體」與「環境」三構面及其重要元素切入「翻轉課程」的重要課題。

留白是主客體保持一美感的距離，而在欣賞與創造之間產生一種對話的機制，最後共創一美感的世界或成品的過程（陳伯璋，2001）。「留白」是展現無限可能、期待和希望，從中充滿著主動學習的契機，或許這就是所謂的「靈性旅程」（astral journal）的學習，也就是一種美感經驗的展現。

「翻轉課程」必須是「科技」與「人文」的混成，失去了人文與美感藝術，就像STEM教學法從Science、Technology、Engineering和Math的起源，以至和國家競爭力緊密連結後，未來生活力與競爭力的STEM又加入了STEAM中的「藝術」，羅德島設計學院（Rhode Island School of Design）發起「從STEM到STEAM」運動，並成立相關推廣組織STEM to STEAM，「科技」始終來自「人性」，「翻轉課程」也須讓科技與人文，尤其美學相結合與對話。

三、了解他——每一個人都可以學習

天下沒有學不會的事情，只是還沒找到學習的方法。希勒佛（Silver, 2000）所提四種學習風格（圖8-2），對教師認識學生或學生自我認識，並引導其投入翻轉的自我學習助益頗大，他同時肯定人人都可以學習（So Each May Learn），只要我們了解孩子的思考與感受類型，以及他的學習風格，孩子成為學習的主人是一蹴可幾的。

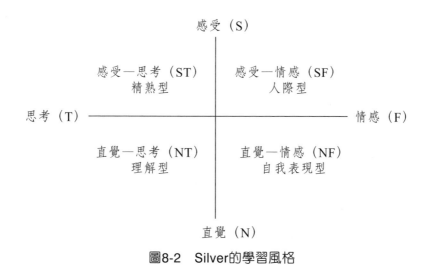

圖8-2　Silver的學習風格

參、「翻轉課程」案例分析及其評述

一、案例名稱：聽、說、畫、唱、編和演的繪本教學

二、案例目的：讓幼兒主動述說結構性的繪本故事

(一) 利用傾聽與對話式閱讀，提升繪本故事的敘事能力。

(二) 以畫、唱故事活動，強化繪本故事的創思想像。

(三) 藉編、演活動，銜接繪本故事的情節。

三、案例簡介（郭美雲、盧美貴，2008）

　　本研究乃針對大班幼兒說故事缺乏結構性的問題，藉由「師生對話式閱讀」、「故事結構鳥」與「網狀圖式法」三者組合而成的繪本教學策略，再結合「聽、說、畫、唱、編與演」故事的繪本教學活動，提升幼兒說故事的結構性能力，因而訂定下列前導步驟：

(一) 教師首先要了解幼兒學習的舊經驗。

(二) 考量幼兒各方面的發展。

(三) 熟悉教材內容。

(四) 講說生動。

(五) 思考並設計可能的問題，並引導幼兒表達。

四、繪本教學的引導技巧

(一) 邊說邊指，邊問邊討論：透過老師口述文字加上圖畫的指引，可以幫助幼兒更清楚圖畫與文字間的關係，並讓注意力集中。

(二) 說完再發問與討論：一次講完故事後，再與幼兒回過頭來，針對故事內容進行討論以澄清觀念，並確立價值觀。

(三) 說完請孩子重述，再進行問答討論：此為老師講完故事後，讓幼兒輪流透過重述故事內容，加深對故事情節的印象後再進行討論。

(四) 師生問答間配合網狀圖紀錄：此為老師在說完繪本故事後，在與幼兒的討論中，將主題、主角、背景、情節、結局等，要討論的要項繪製成圖，讓幼兒更容易且印象深刻的學習。

(五) 師生對話閱讀：老師以「六W」的問句取代問對錯的問題，以具體的表現與正確的示範來引導。

(六) CROWD的技巧：Completion prompts（完成激勵）──在句子尾端留下填空，讓孩子說出答案、Recall prompts（回想激勵）──應用於繪本故事講述前、中、後讓幼兒回想問題、Open-ended prompts（開放性激勵）──鼓勵孩子用自己的話回應問題並表達想法、6W問句進行互動討論、Distancing prompts（融入生活經驗的激勵）──幫孩子將生活經驗與故事內容連結起來。

(七) PEER程序：Prompts（激勵）──鼓勵孩子述說繪本故事內容、Evaluates（評估）──評量孩子的回答、Expands（擴展）──經由改變措辭或增加資訊，擴展孩子的回答與Repeats（重複）。

五、教師翻轉課程——聽、說、畫、唱、編與演的意義與價值

(一) 幼兒聽、說故事活動的價值

幼兒可從聽故事中，獲得豐富的經驗，並得以擴展見聞，同時有助於故事結構間邏輯關係的建立。此外，藉學習興趣的引發而發展語言能力，將生活經驗「故事化」的表述，來加深故事結構性的清楚概念。

(二) 幼兒畫故事活動的價值

幼兒畫與語言同具有溝通情意的功能，幼兒可以透過畫畫表達內心的語意與感受。此外，幼兒畫可彌補幼兒語言能力發展的不足。

(三) 幼兒編、演故事活動的價值

幼兒從戲劇性活動中可培養：自由及自發性行動、豐富的想像力、動作表現、語言表達、創造力與建立人格；戲劇活動更能增進語言學習與表達能力，促進人際關係與建立自我概念等。幼兒藉由扮演，學習探索真實生活世界的另一種方式。其次，幫助幼兒建立對故事的情感，與練習語言表達的各種方式。戲劇本身即具有完整的故事結構性，幼兒透過親身扮演，除了練習口語表達能力，對故事中的主題、主角、場景、事件、行動與結果之概念建立，助益極大。

(四) 幼兒唱故事活動的價值

兒歌是幼兒心中的歌，是用幼兒語言唱幼兒的真實感情，伴隨幼兒度過最愉快、最美好與最輕鬆的時光（謝武章，1982）。其次，以幼兒生活經驗、遊戲、想像為題材，所創造出符合幼兒欣賞的要求，順口易懂、生動有趣，且富教育價值的幼兒文學。由師生共同討論繪本故事內容，將之編寫成故事兒歌，幫助幼兒在唸誦與歡唱中熟悉故事情節，進而增進幼兒對故事的興趣與熟悉度，最後提升幼兒說故事的能力。

六、教師翻轉課程——聽、說、畫、唱、編與演取代教師 的獨角戲

(一) 師生對話開啟幼兒樂於開口的第一步

在師生對話式的閱讀中，為了讓幼兒習慣且樂於開口講述繪本內的圖畫故事，可以藉由肢體動作、口語表情的變化與場景的布置安排，儘量將幼兒引導到身歷其境的氣氛，讓幼兒感覺自己就是故事中的一個角色。

1. 師生對話式閱讀中的「喚醒」與「激發」，促進幼兒的口語表達。

2. 師生對話式閱讀中採CROWD技巧的提問，能引導幼兒敘述故事。

3. 師生對話式閱讀中運用PEER程序，激勵幼兒述說故事。

(二) 聽、說、畫、唱、編、演的故事活動流程

藉由師生互動，聽老師、同學、自己和看、想、說繪本故事（如圖8-3）。

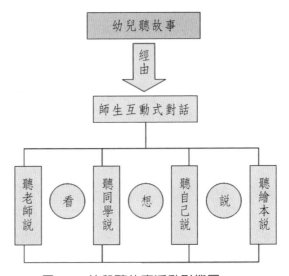

圖8-3　幼兒聽故事活動形態圖

　　每個人成長歷程本身就是一則故事，故事中有喜樂、有愁煩，有的小孩會主動向親近的人分享，有的小孩則將之繪畫於紙上。老師了解幼兒個別的認知情形與相關經驗，幫助幼兒學習連結舊經驗並發表所知、幫助幼兒從推測故事的情節，培養其想像力與表達力（圖8-4）。

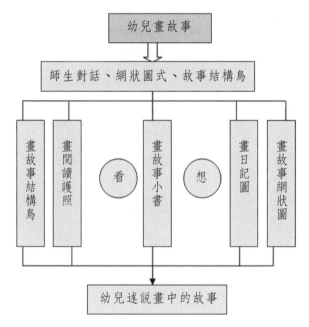

圖8-4　幼兒畫故事活動形態圖

　　兒歌引領幼兒體驗真摯的情感世界，培養幼兒真善美的心境，增進幼兒說話與朗讀的能力（鄭蕤，1990）。唱歌為幼兒帶來歡樂，而在歡樂的情境與心境中，提升學習的成效（圖8-5）。

　　故事與說故事的整合，藉由聽故事與看故事的基礎，幼兒從嘗試改編繪本中的故事開始，由主角的更換、到背景、到情節，最後到結局的逐步改編。編故事與幼兒生活經驗和閱讀經驗有著極多的相似，這也是幼兒畫、編故事的重要資產（圖8-6）。

261

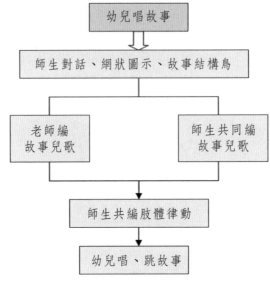

圖8-5　幼兒唱故事活動形態圖

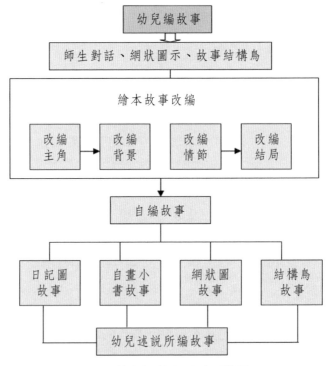

圖8-6　幼兒編故事活動形態圖

262

「演」故事，將幼兒化身爲各種不同的角色，再藉由場景的彩繪與布置、服裝的製作、音效的搭配與故事的旁白等，多面的學習歷程，讓幼兒實際體會書面故事與戲劇故事間的差別（圖8-7）。

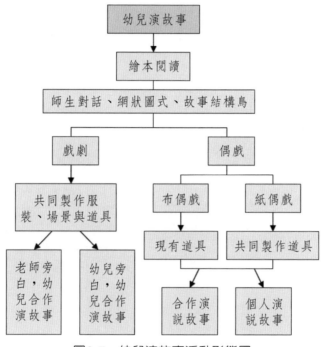

圖8-7　幼兒演故事活動形態圖

肆、讓幼兒成為課室翻轉的小主人

教育如同織網，學習能力不同的孩子，編織出不同風貌的學習網；在策略與活動的線線交織中，幼兒的故事結構漸顯完整。

一、落實幼兒的自主學習──創客的誕生

(一) 繪本若僅是讓幼兒聆聽故事，無法做結構性探討，那麼幼兒對故事結構性概念便無法建立；因此，翻轉師生互動或以幼兒爲主角的學習是必要的。

(二) 師生對話式閱讀（引發幼兒說故事的動機）、網狀圖示（幼兒主動完成故事順序網），以及故事結構鳥（幼兒主動有系統的完成故事鳥繪製並說故事），三者的步驟讓幼兒能自己檢視其「聽、說、畫、唱、編、演」故事的系統性與統整性。

二、聽、說、畫、唱、編、演──親師生協作玩出聰明、玩出智慧

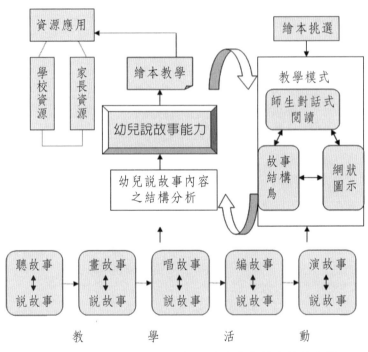

圖8-8　提升幼兒說故事之結構性能力的繪本教學架構

(一) 幼兒園教師在運用繪本說故事時，宜掌握聽→說→畫→唱→編→演的結構性能力。

(二) 幼兒說故事能力的提升，並納入家長及學校資源系統，才能事半功倍。

(三) 「網狀圖示」：請幼兒欣賞完故事後，主動完成故事「順

264

序網」繪製並說故事；同時在欣賞完故事後，主動完成故事「結構鳥」的繪製並說故事。

第三節　問題解決（PBL）在幼兒園教學上的設計

壹、問題解決的教育意義及其歷史沿革

一、問題解決教學法的教育意義

「問題解決教學法」自1969年加拿大的McMaster大學大力推動後，至今自幼兒園至大學無不力倡「問題解決教學法」，此種教學法是以問題爲導向的學習模式，又稱「問題導向學習法」（problem-based learning, PBL），學習者能藉由解題的過程，發展高層次的思維技能和解決問題的能力。

嚴格來說PBL並不是一種教學方法，而是一種教學的理念與精神，頗符合Dewey所說的「做中學」（learning by doing）的精神。「問題導向學習法」既名之爲教育的理念與學習態度，那麼協助幼兒了解自己學習的需要（self awareness）、尋找知識的技巧（to do）、知識的理解與應用（know how），以及主動的自我學習是必要的。此種教學法幼兒是學習的主體，在學習過程中是學習的「主人」，要完全參與和爲自己的學習負責任，同時也要爲小組其他人的學習負責。這種學習方式和一般傳統教學中教師居於主導的權威角色是不同的，問題導向學習是幼兒自主探索學習，面對問題能認清問題與解決問題。很明顯的，在知識爆炸與生活周遭問題層出不窮，從小培養幼兒主動學習的態度、團隊合作，以及與生活接軌的終身有效率的學習是此一教學法的重要意義所在。

二、問題解決教學法的歷史沿革

「問題解決教學法」可以從Dewey（John Dewey, 1852-1952）的教育理念談起，他認爲教學必須成爲兒童生活經驗的一部分；因此教

265

學必須從眞實情境出發，而學習則從問題解決中獲得。認知心理學學習理論與互動學習論爲其立論基礎，兩者均以建構主義學習理論出發，強調學習者的主動學習，進行問題的解決（林碧雲，2005）。

1933年Dewey出版《如何思考》（*How We Think*）一書，提出解決問題的五個步驟：1.發現問題或困難；2.界定問題性質；3.探究可能的解決策略；4.選擇合理的解決方法；5.採取解決問題的行動；最後提出結論和建議（也可加入評鑑策略或驗證等步驟）。

Dewey問題解決教學法要兒童從生活裡發現問題，多設能顧及兒童興趣的情境作爲刺激兒童之用；要兒童從生活中發現問題，並尋求解答；注意團體活動以彌補個人思考不足。

1986年南伊利諾大學（Southern Illinois University）醫學院H. Barrows及A. Kelson揭櫫其與一般傳統教學法不同的取向，將此種教學法定義爲「問題導向學習法（PBL）」。

貳、「問題導向學習法」的內容與運用

既名之爲「問題導向學習法」，所以這種學習法必須以「問題」匯聚焦點刺激學習，以學習者爲中心的自我導向學習，教師通常只是扮演一位引導者和促進者的第二線角色。由於問題是藉由小組討論、腦力激盪來解決問題，因此教師給予學生的問題通常是以眞實世界非結構性問題爲學習的起點，儘量避免固定結構的解答問題。學習者在學習的過程中，扮演著積極參與的問題解決者，以及對學習的責任感，藉以促動整個學習的進行、團隊合作的溝通技巧，以及資訊管理與應用的能力。

以問題爲導向的學習應用，其問題應該是當前或未來專業領域的眞實問題、開放而非結構性問題，與學習者的舊經驗相結合、複雜而具挑戰性，且與生活緊密相結合。問題的選擇很重要，一個好的問題才有可能引發學習者的熱烈討論與激發學習者的思考。

一、「問題導向學習法」（PBL）改變學習生態

　　根據研究（鄭惠文，2008）顯示，大學生的「家庭社會資本」與「學校社會資本」對成就動機均具有預測力；大學生的成就動機雖無法脫離家庭社經背景的影響，但家庭社會資本並非影響大學生成就動機的第一要素，大學生的「學校」社會資本才是真正能有效預測成就動機的關鍵因素。以圖8-9顯示「情境」及「問題」導向此一教學法的圖示說明（吳樺姍，2017）。

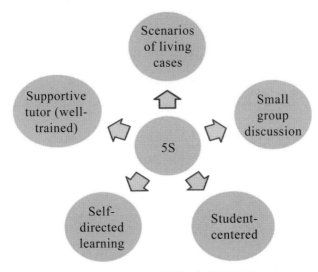

圖8-9　情境及問題導向教學元素

　　學生因問題的探索成立社群而自主學習，因而進行課程規劃、整合學習資源，在教師的引導下進行問題的解決，當然此時師生教學社群也可能就此合而為一。

二、「問題導向學習法」（PBL）的執行

(一) PBL與傳統教學法的不同

　　「問題導向學習法」常常需要我們：回想自己過去所學的，是我們現在所用的嗎？我們今天所教的，能因應明天的變化嗎？（鄧成

267

連，2018）說明傳統教學法與PBL問題導向學習的不同。（柯慧貞，2017）

表8-7　傳統教學法與PBL教學法的比較

項目　類別	傳統教學法	問題導向學習法
學習自主性	被老師要求	學生自主（Edens, 2000）
議題討論	——	與真實世界相關但定義模糊的問題
合作性學習	——	腦力激盪、分享、回歸、修正
經驗回饋與反思（reflective thinking）	——	知識—經驗—知識連結
評量	總結性評量	形成性與總結性評量

以上的比較很清楚的看出傳統的學習「學生被老師要求」，而PBL則是「學生自主」探索與「真實世界相關」，但「定義卻仍還是模糊的問題」。

(二) PBL的執行

「問題導向學習法」需要同儕之間腦力激盪、分享、回饋與修正；其次，為知識—經驗—知識的鏈結。「形成性評量」是經驗過程中檢視再出發很重要的一環，最後再做「總結性評量」。PBL強調：

- ‧了解自己學習需要（self awareness）
- ‧尋找知識的技巧（to do）
- ‧知識的理解與應用（know how）
- ‧主動的自我學習（self-directed learning）
- ‧PBL係以學生主動式的學習為主，群組中互動頻繁且多溝通協調與團隊合作，它與個人式教學、學生被動且少互動的競爭式學習不同。

1. 計畫──腦力激盪成形

・「頭腦」風暴法的「腦力激盪」（brain storming）是美國
BBDO（Batten, Barton, Durstine and Osborn）1938年所創。
是一種激發創造力、強化思考，所設計基本規則、實施方法、
演化及總結的方式。

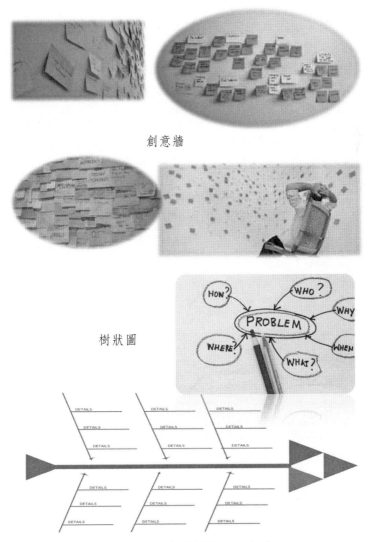

創意牆

樹狀圖

圖8-10　腦力激盪的各種方式

2. 實行──執行學習目標

- 就是擬定一個真實或虛構的故事情境，讓一小組的學生自己去發掘裡面的問題，共同討論之後，再分頭查詢資料，一起解決問題，並自行設定學習目標，由解決問題的過程中達到學習目標。

- 整個過程中，引導老師（tutor）只扮演輔助者，或刺激者的角色，不必主動去教導，讓學生自我學習、共同學習，並養成解決問題的能力，培養出終身學習的能力，這是一種真正的自主學習法（吳禮字，2017）。

3. 方法和反思──學習目標完成與檢視

馬斯垂克的七級跳步驟（Maastricht seven jump process）：

- 澄清術語：辨識並澄清情境中不熟悉的術語，並一一記錄下來。

- 擬定議題：一一討論議題，如果大家都同意者，則納入議程。

- 腦力激盪：以既有的知識來提供可能的解釋；彼此互相討論，找出彼此知識不足之處，將討論記錄下來。

- 組織整理：重新回顧第二與第三步驟，找出可能的解決之道，將解決之道重新組織並整理。

- 擬定學習目標：組員達成學習目標的共識，老師確認小組的學習目標切合實際，完整且適當。

- 蒐集資料：每位學生針對學習目標蒐集資料、個別研讀。

- 分享成果：小組共同分享研讀的成果；老師監督學習成效，並評估整組的表現。（吳禮字，2017）

4. 擬定問題解決教學法的核心架構（構面說明）

請見表8-8。

表8-8　問題解決教學法設計之核心架構說明

問題解決的步驟	學習者應用的策略	學習成果	課程與教學設計
• 覺察問題 • 界定問題 • 分析需要的資訊 • 蒐集資訊 • 問題與分析資料 • 擬定可能解題的策略 • 選擇策略與執行 • 針對過程及結果進行自我評量 • 評估學習成果 • 發表與報告	• 探索與詢問 • 規劃假設並預測結果 • 擬定問題範圍 • 建構學習概念地圖 • 活化先備知識 • 蒐集資料 • 分析、詮釋、評估與記錄資訊 • 延伸理解 • 應用理解到新問題	• 自主學習 • 擬定解決的策略與計畫 • 行動與檢討 • 認知轉化 • 養成大膽假設與求證的態度 • 問題解決	• 訂定學習目標 • 營造問題情境 • 產出核心吸引學習的議題 • 解題策略的整合與引導 • 促進討論的技術 • 規劃反省與檢視 • 引導學習者採取行動與反省 • 持續性評量

資料來源：修改自Eisenberg & Johnson（2002）；改寫林碧雲，（2004）。

由以上文獻的彙整，說明問題解決的步驟如下：

1. 覺察問題或困難的存在

閱讀分析問題情境→學習者彼此討論→個人提出想法與解釋→小組成員討論對問題的理解→找出問題的關鍵所在→再次蒐集問題的相關資料。

2. 界定問題、蒐集資訊

釐清確切的主要問題→探究小組所要解決與回答的問題→再蒐集新資料→再修正問題。

3. 提出可能的解決策略

腦力激盪→提出各種解決策略→小組討論列出建議方式→田野調查、訪問專家、線上或圖書館等有關場域搜尋資料→驗證資料。

4. 決定策略並加以評估

評估所提出各項可能策略的效益與危害，從中選擇一項效益最大而害處最少的策略，然後付諸行動。

5. 按照策略採取行動與評鑑

採取行動的過程中，一方面嘗試解決問題，一方面了解行動的成

效：邊進行、邊調整修正，使儘量完善而無瑕疵。若行動有成效，則必須定期或隨時的評鑑，以確保其成效。

6. 成果發表與報告分享

根據蒐集資料和解決問題的過程，包括如何界定核心問題、蒐集資料、訂定期程、小組定期討論與修正，以及結論和建議，或者本研究的限制等可加以放入成果報告，供其他小組參考或日後的再改善。

下面舉例「幼兒園問題知多少」案例，作為小組腦力激盪和蒐集問題的參考。（圖8-11）

《事》

1. 幼兒園事多、錢少，怎麼辦？
2. 幼兒園沒有行政人員，我既要上課又要負責幼兒園評鑑業務工作，怎麼辦？
3. 幼兒不睡午覺，怎麼辦？
4. 幼兒愛攻擊別人，怎麼辦？
5. 幼兒園虐童事件頻傳，怎麼辦？

《人》

1. 幼兒園招生不好，生員減少，怎麼辦？
2. 我和同班老師，教學理念不同，怎麼辦？
3. 園長不尊重老師，也不和老師溝通，怎麼辦？
4. 沒有老師願意當園長，怎麼辦？
5. 家長常常不能準時接送幼兒上下學，怎麼辦？

幼兒園問題知多少？

《物》

1. 幼兒園為了省錢，孩子的餐點食材總是不夠，怎麼辦？
2. 幼兒園教學設備及材料資源常不夠，申請又很困難，怎麼辦？
3. 幼兒的家長常要送禮物給我，怎麼辦？
4. 3C產品影響幼兒園幼兒的學習，怎麼辦？
5. 幼兒園校車接送幼兒經常不準時，怎麼辦？

《地》

1. 幼兒園地處偏遠，讓我上班常會遲到，怎麼辦？
2. 幼兒園讓幼兒睡地下室，怎麼辦？
3. 幼兒園沒有足夠空間讓幼兒在戶外運動，怎麼辦？
4. 教室太小，不能設置學習區，怎麼辦？
5. 國小附幼與國小空間界線不明，遊戲設施混用，怎麼辦？

圖8-11 腦力激盪「幼兒園問題知多少」案例

　　腦力激盪與蒐集可能的問題，如圖8-11幼兒園問題知多少？可以分組討論再全班集結共識，整理「人、事、物、地」問題中最重要與最急迫性，而且是小組成員共同有興趣的探究問題，成員著手蒐集資料，解決可能發生或已存在的問題。

參、「問題導向學習法」案例分析及其評述

一、案例名稱：「面對行為偏差的幼兒」怎麼辦？

二、案例目的：親師生共同解決問題

　　・了解研究個案的親子習慣養成及其影響。

　　・探討繪本及角色扮演，對親子自主學習習慣的成效。

　　・分析以繪本引導親子間養成自主學習習慣的方法及其成效。

　　根據以上研究目的，本研究探討的問題分述如下：

(一) 了解個案的親子習慣養成及其影響

1. 研究個案親子有哪些既有的習慣？

2. 親子間的習慣如何相互影響？

(二) 探討繪本及角色扮演，對親子自主學習習慣的成效

1. 繪本作為角色扮演媒材的教育意義為何？

2. 以繪本作為角色扮演對親子間自主學習習慣的成效為何？

(三) 分析以繪本引導親子間養成自主學習習慣的方法及其成效

1. 「習慣樹」中主動、傾聽、合作和計畫的繪本引導，對幼兒自主學習習慣的成效為何？

2. 「習慣樹」中主動、傾聽、合作和計畫的繪本引導，對母親自主學習習慣的成效為何？

3. 「習慣樹」中主動、傾聽、合作和計畫的繪本引導，對親子

互動自主學習習慣的成效為何？

三、案例簡介（周思好、盧美貴，2020）

　　研究者常與母女接觸，偶爾也會與母親聯繫，在聯繫的過程當中，母親常會提及有關孩子的不良習慣，能採用哪些方法進而讓孩子能夠改善，藉由這樣的因素與母親討論和取得其同意後，這對母女就成為我研究的對象。

(一) 研究對象──母與女

1. 幼兒年齡及就讀學校：性別女，5歲，就讀○○幼兒園。
2. 母親年齡及職業：性別女，35歲，擔任戶政事務所的會計員。
3. 家庭背景：幼兒為家中排行老二，有一個就讀國小的姐姐。父親為國小的主任；母親在戶政事務所當任會計員，小孩平時由父母共同扶養照顧。
4. 管教方式：小孩平時由父母照顧，管教方式以孩子意願為主，不特別強迫孩子，但因為管教較為寬鬆，常常幼兒會講不聽，偶爾對父母指令產生反抗，會以「哭」來表達不願意，父母不知該如何管教。
5. 母女先前習慣：透過與母親訪談中，母親敘說在家中確實自己有很多的不良習慣影響了幼兒，在研究者四項的習慣中，母親認為說話前先傾聽別人、在做事前我會先做好規劃這兩項是自己的不良習慣，間接或直接影響幼兒，而自己會做的事不麻煩別人、兩人以上相互協調與合作，這兩項是母親在日常生活當中常看到幼兒發生的不良習慣，以及在幼兒園時也常被老師反應有這樣的行為。

(二) 研究變項與研究工具說明

　　本研究自變項為研究者在指導教授的指導下，選擇四本與本研究四大習慣相關之繪本，並藉由角色扮演的方式探究此引導對於親子間互動及幼兒習得後所增進效果。依變項為幼兒在接受本研究繪本為角色扮演的媒材後，對習慣的養成及自主學習的態度。

1. 自變項

本研究的自變項爲繪本角色扮演的媒材之引導。研究者將選擇四本適合學前大班幼兒閱讀的繪本，分別爲《我想要一個昆蟲收集箱》、《我才不要合作》、《我的嘴巴是一座火山》、《機器人阿泰》，藉由親子共讀及角色扮演的方式做引導，讓幼兒與家長間透過角色扮演的方式更喜歡學習，藉由幼兒親自扮演繪本裡的角色，來覺察並體悟到原來這樣的習慣是不好的，使幼兒了解好習慣的重要性。

2. 依變項

本研究的依變項爲進行個案研究的過程中，研究者在旁觀察親子間的互動及家長的引導，評量以繪本角色扮演的媒材對於幼兒的習得成效，包括：(1)自己會做的事不麻煩別人；(2)在做事前我會先做好規劃；(3)說話前先傾聽別人；(4)兩人以上相互協調與合作。

四、課程與教學內容的安排

(一) 問題導向學習法的引導與習得成效

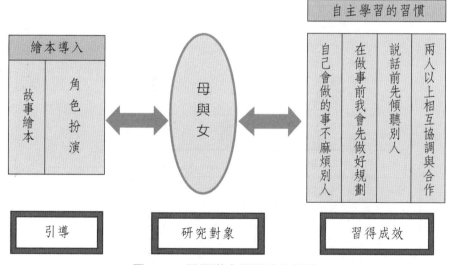

圖8-12　問題導向學習法的架構

(二) 問題探究與解決的流程

> ● 前導研究——觀察及記錄

此觀察為基線期第一週,主要觀察親子在家中日常習慣行為。
➢ 研究工具:以軼事記錄法,將本研究所要觀察的四大習慣全部列出來,如觀察時發現有哪些行為,並註明下來。
➢ 觀察時間:週六、週日。

> ● 正式研究——繪本、改編繪本及角色扮演

I. 繪本

主要是觀察親子間透過研究者所提供繪本的共讀時間。
➢ 每次閱讀完繪本先不進行檢核,閱讀完後的隔一週再進行檢核。
➢ 研究工具:檢核表。
➢ 觀察歷程:四本繪本共進行八週。
➢ 觀察時間:週六、週日。

II. 改編繪本及角色扮演

主要觀察親子間閱讀完繪本後,以短劇的方式扮演故事中的主角,透過小短劇不但能讓親子互動外,也可以讓親子藉由親自扮演中習得故事的不良行為是不好的。
➢ 每次角色扮演後先不進行檢核,隔一週再進行檢核。
➢ 研究工具:檢核表。
➢ 觀察歷程:四個短劇共進行八週。
➢ 觀察時間:週六、週日。

> ● 總結研究與評量

此觀察為研究後的一個月進行總結評量。
➢ 評量親子在實驗後的一個月,對於此研究的四項習慣是否有所改善。
➢ 研究工具:檢核表。
➢ 觀察歷程:一個禮拜。
➢ 觀察時間:週六、週日。

圖8-13 問題探究與解決的流程

(三) 前導的觀察與記錄

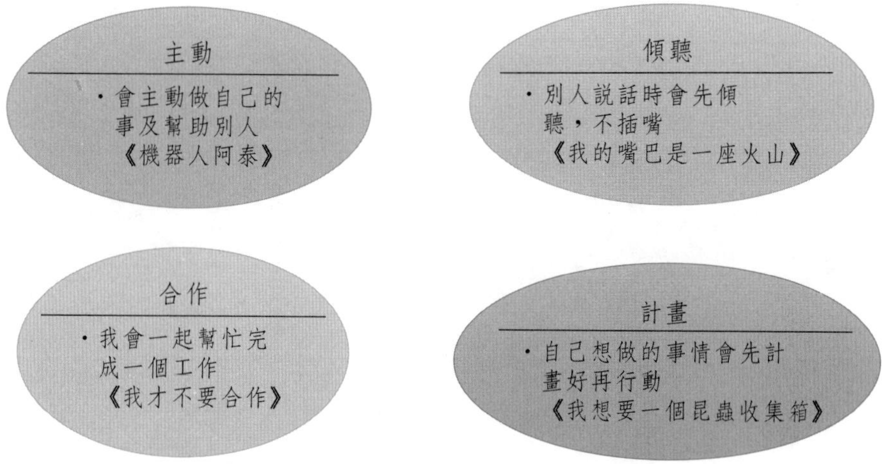

主動
・會主動做自己的
　事及幫助別人
　《機器人阿泰》

傾聽
・別人說話時會先傾
　聽，不插嘴
　《我的嘴巴是一座火山》

合作
・我會一起幫忙完
　成一個工作
　《我才不要合作》

計畫
・自己想做的事情會先計
　畫好再行動
　《我想要一個昆蟲收集箱》

圖8-14　本研究自主學習習慣前導圖示

註：前導研究係改寫S. Covey（2018），《與成功有約：培養7個好習慣》。

　　確立前導研究的項目，再依「主動」、「傾聽」、「合作」和「計畫」研擬個案幼兒的觀察項目與表現行為，如表8-9與表8-10所示。

表8-9　觀察項目及表現行為

四大習慣	觀察的行為
主動 （自己會做的事情不麻煩別人）	母：回到家時，皮包就隨意丟在沙發上，都是等先生提醒才會拿去放在櫃子上。 幼：1.可以自己吃飯，卻因為顧著看電視，常常都是父母親餵她。 　　2.能自己穿衣服，卻因為懶得自己穿，都要求父母親幫她穿。 　　3.放學回家時，把餐袋跟書包亂丟，要父親提醒時才拿去放好。 　　4.玩具玩完時，不會收拾與物歸原處。
傾聽 （說話前先傾聽別人）	母：當幼兒在說話時，常常會打斷幼兒，沒有仔細聆聽。 幼：姐姐在跟大家分享事情時，幼兒會一直打斷姐姐講話。

（續）

四大習慣	觀察的行為
合作 （兩人以上相互協調合作）	母：當要跟家人一起做一件事情時，常常沒有跟家人共同協調討論，導致一件事情做很久才完成。 幼：1.在家中幼兒都會占為己有，不跟姐姐一起玩，姐姐有需要幫忙時，也不願與姐姐合作。 　　2.母親請幼兒一起做家事時，幼兒都不願意一起幫忙。
計畫 （在做事前我會先做好規劃）	母：1.想做什麼事情時，都沒有事先想看看那天的時間有沒有空就先安排，結果當天發現自己已經安排其他事情。 　　2.當在煮菜時，因為上班太忙碌，回家須趕快煮飯給孩子們吃，卻總是菜快煮好了，才發現洗好的米放進電鍋後，忘了打開電源。 幼：回家時母親常常提醒要洗完手才可以玩玩具，但是幼兒總是先去玩玩具，直到家人生氣，甚至罵人了，才趕快去洗手。

表8-10　觀察項目與指標

項目	指標	表現情況				
		1	2	3	4	5
主動	1. 該做的事情會主動做好，不用別人提醒。					
	2. 主動收拾東西，並且物歸原處。					
	3. 別人需要幫忙時，會主動協助。					
傾聽	1. 仔細聆聽，並適當回應他人。					
	2. 別人在說話時不插嘴。					
	3. 別人在說話時，眼睛要看著對方，以示尊重。					
合作	1. 親子會一起做家事。					
	2. 親子會一起共同收拾衣物。					
	3. 家人共同討論協調完成一件事。					
計畫	1. 做事前先想好再行動。					
	2. 做事前會先安排好時間。					
	3. 做事前會考慮完成事情的先後順序。					

肆、結語——解決問題的方法、一定比問題多

一、幼兒在繪本及角色扮演主動、傾聽、合作、計畫習得的成效

(一) 主動

幼兒在繪本引導後，主動的行為，基線期分數在1-2分，介入後，由2分逐漸進步到2-3分，維持期則呈現3-4分；角色扮演，基線期已進步到4分，介入期為4分以上，維持期能夠都達到5分。此幼兒在繪本及角色扮演後都有習得的效果，但角色扮演提升效果為佳。

(二) 傾聽

幼兒在繪本引導後，傾聽的行為，基線期分數在1分，介入後，由1分逐漸進步到3分，維持期則維持在3分；角色扮演，基線期已進步到3分，介入期為4分以上，維持期能夠都達到5分。此幼兒在繪本及角色扮演後都有習得的效果，但角色扮演提升效果為佳。

(三) 合作

幼兒在繪本引導後，合作的行為，基線期分數在1-2分，介入後，由1-2分逐漸進步到3-4分，維持期則呈現3-5分，在介入期及維持期中能發現分數都較為一致，沒有明顯的進步；角色扮演，基線期已進步到3-5分，介入期為4分以上，維持期三分之二達到5分。此幼兒無論在繪本及角色扮演後都有習得效果，但角色扮演提升效果為佳。

(四) 計畫

幼兒在繪本引導後，計畫的行為，基線期分數在1分，介入後，由1分逐漸進步到2分，維持期則呈現3分；角色扮演，基線期已進步到3分，介入期為3-4分以上，維持期能夠都達到5分。此幼兒無論在繪本及角色扮演後都有習得的效果，但角色扮演提升效果為佳。

二、母親在繪本及角色扮演主動、傾聽、合作、計畫習得 的成效

(一) 主動

母親在繪本引導後，主動的行為，基線期分數在2分，介入後，由2分逐漸進步到4-5分，維持期也呈現4-5分；角色扮演，基線期已進步到4分以上，介入期為5分以上，維持期能夠都達到5分。此母親在繪本及角色扮演後都有習得效果，但角色扮演提升效果為佳。

(二) 傾聽

母親在繪本引導後，傾聽的行為，基線期分數在1-2分，介入後，逐漸進步到3-5分，維持期則呈現3-5分；角色扮演，基線期已進步到4-5分，介入期為4-5分，維持期也呈現4-5分。此母親在繪本及角色扮演後都有習得的效果，但角色扮演提升效果為佳。

(三) 合作

母親在繪本引導後，合作的行為，基線期分數在2分，介入後，由2分逐漸進步到3-4分，維持期則呈現4-5分；角色扮演，基線期已進步到4-5分，介入期為4分，維持期也都達到5分。此母親在繪本及角色扮演後都有習得的效果，但角色扮演提升效果為佳。

(四) 計畫

母親在繪本引導後，計畫的行為，基線期分數在2分，介入後，由2分逐漸進步到4分，維持期則呈現4-5分；角色扮演，基線期已進步到4-5分，介入期為4-5分，維持期能夠都達到5分。此母親在繪本及角色扮演後都有習得的效果，但角色扮演提升效果為佳。

三、親子繪本及角色扮演合作和計畫的習得成效

(一) 主動

親子在繪本引導後，主動的行為，基線期分數在2-4分，介入

後，逐漸進步到7-8分，維持期則呈現7-9分；角色扮演，基線期已進步到6-9分，介入期為9-10分以上，維持期能夠都達到10分。親子在繪本及角色扮演後都有習得的效果，但角色扮演提升效果為佳。

(二) 傾聽

親子在繪本引導後，傾聽的行為，基線期分數在2-3分，介入後，逐漸進步到6-8分，維持期則呈現7-8分；角色扮演，基線期已進步到6-8分，介入期為8-9分以上，維持期能夠都達到10分。此親子在繪本及角色扮演後都有習得的效果，但角色扮演提升效果為佳。

(三) 合作

親子在繪本引導後，合作的行為，基線期分數在3-5分，介入後，逐漸進步到6-7分，維持期則呈現7-9分；角色扮演，基線期已進步到7-9分，介入期為9-10分，維持期也在9-10分。此親子在繪本及角色扮演後都有習得的效果，但角色扮演提升效果為佳。

(四) 計畫

親子在繪本引導後，計畫的行為，基線期分數在3分，介入後，由3分逐漸進步到6分，維持期則呈現7-8分；角色扮演，基線期已進步到7-8分，介入期為7-9分，維持期能夠都達到8-9分。幼兒對於角色扮演提升效果較好。親子在繪本及角色扮演後都有習得的效果，但角色扮演提升效果為佳。

四、學習的革命——我愛父母更愛幼兒

(一) 以「繪本」為媒材的研究中發現，雖然繪本也有所成效，但對於「角色扮演」能夠讓親子共同扮演，更能看出明顯的成效。

(二) 為了解親子不良習慣，以繪本及角色扮演提升成效，採單一受試方式進行研究，優點能夠使受試者不受外在環境影響，使研究者能夠掌握內在效度及高度的彈性運用。

(三) 因為研究過程需要花好幾個月進行，須進行兩個媒材的試驗，況且受試者母親平常工作過於繁忙，只能挪出週末時間讓研究者進行研究，此影響到受試者的休閒與娛樂時間。

(四) 因受試者路途遙遠，導致在做研究歷程產生諸多不便。

五、我們的建議——沒有問題小孩，只有問題父母

(一) 未來可增加多組家庭，使研究更為精確，並且了解不同家庭背景行為習慣養成的差異。

(二) 媒材的應用可以多增加一些動漫及影視，增加親子對研究的樂趣。

(三) 在未來如繼續做研究時，可以就近尋求願意的受試者進行研究，以利研究更順利進行。

個案的研究發現：可作為幼教師與父母未來在進行繪本教學時，更加善用角色扮演，增進幼兒對於改善學習行為的參考，讓幼兒或親子間透過角色扮演互相學習，並且能夠影響到父母或家人良好習慣的養成。

第四節　史帝姆（STEAM）在幼兒園教學上的設計

壹、史帝姆（STEAM）教育的意義及其歷史沿革

一、史帝姆（STEAM）教育的意義

「STEAM」四個英文字母意指科學（Science）、科技（Technology）、工程（Engineering）、藝術（Art）、數學（Mathematics）。其精神在於科學、科技、工程、藝術及數學跨領域或稱跨學科（interdisciplinary）的整合，一般簡稱STEAM，本書以史帝姆（STEAM）稱之（盧美貴，personal communication，2020年5月17日）。本文之後皆以史帝姆稱之，僅在回顧STEM的發展、文獻或案

例說明時，為了還原文獻原意與實際脈絡，則以STEM稱之。

　　追溯史帝姆（STEAM）教育的起源，是由美國積極推動STEM（Science, Technology, Engineering, Mathematics）教育的課程改革（Herschbach, 2011），強調培養學生透過跨領域的方法來解決問題、運用各領域技術來創新，提升國家在全球經濟、科技與教育的競爭力。爾後，相關學者提出建議納入不同領域，因此在史帝姆教育發展的過程中有了「從STEM到STEM+」跨領域學習（湯維玲，2019）的各種樣貌，但其中以納入藝術（Art）領域廣被採用，其發展也最為盛行，即「STEAM」教育。

　　史帝姆教育重視探究與解決問題能力的培養，並在探究過程中強調實作學習（hands-on learning）、科技整合的教學，不論是教材、課程設計、課程運作，都基於真實情境、社會脈絡，整合各學科知識與技能。盧秀琴與馬士茵（2019）根據史帝姆教育的意涵，提出史帝姆課程設計的五個重要精神：1.跨領域的探究，打破學科框架；2.以學習者為中心，強調動手做；3.引發學習者的探究動機；4.解決真實生活的問題；5.透過感官學習。承上可知，史帝姆教育精神與幼兒教育強調的探究精神有極高的相似性。因此，史帝姆教育要從幼兒園開始著手（Maeda, 2013），強調探究與解決問題歷程的幼兒教育，擁有深厚的探究底蘊來進行史帝姆教育。

　　幼兒教育的課程設計強調從幼兒的真實經驗與問題出發，因此史帝姆教育可以實踐在以幼兒的真實生活與經驗為脈絡，透過探究歷程培養幼兒以科學探究為基礎，進行跨領域整合的活動，例如探究看不見卻讓人生病的病毒、發明一個實用又方便的防疫工具、池塘中浮在水面上的葉子、樹枝的剖面為什麼會流出汁液等，都是引導幼兒進行史帝姆教育相當合適的情境。再者，細究我國幼兒園課程大綱欲培養之六大核心素養：覺知辨識、表達溝通、關懷合作、推理賞析、想像創造、自主管理（教育部，2017），強調六大核心素養是經由統整各領域的領域能力來培養，顯見幼兒教育不僅能作為啟蒙史帝姆教育的階段，也是為幼兒建立探究史帝姆（Science, Technology, Engineering, Art, Mathematics）能力的重要基礎。

二、史帝姆（STEAM）的歷史沿革

(一) 美國的STEM教育

1986年：美國國家科學委員會（National Science Board）發表《大學的科學、數學和工程教育》，提出整合科學、科技、工程和數學的STEM教育。

1996年：美國國家科學基金會（National Science Foundation，簡稱NSF）發表《塑造未來：透視科學、數學、工程和科技的大學教育》，提出以縮寫SMET來簡稱Science、Mathematics、Engineering、Technology。除了建議學校、政府、企業、專業組織、社區之間的合作，也建議積極培養K-12的SMET教育師資。

2006年：美國總統布希（George Walker Bush）發表《美國競爭力計畫》，指出具有STEM素養的人才，是全球競爭力的關鍵。

2007年：美國國會通過《美國競爭法案》挹注更多教育經費，啟動K-12的STEM教育，以確保STEM教育系統的連貫性。

2009年：美國總統歐巴馬（Barack Obama）簽訂《2009年美國復甦與再投資法案》，並正式統稱「STEM教育」。

2014年：美國政府編列4.5億美元改進STEM教育，例如建設中小學STEM創新網絡計畫、STEM專家教師的專業發展社群等。

2015年：美國正式通過《STEM教育法案》，明確定義STEM教育為科學、科技、工程和數學的教育，成為STEM教育在美國進入新時代發展的里程碑。

2017年：美國總統川普（Donald Trump）延續STEM教育政策，簽署備忘錄宣示，每年撥款2億美元預算補助幼兒園至高中教育階段推動STEM教育。

2018年：美國發布《為成功制定路線：美國STEM教育的策略》教育計畫，指引未來5年發展高品質的STEM教育。

綜上可知，美國長期大力推動STEM教育，並從幼兒教育開始。

美國政府以培養STEM素養（STEM literacy for all）爲目標，同時也影響了各國教育現場對於學習的定義有不同的詮釋。

(二) 中國的STEM教育

2016年由中國教育部發布的《教育信息化「十三五」規劃》指出，著力於STEM教育，提升學生的訊息素養（資訊素養）、創新意識與創新能力，養成學生數位化學習的習慣，培養科技創新人才。2017年印發《義務教育小學科學課程標準》，強調科學教育是未來全球的競爭力，指出跨學科、專案式學習、解決問題的教育，以問題解決導向的課程組織。該報告可說是中國教育體制的重大改革。同年，中國教育科學研究院成立STEM教育研究中心，並發表《STEM教育2029行動計畫》，提出對中國未來STEM教育的展望。

貳、幼兒史帝姆（STEAM）教育的內容與運用

一、史帝姆（STEAM）教育的內容

本節將整合史帝姆教育內容的重要觀點，並以幼兒爲學習主體切入，進行史帝姆教育內容的介紹並舉例說明。

(一) 科學（science）

文獻上對科學的定義會隨其應用面向而有不同的解釋，本書主要以史帝姆教育精神爲基礎來定義科學在史帝姆教育的角色。在幼兒探究世界的過程，會產生問題、展開一系列的行動、蒐集資訊等，來回應正在探究的問題。在過程中，可能需要運用、整合各領域的知識與技能來解決問題。因此，科學教育是科學探究獲得知識、工程實踐來解決生活中的問題，甚至運用數學與科技（周淑惠，2018）。

(二) 科技（technology）

國內學者周淑惠（2018）將科技分爲四大類：

1. **探查工具**：幼兒探究、實驗、觀測使用的工具，例如放大鏡、容器、天平、尺。

2. **紀錄工具**：幼兒保留探究或製作歷程的工具，例如筆、相機、錄音設備。

3. **製作工具**：幼兒在工程活動時的實用工具，包含製作材料、釘製與黏合的工具，例如紙箱、白膠、釘書機。

4. **製作程序**：製作時的程序、步驟及其方法，例如幼兒搭建積木涼亭時要先搭建基地，並使用不同搭建技法在每個環節，以利完成作品。

(三) 工程（engineering）

工程是聚焦在一個系統化的問題解決過程（林育緯等譯，2019）。國內學者周淑惠（2018）指出工程涉及三大面向：

1. **設計**：根據問題需求與現實條件發想與計畫。
2. **思考與製作**：運用材料、技術一邊思考一邊製作。
3. **改良或精進**：製作過程中持續改善與精進。

以下從Zan和Van Meeteren（2015）提出工程可以在幼兒教育階段實施的幾項建議，來進一步說明：

1. **致力於幼兒解決問題的過程**：幼兒在探究、解決問題時，過程中會運用各種表徵的方式，透過建構與製造，解決問題或達成目標。

2. **鼓勵幼兒並給予完全的空間解決問題**：鼓勵幼兒想出解決問題的各種方法。

3. **掌握幼兒的潛能**：教師必須掌握哪些是幼兒能自己計畫、測試與解決的部分。

4. **給予充分的時間**：幼兒解決問題的過程可能會是一個嘗試錯誤的過程，需要足夠的時間探索、計畫與測試，最後才能獲得解決方案並完成計畫。

5. **觀察與紀錄**：在幼兒解決問題的過程中，教師必須透過系統性的觀察與紀錄，來了解幼兒的想法、興趣及遇到的挑戰。

綜上可知，工程適合應用在幼兒探究的歷程，例如幼兒在學習區進行自主性的任務挑戰，即可以是一個工程運作的歷程。此外，教師扮演關鍵的角色，例如環境與媒材的預備、鼓勵幼兒有嘗試的勇氣、敏銳的觀察與等待，以及充分掌握幼兒的學習狀態。

(四) 藝術（art）

學者認為結合STEM的客觀、實用與分析特性，以及藝術的主觀、直觀與獨特性，兩者並存互補可以讓產品設計更具創新與多樣化，科學提供藝術方法與工具，藝術提供科學發展的創新原型（Kim, Kim, Nam, & Lee, 2012）。此外，藝術除了視覺美術與設計，也要以跨學科觀點涵蓋各種形式，例如音樂、視覺、戲劇、各樣媒體等，並強調美感素養（aesthetic literacy）是使史帝姆教育能永續發展的重要元素（陳怡倩，2017）。此觀點與臺灣幼兒園課程大綱（教育部，2017）的美感領域，強調幼兒對生活中事物的探索與覺察、表現與創作有相同的精神。可知，幼兒史帝姆教育中的藝術是跨科際整合的媒介，也是激發幼兒提出創新想法的觸媒。

(五) 數學（mathematics）

數學包含數量、幾何、測量、空間、計算等，涉及面向很廣，生活中經常需要透過推理、解決問題的過程，來建構數學知識概念，解決生活中的問題。例如學習區的各種空間與教具教材的擺放關係、扮演區的買賣遊戲、照顧植物時的加水量與植物生長的測量等。在幼兒史帝姆教育中的數學，應以幼兒生活經驗來取材，提供幼兒具體現場以進行探索。

287

綜合國內外學者介紹史帝姆教育的內容，可歸納出五個元素：

(一) 界定議題：以幼兒真實生活的問題或社會議題為核心。

(二) 探究歷程：是一種工程活動，幼兒可以設計與製作的歷程。

(三) 跨領域結合：強調整合科技、數學與科學等各領域。

(四) 結果與成品：問題解決或達成目標。

(五) 藝術媒介：上述過程藉由各種藝術形式發揮創意、表達想法，並透過藝術整合跨學科與創新。

本文綜合上述文獻定義幼兒史帝姆教育為：從幼兒真實生活中待解決或感興趣的問題開始，以統整性課程為核心，運用跨領域的概念引導幼兒進行探究、創作，結合科學思維與實際操作、運用工程歷程、融入藝術的技巧與創意來解決問題或創新創造。

二、史帝姆教育在幼兒課程的運用

史帝姆教育在幼兒課程的運用，關鍵在於課程設計者是否能掌握幼兒史帝姆教育的精神與特徵。本節參考周淑惠（2018）指出幼兒史帝姆教育的四項特徵，筆者再加上藝術進行說明如下：

(一) 探究真實生活中待解決問題

以幼兒真實生活中待解決的問題為起點，例如教室走廊的鞋子擺放凌亂影響外觀與動線、班級菜園的蔬果經常被流浪貓闖入破壞。

(二) 探究是解決問題的預備

運用探究的方法，例如查資料、觀察、預測、實驗、比較、推論等來探究問題的相關因素，以及其運作機制、因果關係。

(三) 運用工程活動來解決問題

針對待解決問題思考與設計解決方案，並在動手實作過程中滾動式修正與調整，以達目標與精進品質。

(四) 運用科學、數學與各類技術的統整

結合解決問題所需的各項知識與技術，應用在探究問題的過程。

(五) 運用藝術的創新與多樣化特徵

重視幼兒的感官經驗，在幼兒探討科學與數學議題、運用工程活動的歷程中融入藝術的創意發想，並鼓勵創新各種解決問題的方法。創新的同時，能整合與運用跨學科領域的知識與技術，來促進藝術創作的完成。

回顧教育部頒發《幼兒園教保活動課程大綱》（2017），其總綱的內涵與基本理念，其中強調幼兒園的課程規劃應朝向統整性，並整合各領域的學習經驗，以「有系統且有目的」的原則進行課程規劃，幼兒園的課程與教學以多元的型態呈現，朝向多元開放、統整性課程的方向。基於此理念，教師等待、鷹架者的角色被支持，能拉大與深化幼兒探究與學習的歷程，再借鏡過去歐美國家實施史帝姆教育的經驗，可預期幼兒園是實施史帝姆教育的最佳場域，也是最重要的基礎。當教師能掌握史帝姆教育的精神與特徵，一個看似平常簡單的活動或問題，即可有計畫的展開富有史帝姆教育精神的探究與創作歷程。

老師在幼兒探究的歷程必須能掌握史帝姆教育的精神，能系統化的觀察與引導，並鼓勵幼兒有探究與創新的勇氣。幼兒是天生的科學家，在尚未具備自然科學概念時，鼓勵幼兒透過各種方式探索與理解眼前的自然現象。例如戶外教學時幼兒觀察到大樹有一個好大的洞，好奇並主動將手伸進去洞裡探索，幼兒想知道為什麼這棵樹有一個好大的洞？幼兒看到被砍下來的樹枝，蹲下來透過感官探索與觀察樹枝的剖面，好奇為什麼樹枝的剖面會有黏稠的乳白色汁液？如圖8-15。此時，教師的觀察與引導將是實踐幼兒史帝姆教育的開端。

圖8-15　幼兒探索自然環境，用身體去探索、伸手測量、眼睛觀察

　　除了鼓勵幼兒探究之外，教師在引導的過程亦需要具備史帝姆教育的學理概念，例如從教育「工程」的觀點，來分析「幼兒自製娃娃」的例子，如圖8-16。

　　1. **問題產生**：洋娃娃沒有頭髮，幼兒原先用奇異筆畫頭髮，但發現不能任意變化髮型，幼兒希望洋娃娃的頭髮能變化造型。

　　2. **設計與計畫**：幼兒運用各種材料設計、模擬洋娃娃的髮型、長度、顏色、捲度等，並計畫可能需要的工具與素材。

　　3. **思考並動手實作**：根據計畫使用剪刀、各樣毛線、布尺、不同的縫針線，測量毛線長度、組合各種樣式的毛線，運用適當的手縫針法實作。

圖8-16　幼兒嘗試測量與裁減毛線製作洋娃娃的頭髮

4. **驗證與改善**：縫針太細改為粗縫針，原來的平針縫無法牢固毛線改為回針縫針法，並在完成後使用熱熔槍補強髮根黏合處，在此歷程中，教師會適時的協助。

最後，在重視本土化經驗與文化脈絡的背景下，與社區結合的幼兒史帝姆教育也將是未來需要投入與發展的趨勢。與社區、社會結合可以創造更豐富與多元的資源引進，例如工廠、科技企業、製造廠商等資源融入幼兒史帝姆課程。

參、幼兒史帝姆課程的案例

一、臺灣的幼兒史帝姆課程範例

本文引用臺灣幼教現場的實際案例，說明幼兒自發性探究與教師系統性引導歷程中，實踐史帝姆教育精神的課程實例。

(一) 起源與背景

課程來源為臺灣南部嘉義市銀河非營利幼兒園（委託東臺灣幼兒教保專業促進協會辦理）的實際案例。銀河幼兒園的設立以其所在地理位置特色命名為銀河，例如嘉義有世界首座位於回歸線上設置的大型標誌建物「嘉義北回歸線太陽館」，科學探究為該園特色課程之一。大熊座班主題「轉啊轉」源起自班上幼兒比賽誰的「戰鬥陀螺」可以轉最久，越來越多幼兒也加入戰局或旁觀，幼兒自發性的討論「如何可以讓陀螺轉最久？」

(二) 起始階段

老師與幼兒討論的過程，鼓勵幼兒思考生活中有哪些東西是可以轉的、引導幼兒觀察物體的特徵等，並且在教室各學習區放置許多與會旋轉的物體有關的素材、書籍等，例如各樣陀螺、輪子等。在討論時間，老師請幼兒分享有關「轉」的經驗與想法，當幼兒經歷過討

論、玩陀螺遊戲、觀察、查閱書籍等，開始根據所觀察到的現象進行提問，例如：為什麼陀螺能轉？陀螺為什麼最後會停下來？

(三) 探究階段

從科學原理觀之，關於陀螺的轉，涉及的是物理力學，可以被牛頓運動定律來解釋。連結幼兒的提問：「為什麼能轉？」當陀螺受力旋轉時，涉及軸線、離心力、速度等議題；當幼兒進一步問：「為什麼會停下來？」涉及的是空氣阻力、地面（或平面）摩擦、陀螺重心等條件。在這個探究階段，幼兒的提問即是培養探究與解決問題能力的觸媒，開啟史帝姆的探究，甚至創新的歷程。

1. **教師有意圖的引導**：老師與幼兒討論，需要整合哪些領域知識與技能，才能回答他們感興趣的問題。探究陀螺轉動的原理，例如受力大小（速度）、平面（摩擦力）、外力干擾（空氣阻力）等。

2. **戶外踏查**：在社區踏查活動到鄰近公園時，引導幼兒觀察與記錄，在生活中看到會轉的東西有哪些共同的特徵。

3. **工程程序**：引導幼兒繪圖來設計陀螺；從畫設計圖、參考工具書、討論所需的材料，根據計畫開始製作，測試自製陀螺能轉多久，幼兒之間甚至將比賽作為測試的手段，討論如何計時。過程中幼兒推測各種可能影響陀螺轉的條件，並不斷的調整，例如修改軸心位置會產生不同結果、在什麼樣的平面陀螺可以轉最久、教室天花板的吊扇旋轉時會干擾陀螺的旋轉持久力等。

4. **導入藝術**：老師鼓勵幼兒嘗試使用不同的媒介進行創作，例如不同陀螺的設計會產生不同的視覺效果，將陀螺設計的思維以各種藝術媒介來呈現的創新表現。

(四) 實踐階段

自製陀螺的過程中，幼兒不斷的嘗試各種製作的技術、工具，精進陀螺旋轉的穩定與持久力。最後舉辦一個陀螺大賽，也成為主題「轉啊轉」探究過程幼兒的高峰經驗。

從上述幼兒在探究陀螺的歷程，不僅實踐了培養幼兒具有史帝姆探究的能力，也學習到相關的物理力學概念，更重要的是，幼兒經驗了在科學與數學的基礎上，透過科技、工程與藝術的應用來進行探究、解決問題與達成目標。

二、國外的幼兒史帝姆課程範例

目前世界各國積極推動史帝姆教育，本節以美國加州理工學院附設幼兒園為例（Children's Center at Caltech，簡稱CCC，參見https://ccc.caltech.edu/），說明幼兒園如何透過日常生活中的事物來實踐史帝姆教育（國家教育研究院，2018）。CCC創辦人Susan Wood秉持兒童是天生科學家的理念，強調以遊戲為方法，將科學概念融入課程（例如力學和運動學），重視的是嬰幼兒探究的過程而非成果。

在CCC每間教室裡都擺放和科學相關的工具，例如磅秤、量杯、漏斗等。CCC從嬰幼兒6個月即開始實施史帝姆元素的課程，例如6-18個月的嬰幼兒課程，老師鼓勵並引導嬰幼兒專心將積木堆高、再推倒，透過這個過程建構「平衡」的概念；引導嬰幼兒將玩具埋在沙堆中並觀察，再挖出來，建立物體恆存的概念；在點心時間透過夾食物的過程，引導幼兒「夾」與「放」的因果關係。到了4歲，幼兒課程則開始規劃「學習畫圖表」、「使用顯微鏡」、「烹飪過程的科學原理」等課程，鼓勵幼兒探索、提問、做出預測、實驗，並驗證自己的想法，在這個過程中經常需要經歷蒐集訊息、做記錄，甚至反思，最後得出結論。

生活中處處是科學現象，誠如CCC創辦人Susan Wood所言：幼兒是天生的科學家，實踐幼兒史帝姆教育，最重要的是教師須具備史帝姆教育的專業素養，能夠提供幼兒具有史帝姆教育精神的探究經驗。

肆、幼兒史帝姆教育的師資培育

近年來，國內學界、產業，以及各級學校都積極的投入對史帝姆

教育的認識、推廣、合作與執行，以迎頭趕上全球史帝姆教育趨勢的方向與人才需求。然而，史帝姆教育的推動成敗關鍵在於師資的培養，即便是最早推動史帝姆教育的美國都面臨高品質史帝姆教育師資不足的問題。湯維玲（2019）回顧美國史帝姆教育發展過程與困境指出：科學教師未受過藝術培訓、藝術教師對史帝姆教育了解不夠、教師對工程與科技的認知不足等，都成為推動史帝姆教育的阻礙。然而，美國相關單位積極突破困境並樂見其成效，例如與鄰近工廠合作，提供學生工程與科技相關的生活經驗、跨學科領域合作、鼓勵教師取得史帝姆教育學位等。在師資培育階段即執行史帝姆教育實作課程，可以提高職前教師對史帝姆教育的知識整合態度與行為意圖，並增強學生在科學、工程與科技的知識與態度（黃子榕、林坤誼，2014）。

目前在我國幼兒教育階段，不論是幼兒教育專業社群、專家學者或是幼教實務現場也開始積極開發與探討幼兒史帝姆教育。例如教育部國民及學前教育署補助辦理公私立幼兒園輔導：專業發展輔導之輔導人員的增能研習就以「反思與啟示：德國的STEAM教育」為題舉辦國際研討會，目的之一即在推廣史帝姆教育在幼教實務之運用。

除了政府單位，在各大學幼教相關系所也相繼舉辦相關國際研討會、計畫執行。例如亞洲大學幼兒教育學系在2019年執行勞動部勞動力發展署的補助大專校院辦理就業學程計畫──《幼兒STEAM人才培訓學程計畫》（黃秋華，2019），該計畫主要整合幼兒教育專業與科技、藝術等產業，共同開授三大面向課程：幼兒STEAM教學內容開發實務、幼兒教學場域智能化AR+AI應用、藝術與科學，如圖8-17幼兒STEAM人才培訓學程的實作實況，目標即在培訓幼兒史帝姆教育人才，以因應國際面臨人工智能時代的教育人才培訓政策與多元產業專精人才的需求（黃秋華，2020）。可見，史帝姆教育師資培訓是接軌與回應全球史帝姆教育趨勢的重要工程。

圖8-17　亞洲大學幼教系「幼兒STEAM人才培訓學程計畫」師資生進行
　　　　探究實況：「如何使鉛筆穿破水袋，水不會流出來？」

幼兒園教師在課程
設計的角色與實踐

CHAPTER 9

🐣第一節　幼兒園教師為課程的行動研究者

壹、行動研究的定義及在課程與教學上的應用

　　「行動研究」結合「行動」和「研究」，也結合「實踐」和「理論」。行動研究有兩個主要的重點，一是解決真實情境的實踐問題，提升實踐的品質，以及／或者是改善利益關係人提出的真實情境的問題。另一個重點是研究－發展新的知識（Elden & Chisholm, 1993）。因此，行動研究是透過行動者作為研究者，以行動情境中的問題作為研究焦點，進行系統化問題解決的歷程。在行動與研究的過程，一方面洞見問題的原因，並以實際的行動解決問題；另一方面也因而在該領域生成新的理論或知識。

　　Kurt Lewin（1946）以行動研究進行大量社會議題研究，奠定行動研究發展成為方法論的重要里程碑。後來學者以Kurt Lewin的研究為基礎，將行動研究運用在教育研究領域（Elliot, 1991）。例如英國Stenhouse（1975）主持的「人文課程方案」（Humanities Curriculum Project），強調課程的實驗性，並且重建「課程發展」的概念（Hopkins, 2002）。

　　Stenhouse（1970, 1975）認為課程計畫提供的各種教材或素材，都只是師生進行探究和學習的材料或文本，有待教師與學生在課堂中進行批判考驗和探究，所以課程即「研究假設」（參見本書第一章第一節）。教師必須根據發生在教室情境中的實際經驗，去接受、修正或拒絕其所檢驗的普遍性的規則或原理，也因此Stenhouse（1975）提倡教師以行動研究研究教學和課程的理論與實踐。

　　在課程的實施階段（參見本書第一章第三節），「課程落實觀」更是直接強調「教師即行動研究者」的立場，說明教室層次課程發展的實驗性質。透過行動研究，教師不只可以提出自己在課程與教學行動場域遇到的問題，更可以自己研究，生產自己的知識，並同時發揮行動研究的實際效果，改進教學，建構適合情境的課程與教學理論

（歐用生，1994、2012）。

行動研究鼓勵教師在課堂和學校情境的課程與教學行動中不斷地學習，藉著展開行動研究的系列過程，才能落實專業、省思的立場，檢視課堂的動態變化，分析／理解教育行動，以及與學生的互動情形，並在過程能夠勇於冒險，驗證並挑戰現存的實踐（Mills, 2011）。

貳、幼兒園教師作為課程的行動研究者

專業教師需要具備核心的知識、技能、價值和特質體系，這些核心的知識和技能所根據的理論基礎，有其普遍性和原則性，但對於新手教師而言，卻又無法立即落實，唯有藉著課程與教學的實踐過程，發現問題、在教學脈絡中以行動研究解決問題，方能建構自己的實踐知識，發展對幼教場域整體的理解與判斷。

一、以行動研究跨越理論和實踐的差距，提升行動知識與專業發展

行動研究能跨越研究和實踐的差距，在於行動研究以理論的元素支撐行動的實踐，幫助實踐者／研究者理解並觀察在課堂所發生的一切，因為實踐者／研究者心中已有最佳的實踐目的或焦點，所以蒐集的資料就可以用來理解或說明理論。在這個過程中，理論和實踐是互通的（Johnson, 2012），而整個研究都是為了達致最好的實踐。

近幾十年來，行動研究在教育領域已有廣泛的發展，目前也被視為教師專業成長與發展的重要方式，甚至以行動研究工作坊代替傳統的教師研習和在職培訓，成為教師專業發展的活動（Johnson, 2012）。教師行動研究的研究論題，涵蓋教學各層面，讓教師運用教育理論時，能統合各種來自教育現場的訊息，檢視這些理論在課程、目標或教學事件上的意義。

行動研究的研究者同時也是行動者和參與者，因此行動研究的範疇和目的，在實際教學脈絡中必須是實際且合理的，以教育責任為前

提，進行理論與實踐的轉化，提升教育行動者個人的行動知識，和參與者的學習與發展。

二、以行動研究提升教師的專業權能（empowerment）

行動研究是以解決情境問題為本（solutions-based）的研究方式，教師能夠為自己面臨的教育情境，發展出「客製化」的行動方案，在課堂中運用個人的專長、經驗，以及具有創意的理念，且是被賦予權能地進行教與學的改變，並提升學生的學習成就。特別是當教師能夠蒐集並運用訊息或資料，來對自己的學校或課堂進行專業的決定時，更是具體展現了教師的權能（Fueyo & Koorland, 1997; Hensen, 1996）。在課堂中，具有權能的教師能夠回應學生的需求，提升教學實踐的品質，並且完整的體現他們的教育哲學和教學風格。

三、以行動研究建立合作的教師社群，促進學校的革新

Elliot（1991）指出行動研究以1940年代Kurt Lewin的研究為基礎，具有循環的、動態的，以及合作的特質，經由計畫、行動、觀察、省思等階段的循環，促進社會和社群的改變與進步。所以行動研究的原則，包含具有參與性的特質、民主的推動力，同時能促進社會科學（知識）和社會改變（實踐）（Carr & Kemmis, 1986）。

Kemmis和McTaggart（1988）、Reason和Bradbury（2011）認為行動研究是合作的過程，本身具有「合作」的特性，是社會情境中的參與者，懷著共同的目的，為了促進所屬社會或教育實踐的合理性和公平正義，以及對所處情境與實踐的理解，所進行的一種合作省思的探究方法。合作式的行動研究更能促進形成學習社群（learning community），帶給教育團隊正向的改變（Johnson, 2012）。

在行動研究參與式的、民主的過程中，與其他參與者共同討論，解決實踐情境的問題，不只提升行動者個人系統化的探究能力和行動的正向改變，也逐漸帶動所屬社群的改變與成長（Mills, 2011），透過行動研究帶來轉變（action research for transformations, ART）

（Bradbury et al., 2019）。

行動研究的核心——反身性（reflexivity），能在行動研究的過程引發一系列的改變（Bradbury et al., 2020）。一方面因爲行動研究創造豐富的、包含不同層面的知識；另一方面因爲行動研究者之間的關係連結，讓行動參與者在研究的平臺上展現更多合作的、超越個人化的經驗。參與者透過理性的討論，生成團體凝聚力，包容不同的認知途徑，從各種面向加深對行動的理解。於是，在同一時間內生成個人／人際、實踐／理論，互爲主體的動態參與，在反覆循環的過程，得以跨越經驗／理論／實踐的相互參照，進一步統整個人／省思的、人際／關係的，以及社會的三種不同的認知觀點，並在批判省思的過程產生力量，帶來自身和團隊具有創意的轉變，而這樣的轉變正是帶動學校革新的重要推動力。

參、教師進行課程行動研究的方式

雖然行動研究的「行動」，可能類似於教師在日常教學的基礎上，所進行的教學活動，但是卻運用了更爲系統化的、有策略的行動研究計畫，讓日常的行動更具方法論上的嚴謹度、結構性和焦點。

一、行動研究方法的運用

相對於其他遵循可預測的、事先規劃好的研究程序，行動研究具有動態性、彈性、可互換性，以及反覆性等特質，儘管在教育研究場域有許多不同的行動研究模式，但基本上是採取Kemmis與McTaggart（1988）提出的計畫、行動、觀察和省思的典型過程爲基礎，並以螺旋式或循環的圖式呈現。計畫、行動、觀察和省思構成行動研究的螺旋圖，其中計畫、行動、觀察和省思等各階段是交錯的、流動和重複的，貫穿整個研究過程，因此行動研究者應該要準備好在過程中，面對非預期的各種變化和重複。如圖9-1行動研究之螺旋循環圖。

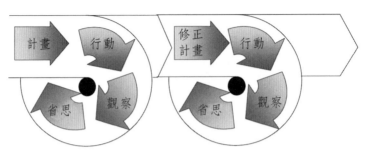

圖9-1　行動研究之螺旋循環圖

　　Kemmis與McTaggart（1988）說明行動研究將日常行動和研究的過程結合在一起，研究者必須要比日常所做的更為嚴謹地、更有系統性地進行計畫（plan）、行動（act）、觀察（observe）和省思（reflect），並且整理和運用計畫、行動、觀察和省思等各階段產生的動力、資料和訊息，作為改善和創造知識的來源。

　　Elliot（1991）說明上述Kemmis與McTaggart（1988）的行動研究方式是以Lewin在1940年代的研究為基礎，其完整的過程包含界定想法、觀察或發現事實、計畫、行動、評鑑、修正計畫、採取第二輪的行動，然後不斷的重複上述階段。

　　O'Leary（2004）提出行動研究循環模式，強調知識的產生。他認為在循環的過程持續聚斂焦點，在行動和批判省思之間不斷的評估實踐和修正，能夠讓行動研究者更加理解情境，以促進行動的改善。因此O'Leary將行動研究視為一種經驗學習取向，在不斷變動的脈絡中，根據前一個循環對脈絡發展的理解，進行資料分析和意義的詮釋，據此修正方法，改善實踐並從中產生實踐知識。

　　行動研究就其研究特性而言，也要求有嚴謹的研究架構，但是在實際的研究過程，計畫、行動、觀察和省思等行動階段的螺旋式反覆，可能不會是整齊有序的進行。這些階段，有可能持續或重疊，也可能因為行動者從實踐經驗獲得了學習的啟發，讓最初的計畫很快地就變得過時。在實際的行動研究過程，計畫、行動、觀察和省思等行

動步驟更爲流動、開放和回應實際的狀況。

　　行動研究在社會研究領域已累積大量研究成果和各種行動模式，行動研究的新手研究者，可參考相關文獻，並依據研究目的採取適合的模式。

二、提升行動研究的可信賴度和信實度

　　行動研究是一種質性研究方法，雖有其方法論上的限制，例如科學上的嚴謹、可重複操作性，以及具有可推論性等限制，但透過對研究資料反覆分析和比較，發現差異和不同的觀點，以提升研究的信實度和可信賴度，是行動研究重要的規準（Ellis 2010）。

(一) 三角檢證（triangulation）

　　運用一種以上的資料蒐集方法，例如觀察、訪談、焦點座談等，或者不同類型資料之間的分析比較，例如量化資料和質性資料的分析比較。其他還包括研究人員（不同的研究者）、理論（多樣的理論取向）和環境（使用不同的場域）之間的檢證。

(二) 成員檢視（member-checks）

　　不同研究參與成員，以及／或利益關係人交互檢視研究結果的正確性，也可以運用同儕團體的比較（例如教育脈絡中的其他同事、行政人員或家長等），提供不同觀點，以檢驗研究結果。

(三) 觀點比較（perspectives comparison）

　　比較不同情境中的研究發現，例如相關文獻、在專業工作坊或研討會發表的其他行動研究，或者是研究者的深度省思，確保資料解釋和類型界定的正確性，提高研究資料詮釋的可信賴度。

(四) 反覆循環（cyclical iteration）

　　重複前一個循環來比較和測試研究發現與詮釋的結果，在前一輪

研究證據的基礎上，深化對研究的範疇、目的和主要問題的探討，進一步檢證研究資料，避免研究者的偏見。

三、行動研究相應的倫理議題

行動研究可能會改變參與者與其所處的情境，所以行動研究者需要保持警覺，注意對研究參與者可能帶來的影響。Burns（2010）指出，至少有三個重要的議題，說明如下：

(一) 考量誰來核准行動研究？

行動研究的進行，首先需要研究者所屬的機構和其他研究參與者的許可，即便不需要書面的申請與核准，但是所有的利益關係人，以及參與者都有權利知道研究的目的、程序、可能的影響，以及研究結果的運用等，且研究者要確保資料的匿名性以保障個人隱私，秉持自願參與原則，過程中參與者可無責退出研究，若過程中採用實驗法，研究者也必須為影響到學生的學習成果負起責任。

(二) 考量誰會受到行動研究的影響？

研究者要保持警覺，注意對參與者可能帶來的影響，確保不帶來傷害、危險或損及研究參與者的權益，要一再地向參與者解釋和溝通研究目的，在參與者知情同意的前提下進行。尤其研究者須覺察在教育情境中的權力差異，對參與者的行為和回應可能帶來的影響。

(三) 考量誰有權知道研究結果？

首先，參與者需要知道因為他們的參與而產生的研究結果，將會有其他的回饋和用途，而研究者需要向參與者說明研究結果，並再次向參與者確認研究資料與詮釋的正確性。

課程本身充滿了實驗的性質，尤其幼兒園教師需要根據教保理念與課程取向，考量幼兒需求的差異性與社會文化的期待，規劃教保活

動課程（教育部，2016）。因此包括教師社群和教師個人，要成為行動研究者，在充滿脈絡性和個殊性的教育情境，透過置身教育現場的深度觀察，發現問題、蒐集資料、擬定策略，以行動研究更為嚴謹、系統化的研究思維，帶入日常的課程與教學行動，讓課程與教學的實踐與理論相互支持，提升教育品質與專業成長。

第二節　幼兒園教師為課程美學的實踐者

壹、認同教師是藝術家的身分

因為社會的分工，人們習慣期許某一社會身分或職位的個人，具有特定的行為表現或行為模式（Sabin, 1968），因此在正式成為教師之前，教師也可能已經對其角色有些認知和設定。雖然，隨著時代的發展，教師角色有些改變，但是「角色」的描述始終受到定義。

本書第一章第一節介紹不同的課程觀，不論是「課程即科目」、「課程即目標」、「課程即計畫」、「課程即經驗」、「課程即研究假設」，還是「課程即文化符號的再現和創造」，都各自界定了教師的角色。例如課程實施的忠實觀（fidelity perspective）認為教師應該遵循原來課程設計人員的理念，要學習執行此既定課程的理念（黃光雄、蔡清田，2015），然其基本假定卻是認為教師對課程的理解不夠或認識不深，因此需要提供教師機會去學習如何做個稱職的執行者，忠實地實施既定的課程理念。這樣的課程現象，也反映了學校教育「主智」的傳統，將「認知」視為一種客觀的「現象」來處理，而非一種情感。

然而，就教師本身來說，從接受師資培育到真實投入教育工作，在歷程中會逐漸發展出專業身分認同，這種「教師身分認同」就不只是來自外界定義的概念，或社會上人們想像教師應該有的形象，而是包含教師從他們自己的實踐經驗和個人背景中，發現對自己專業工作和生活的重要期望，這些自我的概念或意象，不僅左右教師的教學方

式，也決定了他們如何發展成一位眞正的教師，和對教育革新的態度（Tickle, 2000）。Weber和Mitchell（1996）認爲教師的「身分」與「角色」並非同義詞，角色可以被指派，而「身分」的獲得卻是一種動態的社會協商歷程。

因爲教師全心投入教育活動歷程，包括教育活動本身、教材、課程、教育活動參與者（學生）、教育場域與空間，都在眞實的互動中，經歷知識、情感、價值、感知與思考的改變，是具體生命歷程（process）之展現，不斷衍生各種經驗，建構教師存在主體的知覺方式。

從實習教師或新手教師一開始忽略教學脈絡、忠實地套用普遍化的原理原則，爾後經歷行動／批判／反思的過程，超越其本身原有的、界定其教師角色的客觀知識體系，創造個人實踐知識，並經由教育的敘說，重新敘寫自身的教師身分認同，並成爲專業社群公開的文本。如圖9-2教師知識的觀點呈現之專業認同形構。

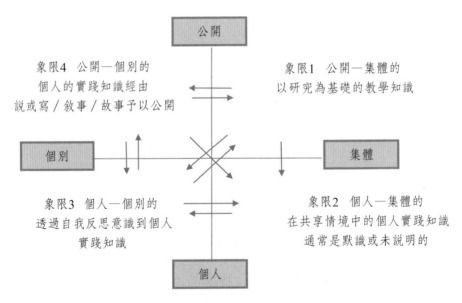

圖9-2　教師知識的觀點呈現之專業認同形構

資料來源：整理自Beijaard et al.（2004）。

　　黃月美（2009）研究指出，教師回溯其漫長的幼教生涯，會將課程和其生命經驗進行連結，並在不斷往復的敘事建構中，嘗試將歷年的課程經驗建構爲一整體，並找到每個時期和整體之間的動態關係。此外，從敘事的過程中，教師或園長也發現自己不斷改變課程想法和實踐的過程，課程對其而言是任教經驗的發展，是不斷精緻化的審美對象和審美經驗。如同M. Foucault（1990, 1998）的生存美學與自我修身實踐的技藝，將美學融入生活中，並將生活營造成藝術品般來加以修練。而教師在教學生活中形塑自己（園所）的教學風格和課程特色，亦是Foucault所謂形塑生活風格的美學實踐，這也就是Dewey（1934）認爲的藝術特質，教師們的課程行動有如邁向技巧純熟的藝術行動，得心應手的能力。所以，教師的專業身分認同，基本上就是一個藝術的過程，教師本身就具有藝術家的身分。

　　Rugg（1936）稱教師爲「藝術家教師」（artist-teacher），並非只是因爲他們是一位優秀的工藝師，更重要的是他們展現出兩種獨特與重要的特質。第一，他們對於「藝術」態度，以及藝術在生活中的運用表現具有敏銳度；第二，相較於其他人，教師是能有效發展此種態度的專家。教師同時是藝術家和教師，在學校生活中領會藝術，也意識到人們的藝術成長，以藝術與美學在生活和教育的歷程中建構新的身分認同。而這也是Dewey（1910）認爲教學是一門藝術，眞正的教師是一個藝術家。

貳、創造幼教課程的藝術性

　　Lev Vygotsky（1896-1934）說明，個體發展出有意識的智能活動時，並不是由低層次型態的量變所促成的，而是智能活動由未受中介的心理歷程轉化到以符號作爲中介的操作形式（Vygotsky, 1987），所有人類獨特的高層次心理活動，都是從社會與文化的情境中產生的，而且是情境中的所有分子共有的（Berk & Winsler, 1995）。在共同的文化情境中，人們使用語言符號作爲工具，但人

類的思考也受它所中介，所以語言不僅是符號，也是思考。當說話者使用了一個名詞時，這個名詞的意義及指稱，也在影響說話者的思考（羅亦超譯，2005）。從本書第一章的說明，我們可以理解課程從十九世紀以來就接受了科學和心理學的語言，不僅形塑了課程概念的固定的疆界，也進一步影響著對課程與教學的思考方式。

例如教育工業化的比喻，強調學生學習的齊一性，標準化的教育工具試圖大量製造同一規格的教育產品，面對這些基於工業管理與科學研究所導致的問題，早已受到學者的批判（Merleau-Ponty, 1964, 1989; O'Loughlin, 2006; Rorty, 1993），也因此Huebner（1966）認為需要美學與倫理學的語言，來平衡傳統科學、技術、政治的語言及其對學校教育的理解。

以Vallance（1991）列舉出之課程的藝術性特質，將課程視為藝術品，因為即便是課程的理性探究，在課程發展的慎思過程，也展現了實踐的藝術（art of the practical）（Schwab, 1970），將各類的知識元素以各種媒介或素材轉化成可以讓欣賞者（教師／學生）接近的表現形式，成為藝術家（課程發展者／教師）與欣賞者（教師／學生）溝通的媒介。當欣賞者（教師／學生）與藝術品（課程）相會，以及在相會過程中生動且具創意的互動過程，不僅再創課程的意義，而且引發更多活潑的感受和表達方式。

課程的藝術性及其美學的取向，擺脫了傳統的工具性評價（instrumental valuing）的限制，開展以質性評鑑及美學的教育評價方式，像藝評家將藝術作品解釋為一般人可了解的語言，指出其中的類型、結構、技巧等讓人對藝術作品有所反應的內涵，教育的鑑賞家則是幫助其他觀看者指認在教育情境中，那些讓他們有所感、有所反應的美感特質（Barone & Eisner, 1997）。Vallance（1991）和Barone與Eisner（1997）指出，可以透過富於表現性的藝術批評語言來描寫這些特質，包括：1.描述：使用富於表現性的語言（expressive language），呈現接近真實的描述，幫助讀者將教育現象視覺化，成為具體的呈現。2.詮釋：突顯事件或情境的重要意涵，解釋其中的

意義，並運用理論說明其特質，指出可能的後續狀況。3.評價：對現象的性質作價值判斷。4.突顯主題（thematic）：像個小說家或說故事者一般，圍繞著特定的議題或發現，開展其敘事或批評（Eisner, 1991），運用上述的方法，發掘蘊含於教育現象中的豐富意義，讓其他人也能藉著研究者的眼光，理解教育細微的現象與意義。

　　課程本身不僅具有藝術的特質，在「做」的實踐過程，更是一種美感經驗的展現。幼兒園教師以幼兒所處的文化環境為素材，精心發展課程，引發幼兒驚奇和探索，創塑自身與周遭世界之間的關係和意義，從原本的目標導向變為意義導向，發現幼兒在探索的過程所建構的意義和創意的表徵方式，展現課程的藝術性，並以美學的課程思維和語言，開啟幼教課程概念的多元疆界，也開拓師生各種認知、觀看與感受途徑。

參、實踐教學的藝術性，創造美感經驗

　　Reid（1992）曾以音樂合奏來比喻教學，教師是一位手上握有總譜的指揮，學生是演奏者。一場好的演奏是指揮和演奏者兩者的技藝與詮釋共同展演的結果，是演奏者之間相互激發的過程，不只是各自奏出樂譜上的音符而已，在演奏的過程，要各自展現，也要彼此聆聽，不同樂器的音色和旋律交織成層次分明、主題明確與和諧豐富的音樂饗宴。課程文本也是如此。課程是計畫、也是文本，師生若只是按照文本指示進行教室內的活動，缺乏了師生詮釋的課程，則不會對師生產生意義。

　　不管課程是計畫或是文本，都需要師生共同演繹，有如小說或劇本中的角色，可以被作者設定，但演員有情感，會大笑、會哭泣、會雀躍、會顫抖，在自身情感和生命經驗的基礎上和劇本的角色相遇，和其他演員在舞臺上相互激發，和劇場中的觀眾共同創造鮮活的在場體驗，在演出的瞬間重新敘寫了彼此的故事。

　　Eisner（1994）認為教學的活動就是一個藝術創作與展演的過

程，在整個教學過程中，教師如同一個展演者、藝術家，仔細思量如何在特定的情境下將知識和技巧結合，引導學生進行深刻的理解，將知識傳授過程中的教學技巧轉移至實踐與體驗的歷程，這就是「藝術」。

Eisner（2002）說明教師與學生行為中的表現性（expressivity），促使我們接受在教學目的與方式上的各種差異，欣賞各種新的想法與想像，藉著對藝術性的重視，可以鼓勵教師思考自己在藝術實踐中的價值，而使得教學的專業生命更有趣味。不論是引導幼兒探討生活中的數學、科學、歷史、社會、語文、藝術與人文，都可能帶給幼兒突發性或意想不到的新奇經驗。

根據Dewey（1910, 1934）完整經驗的觀點，美感經驗是一種從開始（inception）、發展（development）到實現（fulfillment）的歷程。美感的教學方式，需要始於對某事件的驚奇（wonder），而引發經驗主體沉浸於該事件中、真誠專注的參與。例如幼教師可以透過學習情境的營造，提供素材、引導幼兒發現事物的驚奇之處，或以問題的提問，引發個體對事物的好奇、引導孩子關注的焦點或思考的方向、激發其對未知領域的探索。而被幼兒教育家所推崇的遊戲，則是幼兒展現探索、學習、發現和表現的最佳途徑，因為遊戲能啟發想像、想像激發創意、創意開啟探索、探索帶來發現、發現啟發問題解決、問題解決引發新的能力、新的能力啟發自信、自信生成安全感、安全感又開啟更多的遊戲（Jackman, 2009）。如圖9-3幼兒遊戲經驗連結圖，在遊戲活動中，學習能力相互激發和衍生，這些經驗在幼兒主體整合成一完整的意義連結。

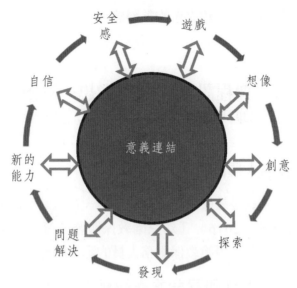

圖9-3　幼兒遊戲經驗連結圖

資料來源：修改自Jackman（2009）。

　　學習活動的結束不只是個句點，它是全部活動的高潮（culmination）和完滿的感受（consummation）時刻（Dewey, 1934）。完滿的感受使經驗成為有意義，而非一連串無關聯事件的組合。因此，在每個活動的結束階段，師生要與幼兒一起統整學習過程的一切事物，使學習經驗產生有意義連結，而不是各種片段的經驗（Parrish, 2007），如此才會帶來新意義的實現（fruition）和建立新整體（wholeness），美感經驗才可能產生，並成為下一個學習經驗的起點。

　　教師實踐教學的藝術性，引導幼兒在探索的過程知覺世界，邀請幼兒投入審美經驗的過程，身體知覺透過感覺的綜合活動把握世界，運用不同的再現方式轉化與呈現，展現出與自身及周遭世界的關聯。在此過程，老師是一位真正的藝術家，能依據幼兒對現象世界的知覺與表達的方式，調整課程的素材、節奏與開展。

　　教師也是藝術家，以驚奇／想像／審美的知覺／表現與創造／鑑

311

賞與品味／創塑意義／建立新的整體感等，多元的美學認知途徑，開啟自身和學習者對世界的了解及超越自我。

第三節　課程設計實踐與省思——歷程中的幼教師角色

壹、教保服務人員的專業職責

　　教保服務人員是教保服務品質的關鍵，在《幼兒園教保活動課程大綱》（教育部，2016）「幼兒園教保服務的意義和範圍」，以及「基本理念」，明文規範教保服務人員的專業職責和角色。

一、「幼兒園教保服務的意義和範圍」規範的教保服務人員職責

　　(一) 達成《幼兒教育及照顧法》所定之目標，依據幼兒的特性，與家庭及社區密切配合，透過教保情境的安排實施教保服務。

　　(二) 提供幼兒群體活動的機會，支持幼兒學習在社會文化情境中生活。

　　(三) 經營良好的教保環境，提供各種社會文化活動，讓幼兒體驗日常生活環境中文化的多元現象。

　　(四) 重視幼兒獨特的發展任務，關注幼兒在身體動作與健康、認知、語文、社會、情緒及美感等各方面的成長，使之成為健康的未來社會公民。

　　(五) 在幼兒進入國民小學前，主動與國民小學聯繫，使幼兒順利由幼兒園銜接到國民小學。

二、「基本理念」規範的教保服務人員專業知識和能力

　　(一) 專業能力

　　1. 了解幼兒階段的幼兒特質。

2. 了解幼兒階段的幼兒學習與發展。

3. 具備教保活動課程的規劃能力和實踐能力。包含：

(1) 根據課程目標編擬教保活動課程計畫，以統整方式實施。

(2) 依據幼兒發展狀態與學習需求，選擇適宜的教材，規劃合宜的教保活動課程。

(3) 配合統整的教保活動課程計畫，規劃動態的學習情境，開展多元的學習活動。

(4) 重視幼兒自由遊戲及在遊戲中學習的價值，讓幼兒得以自主的探索、操弄與學習。

(5) 建構學習社群，以分齡、混齡或融合教育的方式進行，在協同合作溝通中，延展幼兒的學習。

(6) 關照有特殊需求的幼兒（包括區域弱勢、經濟弱勢和特殊幼兒），提供合宜的教育方式。

(7) 在課程進行中根據目標扮演多重角色，並在課程規劃前、課程進行中和課程進行後省思自己。

(8) 進行教學評量，檢視自己的教學，同時也須有系統的規劃和實施幼兒學習評量。

(9) 主動扮演與小學銜接的角色，協助幼兒面對新情境的挑戰。

(10) 建立幼兒園、家庭與社區的網絡，經營三者間的夥伴關係。培養幼兒面對、接納和欣賞不同文化的態度。

《幼兒園教保活動課程大綱》對幼教師專業能力的要求，包含了解幼兒特質、具備幼兒的學習與發展的專業知識，以及具備教保活動課程的規劃能力和實踐能力。

(二) 「基本理念」規範的教保服務人員的角色

《幼兒園教保活動課程大綱》認為教與學是教保服務人員與幼兒之間、幼兒與幼兒之間互動的循環歷程，教保服務人員須時時省思自己的狀態，觀察幼兒的需求，扮演不同的角色。

1. 教保服務人員是班級文化和學習情境的經營者。

2. 教保服務人員是幼兒生活與學習的夥伴。

3. 教保服務人員是幼兒學習的引導者。

4. 教保服務人員是幼兒家庭的合作夥伴。

幼兒教育的教與學，和其他教育階段最大的差異，來自於學習的主體——幼兒的學習特質，以及此階段獨特的教育目標。兩者之間的差異包含：1.如何教及如何引發學習；2.對於遊戲的重視程度，以及提供遊戲的機會；3.提供幼兒自主選擇的機會；4.教室的情境規劃，以及資源提供；5.日常作息；6.小團體的活動型態與進行方式；7.大團體的活動型態與進行方式；8.戶外活動的類型和方式等（Gordon & Browne, 2011）。這些差異也是幼教師需要把握的重點，幼兒是人生過程獨特的階段，不只是為未來做準備，幼兒教育就是要滿足幼兒本身在這個時期的完整發展，除了從正式課程的教學活動培養能力，更要在具有意義的生活經驗中發展與培養一個完整的幼兒（whole child）。因此教師在具備幼教專業能力的基礎上，要逐漸形成自己的教育哲學，依據情境和幼兒的學習情形，適宜地調整與扮演不同的角色，提供幼兒有意義的完整經驗。

貳、NAEYC幼教師的專業標準和素養

美國幼教協會（NAEYC, National Association for the Education of Young Children, 2019）指出，為有效促進所有幼兒的發展學習與適應，幼教師需要具備核心的知識、技能、價值和特質體系，也就是幼教師的專業標準和素養，包含：1.兒童在其所處之社會文化脈絡中的發展和學習；2.家庭—教師的夥伴關係，以及社會的連結；3.兒童觀察檔案記錄和評量；4.合乎兒童發展原則、具有文化適宜，以及語言適宜的教學實踐；5.在幼教課程適宜地運用與統整學術內容知識；6.成為專業的幼教師等六大面向。

一、兒童在其所處之社會文化脈絡中的發展和學習

(一) 理解從出生至8歲幼兒時期各領域的發展階段。

(二) 理解每一個幼兒是獨立的個體，有發展上的差異。

(三) 理解幼兒的學習和發展有其多重脈絡，包括家庭、文化、語言、社區和社會。

(四) 能運用上述各面向的知識，進行實證基礎（evidence-based）的專業決定。

二、家庭─教師的夥伴關係，以及社會的連結

了解成功的幼兒教育，有賴於教師和幼兒家庭的夥伴關係。

(一) 認知、理解、珍視家庭特質的多樣性。

(二) 在理解的基礎上，創造與幼兒家庭尊重的、積極回應的相互關係，並且將家庭視為共同參與幼兒發展和學習的夥伴。

(三) 運用社區資源支持孩子的學習和發展，並且支持孩子的家庭，協助建立幼兒生活與學習環境、學校、社區組織與機構之間的連結。

三、兒童觀察檔案記錄和評量

(一) 理解評量的主要目的，是為了回饋與優化教學和課程計畫。

(二) 知道如何使用觀察、檔案記錄，以及其他適當的評量途徑和工具。

(三) 使用篩檢和評量工具必須遵守倫理準則，並且能夠考量發展、文化、能力和語言上的差異，評估和記錄孩子在發展上的進步情形，並且能促進每一位孩子積極正向的學習結果。

(四) 能與幼兒家庭及同事，建立評量工作的夥伴關係。

四、合乎兒童發展原則、具有文化適宜，以及語言適宜的教學實踐

理解幼兒教育是一個複雜的事業，其中各方面的細節與幼兒的年齡和特質，以及引發教與學的情境，有密切的關係。

(一) 理解並力行積極正向、關懷、支持的關係和互動，作為與幼兒一起工作的基礎。

(二) 理解並使用適當的教學技巧，要能回應幼兒的學習方式，以及每一個幼兒的個別需求。

(三) 依據發展適宜的原則，考量文化和語言上的相關因素、反歧視且以實證為基礎，靈活運用多元的、依據學習原則設計的教學方法。

五、在幼教課程適宜地運用與統整學術內容知識

每一位幼教師都擁有不同學術的學科內容知識（例如語言和文學、藝術、數學、社會探究、科學、科技與工程、體育……），以及該學科的教育教學方法。

(一) 理解每一個學科的重要概念、探究的方法和工具，以及每一個學術學科的結構。

(二) 理解每一個學科的教育教學，包含每一個學科的學習方式、幼兒如何學習和處理這些學科的知識和訊息，以及教師如何運用這些知識進行教學實踐。

(三) 在幼兒「學習指標」（或學習標準）的基礎上，應用上述知識和其他資源，對未計畫和事先計畫的學習經驗、課程發展、課程實施及評鑑，進行專業決定，確保這些學習對孩子是有意義的，並且能夠引發、挑戰每一個孩子的學習。

六、成為專業的幼教師

(一) 能認同並參與成為幼兒教育專業的成員。

(二) 能知道並遵行倫理守則，以及其他幼兒教育的專業準則。

(三) 有專業的溝通技巧，能有效的和幼兒、同事，以及幼兒家庭建立支持關係。

(四) 成為堅持勤學且能與他人合作的學習者。

(五) 成為幼教專業的成員，在幼教工作中發展反思和實踐能力，並持續成為習慣。

臺灣《幼兒園教保活動課程大綱》（教育部，2016）和NAEYC幼教師專業標準和素養（National Association for the Education of Young Children, 2019），兩者涵蓋的面向十分相似，不同的是《幼兒園教保活動課程大綱》特別強調幼兒園和教師扮演「主動進行幼小銜接」的角色；而NAEYC在美國多元文化的背景上，除了重視發展適宜的課程與教學，更強調具有文化適宜，以及語言適宜（culturally, and linguistically appropriate）的教學實踐。

NAEYC正視在資訊時代幼教師學術的學科內容知識，及其在幼教課程中的運用與統整。雖然《幼兒園教保活動課程大綱》指出課程在幼兒學習過程中不是外在「灌輸」的內容，而是促使幼兒成長的訊息來源（教育部，2016：4），然而幼兒對環境進行各種探究，需要幼教師正確的學術學科內容知識作為參照，並以幼兒如何學習和處理這些學科的知識與訊息為基礎，運用該學科的知識的基本概念、結構和學習方式，引導幼兒在遊戲和探索中學習遊戲，並確保這些學習對孩子是有意義的。在課程與教學行動中，顧及幼兒知識／技能／情意與價值的整體學習，方能成就「素養」教育。此外，NAEYC強調幼教師對專業的認同、參與專業社群的活動，以及成為專業社群合作的學習者，也是幼教師專業身分認同的重要內涵。

參、課程行動中的反省思考與協同合作

課程發展／課程設計／課程決定和課程實施等一系列的課程行動，並不是一套標準化的程序，而是需要愼思教育現場之課程實踐的

問題（Schwab, 1983），所以教師要成爲具有反思能力的課程與教學行動者，以及教師團隊的協同合作者。

一、成爲具有反思能力的課程與教學行動者

　　幼教師依據課程理論掌握課程基本要素進行課程設計，設計的範疇須涵蓋課程結構各層面，並對所依據的理論基礎進行省思／批判。尤其在充滿自發性的教學情境中，教師要表現出細緻的藝術性和專業度，以專業知識及對孩子的理解爲基礎，在相應的情境中熟練、巧妙的運用各種教學技能，不僅要能運用知識，也要知道何時／如何／爲何運用何種知識，以適當的角色回應幼兒，並與幼兒互動。因爲在實際的教育現場，教師所面對的不僅是混雜和不確定的訊息，還會隨時引發新的想法和思考。在充滿複雜性和不可預期的教學脈絡，教師常常需要即刻作決定，而這些幾近直覺式的決定，常來自教師的專業理論基礎、自身的經驗、實踐和反思。因此教師必須成爲具有反思能力的課程與教學行動者，跨越理論和實踐之間的鴻溝（Jone, 1994; Di Chilvers, 2005）。

　　Dewey（1909）和Schön（1987）對於反思實踐的觀點，可以提供我們進一步思考並落實反思行動的參考。

　　（一）Dewey（1909）強調實踐者應該要展現開放的心智（open-mindedness）、責任、全心投入（wholeheartedness）、合作和互動，以及「注視」（looking）的藝術等特質（Boydston, 1986）。

　　1. 開放的心智：挑戰個人自己的／共同的／他人的信念和假定，能夠運用自我的心智，聆聽不同的觀點，並且顧及所有的面向和可能性，能承認自己可能犯錯，且能接受其他的觀點。

　　2. 責任：爲自己的理念和結果負責，考慮到道德、政治和倫理的議題與社會的觀感。

　　3. 全心投入：能滿懷熱忱、全心投入、積極、奉獻，在反思的行動中尋求意義和發現問題。

　　4. 合作和互動：Dewey強調反思的行動需要有合作和互動的過

程，在實踐者所屬的團體中，透過有意義的對話，分享想法、進行討論，特別是針對實踐者「共同的經驗」，以及「合作式的問題解決」。

5.「注視」（looking）的藝術：為實踐者在當下脈絡自發性的一種研究或探究行動，從觀察中蒐集訊息和細節，並形成對未來行動的想法。

(二) Schön（1987）認為「行動的反思」（reflection-on action）的歷程是「一系列的瞬間行動」（a sequence of moments），包含感受、注視、反思、提問和試驗。

1. 感受（feeling）：始自於行動者在行動脈絡中被情境吸引，所引起的主動、自發、且幾近直覺的反應，例如教師在入園時間觀察到孩子們要離開父母，教師能在當下做出立即的回應。

2. 注視（looking）：有時候在日常的例行工作中發現「驚奇」的事，這是一種非預期的結果，也可能是令人愉悅、或讓人不喜歡的，而引發高興或批評的瞬間，例如發現孩子能自主進行學習活動。

3. 反思（reflection）：驚奇能引發反思，反思的行動可以自己進行，也可以與他人一起進行，能以談論或思考的方式來思量或細想我們所看見的。

4. 提問（questioning）：能夠批判地思考，以提問來進一步理解我們所看到的現象，並重新調整自己的思考架構。

5. 試驗（trying out）：測試新的想法或理解方式，觀察是否會有更多的狀況。當進行更進一步的反思與行動，可能會帶來更多的「驚奇」。

Schön（1987）認為上述反思的實踐過程，每一個部分都是交互作用、相互回饋，並且不斷地創造出新的意義，重構出新的經驗。

反思能幫助教師重構個人的教學經驗，若教師之間能交換和討論行動的反思，以及對教育情境的想法，透過實踐者之間相互聆聽、欣賞與回應他所聽到的，更能形成論述的動力，重塑實踐情境。

二、成為教師團隊的協作者

團隊教學的定義是由兩個或兩個以上的成人，共同在一個班級與一群兒童一起工作（Browne & Gordon, 2011）。在臺灣，依據《幼兒教育及照顧法》（2011）規定的幼兒園教師和教保員比例，一個班級內由教師和教保員共同組成教學團隊的現象非常普遍，教學團隊成員之間的關係，除了常見的分工合作，最主要的是協同。

協同（collaboration）是指團隊參與者彼此相互協調一起努力解決問題。Dillenbourg等人（1996）認為，協同和合作（cooperation）的區別在於，合作是透過分工，每一個人在問題解決的過程負起某部分的責任。在合作時，整體的工作被劃分成幾個獨立的分項，各分項工作成員只需要在「聚集部分結果」時進行協調。協同則是參與者一起做同一件工作，而不是將工作分成小部分給成員分別做，雖然有時候協同可能會需要將工作分給幾個參與者，但工作的內容彼此相關，所以在整個工作過程，團隊成員都要不斷地協調。

Dillenbourg（1999）指出，真正的協同互動具有兩個主要的特徵，亦即「對稱的結構」與「互動的品質」。「對稱的結構」包含在情境中的1.行動對稱性：每一位參與者都能有相同的機會參與行動；2.知識的對稱性：即便團隊成員各有不同的觀點，但是當所有的成員都具有同樣的知識層級時，團隊才能產生知識的對稱性；3.同儕地位的對稱性：團隊成員之間是夥伴關係，而不是上司／下屬的關係；4.目標的對稱性：強調團隊的共同目標，而不是個人的目標。

另一個協作的特質是「互動的品質」，特別是互動性（interactivity）和協商性（negotiability）。互動性是指經由互動影響成員思考的程度，協商性則是指所有的成員必須在共同理解的基礎上工作，而不是由任何團隊中的個人單方面強加給其他成員。

幼兒園的課程與教學行動，主要是教學團隊共同與班級中的幼兒互動，需要關照到幼兒整體的學習與發展，所以教師的「協同」關係更甚於「分工合作」的關係。

　　幼兒園教師擔負著學校（幼兒園）層級和教室層級的課程決定與課程實施（參見本書第一章第三節），不僅展現課程的專業能力，在課程發展的慎思過程，也展現實踐的藝術（art of the practical）（Schwab, 1970）。在進行課程與教學實踐時，教師要成為行動研究者，以行動研究嚴謹、系統化的研究思維，帶入日常的課程與教學行動，讓課程與教學的實踐及理論相互支持，提升教育品質（參見本章第一節）；教師也是課程美學的實踐者，以多元的美學認知途徑，開啟自身和學習者對世界的了解並超越自我（參見本章第二節）。在一系列課程行動歷程中，教師依據教育教學情境和互動對象，也扮演不同的角色，這些角色不只是專業社群或社會的期待，更是教師與教育現場的動態協商歷程所建構的身分認同，讓他們擁有豐富的自我概念與教師意象，也決定了他們如何發展成一位真正的教師。

幼兒園教保活動課程的
未來展望

CHAPTER 10

☺第一節　西方課程發展的脈絡與評述

壹、課程發展的脈絡

　　傳統的課程觀採取「跑道」的名詞意涵，認為課程是靜態和封閉的，強調目標先於行動，規劃和執行往往被視為單向、序列與步驟化的，其結果是可預測的。後現代課程觀（A Post-Modern Perspective on Curriculum）的多爾（Doll著，王紅宇譯，1999）和再概念化學派則跳脫「跑道」本身，採取「奔跑」的動詞意涵，認為課程是非線性典範，多元、複雜不可預測的網絡，強調目標產生於行動之中，規劃和執行是相互聯繫的一體化活動，它是開放而具轉變性的。這兩種的課程結構是截然二分的壁壘分明或是相互交錯？Miller Cassie與Drake（1990）以為，若就傳遞層次（transmission level）和對話層次（transaction level）的學習統整而言，教師擔任課程規劃與問題探索，因此傳統課程的色彩較濃；轉化層次（transformation level）係透過問題探索途徑，將創新包含在問題解決的歷程，因此教師必須允許學生將資訊放在較大社會情境或脈絡中做學習；此一層次則已超越學科或非學科的學習，是師生共同或學生擔任課程規劃者，已具有後現代課程特色。

　　本節就課程發展的脈絡，和本書第一章課程定義和發展作一回顧與省思。

一、科學實證典範研究時期

　　此一時期大抵從Bobbitt出版《課程》一書以後，一直到二十世紀60年代，其中的代表人物有W. W. Charters、H. Casswell、R. Taba、J. S. Bruner、D. F. Walker，影響最大的課程著作為Tyler的《課程與教學的基本原理》（*The Basic Principles of Curriculum & Instruction*）以及Bruner的《教育的過程》（*The Process of Education*, 1960）。

　　綜觀此一時期課程研究是在科學實證主義典範的影響下，建立其概念架構和方法論。就前者而言，受到Tyler的科學管理「工具理性」思維與「工作分析」（job analysis）的影響。將現實生活中的經驗和學習材料視為理所當然，課程發展的目的在於以精確有效的方式，將學習內容置於具體明確的學習目標的導引下，以系統組織符應教材邏輯性和學習心理的法則，編排為正式課程，其發展模式大抵為「由上而下」（top-down），而以學科專門知識的選擇為依據（陳伯璋，1985）。

　　這種視課程發展為「線性」（linar）的活動，排除了社會活動中複雜的價值衝突和意識形態的影響，將現實視為理所當然。在課程研究的方法論上，大都強調實證研究取向，係以「經驗—分析」的方式來描述客觀生活經驗。課程發展是標準化和技術化的過程，課程目標是可欲的、可預測、可量化評量的。

　　1960年代以後，這種以「實務改進」注重技術和理性的發展模式，產生了課程研究的危機與貧困（Schwab, 1969），且已受到挑戰。因此Bruner提出知識結構是課程設計與發展必須面對的問題，同時強調應顧及個體發展的特性。此一修正，已使課程研究從「泰勒模式」（Tyler's Rationale）轉向課程中「知識」及教學的本質問題，但這些研究仍以「工具理性」的科學典範為核心，追求效率和卓越能力的發展，注意課程內容有效的組合和合理的教學策略，以及追求社會穩定和秩序的一致性，較忽略學習過程中價值的問題，和學校之外社經因素對課程發展和實施的影響。

二、再概念化運動時期

　　1970年代開始，由於教育危機的出現，以及對課程研究實證典範的不滿，因此有些學者從事新的嘗試。就理念層面而言，他們希望從學習的過程中充分把握學習者與教師的關係，以及意義或價值的形成與創造。他們擺脫了「技術」模式的研究，並且批判和檢視課程發展背後的基本假設和特殊的意識形態（陳伯璋，1985）。簡言之，這些學者從現象學、解釋學、批判理論和民俗方法論等方面，建立新

的研究工具和語言，作為自身學術造型和自我批判的後設基礎，在理論架構方面則注意傳統課程設計及研究的背後假設——尤其是價值和規範等潛在因素，以確實掌握課程的本質。

此一時期可說是百家爭鳴，而被稱為「課程研究第三勢力」（the third force in curriculum studies），其主要派別及代表人物大抵可歸為兩大陣營，其一是從現象學、存在主義、精神分析、文學批評和美學等學術角度切入，稱為「現象—詮釋學」取向，他們認為課程研究應注重人的價值、情感、直覺和意義的創造，強調「個體的優先性」（primary of individual），認為科技主義和科層體系造成人的疏離，價值的淪喪和知識的支離破碎。他們主張課程的設計，應該是一種「創造的歷程」，是理性的，也是浪漫的，教學的過程是師生共同參與、創造和不斷批判、超越的過程，所以這些學者重視人文學科在課程活動中的重要性。而另一陣營如：M. Apple等人則認為課程研究的範圍，涵蓋意識形態，及其形成價值觀的重要性，課程發展與革新基本上是一種政治性的行動；價值的衝突、矛盾和對立等立論，對潛在課程本質的了解具有積極性的意義。

三、後現代多元文化時期

由上述兩個時期課程研究的發展來看，課程研究已將課程內容的技術、程序上以效率為主的思考，逐漸轉向課程本身。1970年代的課程「概念化」運動，在批判解構方面較具效果，至於如何重建課程研究的新典範尚未成形。1980年代之後，此一趨勢在後現代理論的激盪之下，才漸具新典範的雛形。

後現代理論的圖像顯得破碎而難以整合，其去中心化、反體制、反權威、非連續、非線性、多元化的解構精神相當明顯，它強調從「邊界」、「差異」、「局部」的取向，並對同一性、普遍理性和「巨型敘述」（meta narrative）提出挑戰。

在課程研究方面，王紅宇（1995）歸納後現代課程概念的特性如下（黃永和，2001）：

(一) 課程是一種發展的過程，而不只是特定的知識體系之載體：課程內容不是固定不變的，而是在探索新知的過程中不斷地充實和完善，最後才形成一體化的內容。

(二) 課程是師生共同參與探求知識的過程：教師不再作為知識權威的代言人，改以協調者的身分出現，學生成為課程發展的積極參與者。

(三) 課程發展的過程具有開放性和靈活性：課程目標不再是完全預定，而是可以依探究過程的實際情況不斷調整的。

(四) 課程的組織向跨學科和綜合化的方向發展。

(五) 從強調積累知識走向發現和創造知識。

(六) 承認和尊重人們的意見和價值多元性，不以權威的觀點和觀念控制課程。

若以當代社會文化的背景來分析，此後現代主義所展現文化差異的尊重，不是在分化「同一」的情感，反而是走向國際理解的必要階段。而其跨越邊界，不僅在打倒文化霸權唯一「合法性」的地位，而是在追求眾「聲」平等的公民社會形成；當然後現代主義所體現的主體教育觀是企圖在「相互主體性」（intersubjectivity）的尊重下，從主—客的溝通來釋放主體創造價值的可能性，此一主體性不是被壓制，而是其個性的開展。此外，後現代主義也強調生態倫理的必要性，認為人不該沉溺於「人類中心主義」，而是「天人合一」、「民胞物與」宇宙觀的締建。這種社會與文化的氛圍，使得後現代課程研究，產生了極大的張力（鍾啟泉、張華，2001）。

此一時期研究的方法論，雖然是在「質」的研究典範影響下持續發展，例如「人種誌研究」對教室、學校生活的探討，教師生活的「敘述研究」（narrative inquiry）、傳記或自傳研究、行動研究等都有相當的成果，當然也有將量化與質化研究結合使用的趨勢。

不過此一時期的努力，仍然只停留在「理論」和「理想」的宣示，至於如何透過課程發展，以及形成課程改革的動力，仍尚未「水

327

到渠成」。綜上所述，近百年來的課程研究，已從課程內容的分析和系統化的控管程序，走向課程本身性質的探討，從技術、效率的關照走向意義和價值創造的開展；從機械典範逐漸轉變爲生態有機的典範；在方法論上，則從科學實證的量化研究，逐漸走向主體意義的理解與社會實踐的行動研究（陳伯璋，2003）。

第二節　臺灣幼兒園教保活動課程的未來展望

自1524年馬丁路德（Martin Luther）建議德國政府應爲所有幼兒提供就讀公立幼兒園的機會，至2019年黃昆輝及盧美貴等教授（黃昆輝教授教育基金會，2019）發表「幼兒教育義務化主要問題及解決對策之研究」已近500年之久，西方世界近百年的課程已由「科學實證典範時期」、「再概念化運動時期」，以及「後現代多元文化時期」的「間際」（in between）概念，亦即爲「跨領域」思考的「邊界」、「差異」、「局部」的取向，對同一性、普通理性和「巨型敘述」（meta narrative）提出挑戰。然而臺灣的幼兒園多年來一直扮演著「多個一元共存」，而非眞正「多元」現象的文化教育，教師們往往只是個「追隨者」而非「創客者」。

臺灣幼兒園的教保課程，作者在第七章第一節「單元課程在幼兒園教學上的設計」歷史沿革中，論及1919年Dewey來華講學，掀起教育界改革風潮——張雪門在民國35-55（1946-1966）年在臺灣推展「行爲課程」、民國42-48（1953-1959）年熊慧英延續陳鶴琴「五指教學法」的實驗、民國53-59（1954-1970）年熊芷校長參照美國推動大單元教學，以及日後美籍布克太太（Mrs.Broke）帶進臺灣「發現學習法」—「學習角落」—「幼兒科學教育課程」，以至現今的「開放教育」和「新課綱」領域課程的推廣等。由這進程觀之，1897年臺南市祀典武廟六和堂內的「關帝廟幼稚園」的創設、臺南教育會蔡夢熊先生考察日本京都、大阪等地幼稚園保育活動的施行等，臺灣幼

兒教育課程發展大都受到歐美或日本的影響，能否建構發展在地臺灣華人的幼兒教育課程，相信是很多「幼教人」的共同理想與願望。

壹、審視童年意象建構與課程學習

　　幼兒生在長期與複雜價值演進的社會，他（她）需要在短時間內走過很長的進化路程，才可學到成人們所獨有而為他（她）們所不適的生活方式與思想方法，在這個依賴性和可塑性甚大的幼兒階段，教師的責任便在引導他（她）們充實而愉悅的走過這個進程……。

一、華人文化與社會脈絡下的童年意象

　　幼兒園課程設計往往在特定的歷史脈絡中，形成特定某種教育方式的形式內容和實施方式的規則，這些規則使課程可以成為論述與指稱的對象。例如：在華人社會「勤有功，戲無益，戒之哉，宜努力」的教育觀念和教條下，家長或教師，大都相信嚴師出高徒，因為「教不嚴，師之惰」，所以體罰很普遍，背書和體罰兩種政策混合使用。華人社會對於幼教一向主張及早嚴教，這樣的理念也成了近世育兒及蒙學文化中的重要基石。宋代以後，「扶幼」與「訓蒙」等幼教活動日漸受到社會及文化的關注，宋、元、明、清，幼教文化曾經過好幾波的成長與轉折的復興，說明了其背後眾人在價值觀念面的轉化。在明、清確立以科舉取士為任用人才的途徑之後，讀書仕進成為決定家族向上流動的契機，一個家族的興衰勝敗，都要看家族中是否能產生以讀書中舉入宦的子弟。這層層的關係，使得明清的士族重新調整了幼教的目標和內容，發展出一套特別的幼教內容和方法。

二、童年意象與課程形構

　　從童年的歷史建構看來，其所包含的理念、文化和歷史都不能脫離其社會力量，特別是在歷史論述中所隱藏的權力形態。

　　「兒童」除了是以年齡分界作為分類的用詞之外，不再只是一群被對待與被處置的對象。這樣的見解，不僅讓我們有更多的機會「貼近」歷史中各種不同的兒童聲音，也讓我們正視在現實生活中的兒童的主動性、權力的能動性，以及其文化的獨特性與理解經驗世界的特殊途徑。「童年」不再只是個被代言的概念，而是各個擁有主動性的主體。這樣的理解，讓成人有機會重新認識真實的童年文化，產生影響彼此互動的各種動力。

　　　絕對的平衡造成停滯，過多的衝突導致混亂脫序，複雜理論（*complexity theory*）強調擺渡於兩個極端，以掌握組織變革的發展動力。

　　「教學」是個「科學」，更是一項「藝術」，如何擺渡於師生、家長的需求與掌握東西文化的發展脈絡，是個值得深思的問題。這是在童年意象建構後，方可使課程教學有更明確的方向。

貳、發展合宜華人幼兒核心素養的教育課程

　　本書的第三章第一節「核心素養在幼兒園課程的發展及其重要性」談及「核心素養」，強調以人為本的終身學習，並以「自發、互動、共好」的理念相結合，提出「自主學習」、「溝通互動」及「社會參與」三大面向（盧美貴等人，2009；蔡清海、陳伯璋、林永豐等人，2013）；同時說明幼兒園新課綱六大領域核心素養（教育部2017），與這三大面向研究關係，兩階段若能互為關聯可以達成衛接上的意義，在地華人文化的經典部分在核心素養上也應有一定比重的教育內容。本節「未來展望」所要說明的是發展一套更縝密、更適合展現臺灣幼兒核心素養的課程。

330　　「核心素養」是十二年國民基本教育課程發展的主軸，蔡清田喻其為DNA（蔡清田，2014），亦即引導課程規劃、教材發展與教學

設計乃至有機運作。

　　盧美貴、黃月美、孫良誠和陳昇飛等人的研究發現如下（2009年7月至2010年7月）：

一、重新發現「幼兒」的主體性

　　將「幼兒」時期界定為不同於「青年」或「成年」時期的「他者」，因為外貌的不夠成熟與強壯，所以往往需要大人們的「啟蒙」和「代言」。這種童年「意象」（The Images of Children）一直與幼兒園的課程形構（The Formation of Curriculum）交互共構且彼此影響（黃月美，2008）。「慢慢走」的內化與欣賞，「美感」動源與表現的機會被吞噬與剝奪。誰在乎遊戲歷程所增添生命的浪漫與光彩？誰在乎快速生吞活剝缺乏「生命能動力」的教育內涵？「認知的巨人」與「生活的侏儒」有誰在乎？我們深信「蝴蝶蛹」的羽化等待，才能造就千錘百鍊的「自慢絕活」。因此，如何對「童年」的定位，以及放入「脈絡」來看幼兒是很重要的。

(一)「童年意象」的再定位──大人不要再緊迫盯人

　　臺灣幼教課程的發展始終糾結著「殖民主義」或「文化霸權」浸染共生的經驗與色彩。殖民時期幼兒教育特性，以及官方課程政策選用的課程論述，在制度上形成某種特定的課程模式與實施方式，並藉幼兒園的評鑑加以強化（黃月美，2008）。「直升機父母」或「老師」不分晝夜在孩子頭頂上盤旋，政府甚至廣告業者都急著插手安排孩子的「童年」。1993年至今，全世界開立的利他能（Ritalin）、亞天達（Attenta）、服佳能（Focalin）等約束兒童過動行為的處方，增加至原來的三倍，專家們擔心許多家庭現在正把作用於精神的藥品，當成親職工具。試想：真正需要舒壓的應該是父母（或大人），還是小孩？把幼兒學習行動當成「衛星定位系統」（GPS）、「狗仔隊」般的緊迫盯人，或許正是新課綱的頒行須加以維護與正視的

331

焦點。

接著這一波新課綱，尤其是「美感教育」應是擺脫「殖民」巨大規訓體系，再現幼兒「主體性」——展現「我就是我」，讓幼兒的想像、創意、感覺與感受可以充分翱翔——從一粒沙中看見世界，由一朵野花看見天堂，用手掌握無限。

(二)「美感教育」研究典範的轉移——別忘了「處境」下幼兒的「個殊性」

當今知識典範則指向複雜的適應系統或生態整體論（ecological holism），其主張為當整體是一個開放複雜系統時會比所有的和還大，並認為結構在複雜的適應系統之間的關係脈絡裡產生（盧美貴，2006）。環境並不是一個客觀存在的事實，而是為個體所主動覺察，因了解並與之建立關係的漸進開展（evolving）過程。「環境」概念包括「微系統」（microsystems）、「中系統」（mesosystems）、「外系統」（exosystems）、「大系統」（macrosystems）的概念，他認為一個民族或社會文化（次文化）體系對人的影響是全面性的，不僅家庭父母的育兒方式、人生目標受文化意識所牽制，不同國家與民族、不同社經與宗教信仰，都像「印記」或「藍圖」般如影隨形的影響處於該文化形態下的個體行為的發展，公共政策決定者或教師均應有這種體認。

因此探究「生長在同樣環境的人，為何會有不同發展的結果」、「同樣的個體特質為何在不同的環境脈絡，會有不同的行為表現」、「是什麼樣的過程或路徑，讓同樣生態位址的人，有人得以成功，有人卻陷入泥淖」等的關鍵問題。新課綱「美感」內涵，在「慢」教育的引領下，除了國家願景的核心課程外，更應提醒「美感」的處處存在。當幼兒在自己身體控制上產生節奏的秩序以後，生命才會從容，才會不慌也不忙地展現自己的獨特與優雅之「美」。

「成人之謂美」，這是教育最終的目的。然而多年來教育的內容已被窄化成為「教科書」，而教育的方法則被化約為教學的「技

術」，同時在「速食」文化的急促下，學習成為「成績至上」的祭品。因此「教」與「學」已離教育目的越來越遠。「美」不是在「快」、「急」與「忙」的促動中產生的，它是在「從容」、「悠閒」與「優雅」的慢旋律中施展開的。美感經驗須有教師「美」的覺醒和素養，才能進一步將幼兒先前經驗轉化或開啟美的「視界」。在「蹲馬步」（基本功）的「慢活」和「細活」中，學習的品質才能真正提升。

二、過去、現在和未來「童年」的圖像

　　現在與過去幼兒所應具備的幼兒核心素養之不同，主要受到學習環境和家庭環境的變遷，並且因為科技資訊發展與學習主體的改變，幼兒主體需要更主動、更積極才能適應未來社會，也因此幼兒核心素養希冀現在幼兒比起過去能夠具備表達溝通、合作、創意、科技等能力。然而因為少子化關係，讓現在幼兒缺少生活自理能力，勤勞簡樸的要求比以往少，對於課業的要求則依舊重視，人際關係的疏離也導致幼兒與同伴之間相處的機會減少，物質不虞匱乏也讓孩子少了感恩與惜福的態度。這些都是作者及不少學者專家在比較現在與過去幼兒核心素養不同所提出的討論，內容參看表10-1。

表10-1　不同時空背景幼兒核心素養態度與能力比較

態度			能力		
過去	現在	未來	過去	現在	未來
1. 愛國 2. 孝順 3. 謙虛 4. 勤勞 5. 負責 6. 有禮	1. 尊重 2. 關懷 3. 積極 4. 勇敢 5. 探究 6. 負責 7. 自省	1. 關懷與尊重 2. 感恩與惜福 3. 合作與分享 4. 友善與誠信 5. 自知與自省 6. 責任與榮耀	1. 生活自理 2. 與人互動	1. 溝通表達 2. 認知學習 3. 團隊合作 4. 解決問題	1. 自主學習 2. 閱讀賞析 3. 運用科技 4. 表達溝通 5. 情緒管理 6. 想像創造

三、過去與現在童年「態度」及「能力」的差異

臺灣幼兒的核心素養在過去和現在有何差異？依據文獻探討與訪談結果彙整出十五個題項，前八項為童年態度的差異，後七項為童年能力的差異。經統計分析後，受訪者對各題項重要性程度的平均數與標準差情形，如表10-2所示。

表10-2　對過去與現在童年的差異之重要性一覽表

構面	項目名稱	平均數	標準差
態度	1. 過去與現在童年的差異在於環境與生活型態大不相同	6.12	1.07
	2. 和過去相較之下，現代的幼兒比較沒有感恩與惜福的心	5.94	1.15
	3. 過去的童年生活單純，可以建立正確的價值觀	5.68	1.24
	4. 過去的童年比較自由，快樂又有趣	5.83	1.30
	5. 過去的童年不會因為順從大人而感到不快樂	5.29	1.42
	6. 過去物質缺乏，幼兒需要自己動手做玩具	5.75	1.30
	7. 過去的環境養成幼兒堅毅的態度	6.05	1.09
	8. 過去幼兒從小參與家事容易養成責任心	6.35	1.00
能力	9. 現在幼兒的學習活動變多了	6.00	1.23
	10. 現在幼兒缺乏想像與創造力	4.98	1.45
	11. 現在的幼兒與社區較為疏離	5.51	1.41
	12. 現在的幼兒物質生活豐富	5.93	1.23
	13. 現在的幼兒容易受挫	6.08	1.17
	14. 現在的幼兒不懂珍惜與感謝成人的付出	6.02	1.15
	15. 現在的幼兒缺乏同伴，造成人際疏離	5.83	1.27

在八項對童年「態度」的差異題項中，重要性程度的平均數得分前三高者，依序為「過去幼兒從小參與家事容易養成責任心」、「過去與現在童年的差異在於環境與生活型態大不相同」、「過去的環境

養成幼兒堅毅的態度」。

在後七項對童年「能力」的差異題項中，重要性程度的平均數得分前三高者，依序為「現在的幼兒容易受挫」、「現在的幼兒不懂珍惜與感謝成人的付出」，以及「現在幼兒的學習活動變多了」。

四、童年時期需要學習的事情

臺灣幼兒核心素養在童年期需要加以學習的事情，依據文獻探討與各行各業訪談結果彙整出十六個題項，前八項為童年須學習的「態度」，後八項為童年須學習的「能力」。經統計分析後，受訪者對各題項重要性程度的平均數與標準差情形，如表10-3所示。

表10-3　童年時期需要學習的事情

構面	項目名稱	平均數	標準差
態度	1.學習面對挫折的忍受態度	6.55	0.88
	2.具有責任感	6.66	0.71
	3.主動自發的完成工作	6.54	0.82
	4.學習遵守紀律	6.50	0.77
	5.會感恩與惜福	6.67	0.66
	6.願意與他人分享	6.51	0.79
	7.勇於嘗試不同的事物	6.40	0.93
	8.尊重與關懷他人	6.70	0.69
能力	9.具生活的自理能力	6.55	0.80
	10.保護自己的能力	6.55	0.80
	11.會安排自己的時間與事情	6.14	1.02
	12.能從失敗中獲得經驗的能力	6.38	0.88
	13.從團體生活中學習人際互動	6.53	0.79
	14.具有對環境的應變能力	6.49	0.81
	15.能清楚表達自己的想法	6.53	0.78
	16.學習動手並發揮創意	6.32	0.95

　　在八項童年需學習的「態度」題項中，重要性程度的平均數得分前三高者，依序為「尊重與關懷他人」、「會感恩與惜福」、「具有責任感」。在後八項童年需學習的「能力」題項中，重要性程度的平均數得分前四高者，依序為「具生活的自理能力」、「保護自己的能力」、「從團體生活中學習人際互動」，以及「能清楚表達自己的想法」。

五、未來社會需要怎樣的人

　　臺灣幼兒核心素養在未來社會需要怎樣的人，依據文獻探討與訪談結果彙整出二十個題項，前十項為未來社會需要的「態度」，後十項為未來社會需要的「能力」。經統計分析後，受訪者對各題項重要性程度的平均數與標準差情形，如表10-4所示。

　　在十項未來社會需要的「態度」題項中，重要性程度的平均數得分前三高者，依序為「能為自己的行為結果負責任」、「懂得感恩與惜福」，以及「學習尊重與關懷」。

　　在後十項未來社會需要的「能力」題項中，重要性程度的平均數得分前三高者，依序為「善於處理問題和解決衝突的能力」、「具有自我調適的能力」，以及「具團隊合作的能力」。

六、發展合宜華人的幼兒教育課程

　　臺灣幼兒核心素養植基華人或亞洲世界，「臺灣」價值不同於「西方」價值，因此在以臺灣社會文化為「體」，他國社會文化為「用」的涵化與新生過程，未來課綱內涵與臺灣文化或華人民族緊密結合，亦即課程的發展目標與內涵，宜「修己」和「善群」為體，「能力」和「態度」為用；並以「覺知」（awareness）作為體與用之間的意識檢核機制。因此探源幼兒的主體性與華人文化核心價值，藉以建構臺灣幼兒教育的課程，擺脫西方「殖民主義」及「文化霸權」的浸染共生，臺灣的幼兒教育課程才有可能脫離被「啟蒙」與「代言」的脈絡發展體系。臺灣幼兒核心素養及其幼教課程形構的架構，如圖10-1所示，這也是本書的代結論。

表10-4　未來社會需要怎樣的人項

項目 構面	項目名稱	平均數	標準差
態度	1. 學習尊重與關懷	6.67	0.76
	2. 能包容與欣賞他人	6.53	0.79
	3. 願意與他人分享	6.36	0.92
	4. 具有良好的生活與學習習慣	6.57	0.74
	5. 懂得感恩與惜福	6.69	0.63
	6. 能適當的表達情緒	6.40	0.85
	7. 能明辨是非、分別善惡	6.60	0.79
	8. 善盡工作職責，勇於進取	6.49	0.83
	9. 能勇於嘗試不同事物	6.25	0.98
	10. 能為自己的行為結果負責任	6.70	0.66
能力	11. 主動探索周遭環境與事物的能力	6.28	0.94
	12. 善於處理問題和解決衝突的能力	6.60	0.75
	13. 具有時間管理的能力	6.42	0.84
	14. 具有組織與規劃的能力	6.28	0.95
	15. 具有自我調適的能力	6.57	0.79
	16. 具備使用科技資訊的能力	6.04	1.06
	17. 具備使用語言、符號和文字與人互動的能力	6.27	0.99
	18. 具團隊合作的能力	6.50	0.85
	19. 具審美與創造的能力	6.14	1.03
	20. 具批判與省思的能力	6.26	0.98

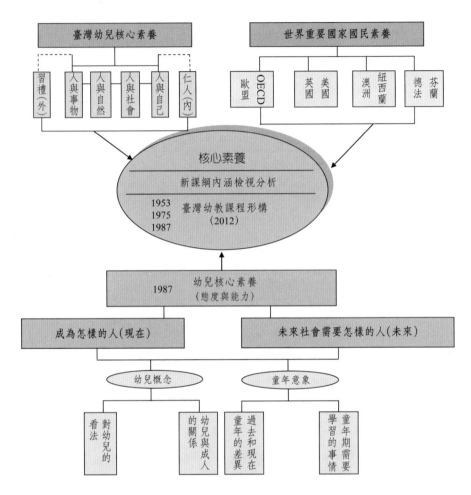

圖10-1 臺灣幼兒核心素養及其幼教課程之形構

參 考 書 目

一、中文部分

王紅宇譯（1999）。**後現代課程觀**。臺北：桂冠出版社。

方淑惠譯（L. Oldfield原著，2010）。**華德福的幼兒教育**。臺北：親子天下。

王麗雲譯（2002）。**意識形態與課程**。臺北：桂冠出版社。

王麗雲、甄曉蘭（2007）。臺灣偏鄉地區教育機會均等政策模式之分析與反省。**教育資料集刊**，*36*，25-39。

石井昭子等（1988）。**蒙特梭利教育 —— 算術教育**。臺北：新民幼教圖書公司。

加藤幸次（1996）。**開放教育之路：一所沒有牆壁的學校**。臺北：胡氏圖書出版社。

西恩・科維（S. Covey, 2010）。**與成功有約，培養7個好習慣**。新北：明天國際圖書有限公司。

呂行譯（2018）。**我的嘴巴是一座火山**。臺北：五南圖書出版公司。

李子建、黃顯華（1996）。**課程：範式、取向和設計**。臺北：五南圖書出版公司。

李宛諭（2019）。推STEM、STEAM教育：借鏡21世紀社區學習中心。**書香遠傳**，*143*，50-53。國立公共資運圖書館。

吳清山（2009）。偏鄉教育。**教育資料與研究雙月刊**，*90*，177-178。

吳樺姍（2017）。**護理系推動問題導向學習法經驗分享**。亞洲大學教學工作坊。

吳禮字（2017）。**問題導向學習的理念與實施成效**。亞洲大學教學工作坊。

沈翠蓮（2013）。**教學原理與設計**。臺北：五南圖書出版公司。

岩田陽子（1988）。**蒙特梭利 —— 日常生活練習**。臺北：新民幼教圖書公司。

岩田陽子等（1988）。**蒙特梭利教育 —— 感官教育**。臺北：新民幼教圖

書公司。

林育瑋、洪堯群、陳淑娟、彭欣怡、陳怡婷等譯（2019）。**小小探索家：幼兒教育中的方案取向**。臺北市：華騰文化。

林玫君（2015）。美感領域。載於幸曼玲等著**新課綱想說的事：「幼兒園教保活動課程大綱的理念與發展」**，pp. 369-416。臺北：心理出版社。

林琬淳（2018）。**生氣的紅魔怪——幫孩子學習情緒管理**。臺北：五南圖書出版公司。

林毓生（1996）。中國傳統的創造性轉化。**歷史月刊**，*99*，72-82。

亞洲大學（2012）。*100*學年度大學生學習與讀書策略量表分析報告。臺中：亞洲大學學習暨生涯發展中心。

周怡君（2007）。**教師即陌生人——一位教師探索課程第三空間的生命敘說**。國立臺北教育大學課程與教學研究所碩士論文，臺北，未出版。

周思妤、盧美貴（2020）。**建立親子自主學習的「習慣樹」——以繪本為角色扮演媒材引導的成效**。科技部計畫（108-2813-C-468-124-H）。

周淑惠（2011）。**幼兒教材教法：統整性課程取向**。臺北：心理出版社。

周淑惠（2017）。**面向*21*世紀的幼兒教育：探究取向主題課程**。臺北：心理出版社。

周淑惠（2018）。**具*STEM*精神之幼兒探究課程紀實：「一起創建遊戲樂園」主題**。臺北：心理出版社。

周淑卿、王郁雯（2019）。從課程統整到跨領域課程：臺灣二十年的論述與問題。**課程與教學**，*4*（1），1-19。

周珮儀（2003）。**課程統整**。高雄：復文圖書有限公司。

幸曼玲、金瑞芝、曾元顯（2012）。**幼托整合後幼兒園教保活動與課程大綱——立論基礎補強及資料建置計畫**。教育部。

幸曼玲、楊金寶、丘嘉慧、柯華葳、蔡敏玲、金瑞芝、郭李宗文、簡淑真、林玫君（2015）。**新課綱想說的事：幼兒園教保活動課程大綱的理念與發展**。臺北：心理出版社。

幸曼玲、周于佩、王珊斐、許淑蘭（2017）。以核心素養爲本的幼兒園
　　教保活動課程規劃與實踐。國教新知，*64*（4），4-29。

幸曼玲主編（2018）。**幼兒園教保活動課程大綱的實踐：以臺北市立南
　　海實驗幼兒園方案教學爲例**。臺北：心理出版社。

相良敦子（1988）。**蒙特梭利的理論概說**。臺北：新民幼教圖書公司。

洪詠善（2013）。**藝術爲本的教師專業發展**。新北：國家教育研究院。

洪福財（2005）。方案教學的探源與省思——從Project Method到Project
　　Approach。載於「**全球化與本土化——臺灣幼兒教保課程模式在地
　　化建構學術研討會**」。嘉義：吳鳳技術學院幼兒保育系，2005年3月
　　26-27日。

柯慧貞（2017）。**亞洲大學特色*PBL*發展**。臺中：亞洲大學。

柯澍馨、林佩蓉等譯（2016）。**高瞻幼兒教育——幼教課程教學實務**。
　　臺北：華騰文化。

倪用直、林佩蓉等譯（2004）。**高瞻幼兒教育**。臺北：華騰文化有限公司。

高佩瑤（2012）。**環境美學**。摘自taiwanpedia.culture.tw/web/
　　content?ID=100693

高琇嬅（2003）。**學校附近的地圖——*18*篇幼兒建構學習的課程實錄**。
　　臺北：光佑出版社。

唐富美等人（2019）。**看見四季——玩藝術、品美學，動手解決問題**。
　　臺北：親子天下。

教育部（2013）。**教育部*103*推動教育優先區計畫（*103*年度）**。臺北：
　　作者。

教育部（2016）。**主題統整課程設計工具**。臺北：教育部。https://sylla-
　　busnew.ece.moe.edu.tw/

教育部（2016）。**幼兒園教保活動課程暫行大綱——統整性主題課程設
　　計**。幼兒園教保活動課程大綱研編小組。

教育部（2017）。**幼兒園教保活動課程大綱**。臺北：教育部。

教育部（2018）。**幼兒園教保活動課程——文化課程參考實例（上）**。
　　教育部。

陳伯璋（1985）。**潛在課程研究**。臺北：五南圖書出版公司。

陳伯璋（1987）。**課程研究與教育革新**。臺北：師大書苑。

陳伯璋（2001）。**新世紀課程改革的省思與挑戰**。臺北：師大書苑。

陳伯璋（2003）。新世紀的課程研究與發展。載於「**國家政策季刊**」
（*2003，2卷3期*）。臺北：行政院研究發展考核委員會。

陳伯璋（2005）。課程研究典範建構的新取向：論課程美學探究的必要
性及其限制。**行政院國家科學委員會專題研究成果報告**（*NSC 94-2413-H032-011*），未出版。

陳伯璋、張盈堃（2007-2008）。課程美學研究批判與實踐。**行政院國家
科學委員會研究成果報告**（*NSC 96-2413-H434-001-MY2*），未出
版。

陳伯璋、張新仁、潘慧玲、蔡清田（2006）。全方位的國民核心素養
之教育研究。**行政院國家科學委員會專題研究成果報告**（*NSC 94-2511-S-032-001*），未出版。

陳伯璋（2009）。融通教育方法的美學走向。載於黃昆輝、楊深坑主
編：賈馥茗「**教育學體系研究**」。臺北：五南圖書出版公司。

陳伯璋、盧美貴（2009）。「慢」與「美」共舞的課程——幼兒園新課
綱「美感」內涵領域探源。**兒童與教育研究**，*5*，1-22。國立臺南大
學幼兒教育學系。

陳伯璋、盧美貴（2002）。學校本位課程發展的理論與實踐。載於陳伯
璋、許添明主編「**學校本位經營的理念與實務**」。臺北：高等教育。

陳伯璋、盧美貴（2013）。特色學校課程美學實踐之研究。**科技部兩年
期計畫**（NSC102-2410-H-024-014），未出版。

陳怡倩（2017）。從STEAM的A來看美國STEAM教育。**香港美術教育
期刊**，*1*，4-9。取自https://www.academia.edu/36705224/%E5%B
E%9ESTEAM%E7%9A%84A%E4%BE%86%E7%9C%8B%E7%B
E%8E%E5%9C%8BSTEAM%E6%95%99%E8%82%B2_%E9%A
6%99%E6%B8%AF%E8%97%9D%E8%A1%93%E6%95%99%E8-
%82%B2%E6%9C%9F%E5%88%8A_July_2017.pdf

陳慈娟（2004）。**幼兒園園長課程領導——以一所幼兒園本位課程發展
為例**。臺北市立師範學院國民教育研究所碩士論文，未出版，臺北
市。

陳麗華、鄭玉卿、徐世瑜、許佩賢、詹寶菁、沈映汝、林俐君、楊明華

（2002）。九年一貫社會學習領域課程本土化之研究。國立編譯館
委託專案報告。

張華等（2000）。**課程流派研究**。山東：山東教育。

張華、鐘啟泉等編（2001）。**世界課程改革趨勢研究**。北京：北京師
大。

張衛族等（2009）。**幼兒課程發展與設計**。新北：群英出版社。

黃子榕、林坤誼（2014）。職前教師於STEM實作課程的知識整合
行為研究。**科技與人力教育季刊**，*1*(1)，18-39。doi:10.6587/
JTHRE.2014.1(1).2

黃月美等譯（2008）。**幼教理論及其實踐對話**。臺北：華騰文化有限公司。

黃月美（2009）。幼教課程之美學探究——重構另一種課程理論之可
能性。**行政院國家科學委員會專題研究計畫成果報告**（NSC98-
2410-H-434-002）。

黃永和（2001）。**後現代課程理論之研究**。臺北：師大書苑。

黃秋華（2019）。**幼兒*STEAM*人才培育計畫**。勞動力發展署補助大專校
院辦理就業學程計畫。

黃秋華（2020）。**幼兒*STEAM*教育趨勢：迎接人工智慧新世代**。亞洲大
學幼兒教育學系教育實習專刊。

黃炳煌譯（1981）。**課程與教學的基本原理**。臺北：桂冠出版社。

黃炳煌（1984）。**課程理論的基礎**。臺北：文景出版社。

黃炳煌（1996）。**教育改革——理念、策略與措施**。臺北：心理出版
社。

黃政傑（1991）。**課程設計**。臺北：東華書局。

黃政傑（1992）。**課程改革**。臺北：漢文書店。

黃政傑（1991）。**課程研究**。臺北：東華書局。

黃純敏主譯（S. A. Adler原著）（2006）。**教育的文化基礎**。臺北：學富
文化出版社。

黃光雄、蔡清田（2015）。**課程發展與設計新論**。臺北：五南圖書出版
公司。

馮朝霖（2001）。另類教育與全球思考。**教育研究月刊**，*92*，33-42。

湯維玲（2019）。探究美國STEM與STEAM教育的發展。**課程與教學季**

刊，*22*（*2*），49-78。

楊深坑（1998）。教育知識的國際化或本土化——兼論臺灣近年來的教育研究。**教育學報**，*26*（2），361-379

楊國樞（1999）。**社會科學研究的本土化與國際化**。載於「國立臺灣師範大學教育學系」教育部國家講座主編，「**科學的國際化與本土化**」。臺北：楊智文化事業有限公司。

楊龍立（2014）。課程一詞的傳統語文意義。**教育論叢**，*2*，115-136。

賈馥茗（2007）。**融通的教育方法**。臺北：五南圖書出版公司。

甄曉蘭（2001）。**中小學課程改革與教學革新**。臺北：元照出版社。

甄曉蘭（2001）。從課程組織的觀點檢討統整課程的設計與實施。**教育學報**，*47*（2），41-59。

甄曉蘭（2004）。**課程理論與實務——解構與重建**。臺北：高等教育。

歐用生（1998）。**新世紀的課程改革**。臺北：五南圖書出版公司。

歐用生、陳伯璋、周淑卿、范信賢（2009）。美學取向課程與教學之理論建構與應用期末報告。（**報告編號：ＮＡＥＲ-98-12-H-2-02-00-2-02**）。新北：國家教育研究院籌備處。

歐用生（2010）。**課程研究新視野**。臺北：師大書苑。

鄧兆鴻（2018）。**學習，讓孩子養成良好的習慣**。灼見名家傳媒有限公司。https://www.masterinsight.com/%E5%AD%B8%E7%BF%92%EF%BC%8C%E8%AE%93%E5%AD%A9%E5%AD%90%E9%A4%8A%E6%88%90%E8%89%AF%E5%A5%BD%E7%9A%84%E7%BF%92%E6%85%A3/

鄧成連（2017）。**設計思考——魔法與魔力**。臺中：亞洲大學「創新教學」專題演講。

劉怡琳（2015）。小習慣成就孩子大未來。**嬰兒與母親**。https://www.mababy.com/knowledge-detail?_page=7&id=4131

鄭怡華（2019）。**認識華德福教育的四大特色**。臺北：親子天下專特刊。

蔣姿儀、駱明潔、阮淑宜、魏美惠、林珮仔、謝瑩慧（2011）。**幼兒園教保活動與課程**。臺北：五南圖書出版公司。

鄭博真（2017）。**幼兒園教保活動課程設計**。臺北：華騰文化有限公司。

劉惠娟（2017）。**提升幼兒園教師教學美感經驗之行動研究**。臺灣首府大學幼兒教育學系碩士論文。臺南：臺灣首府大學。

蔡春美（2019）。**幼兒園教保活動課程設計**。臺北：心理出版社。

蔡清田（2014）。**國民核心素養：十二年國教課程改革的**DNA。臺北：高等教育。

蔡清田、陳伯璋、陳延興、林永豐、盧美貴、李文富（2013）。十二年**國民基本教育課程發展指引草案擬議研究（國家教育研究院委託研究報告）**。嘉義縣：國立中正大學課程研究所。

霍力岩等譯（2019）。**學習品質──關鍵發展指標與支持性教學策略**。北京：教育科學出版社。

霍力岩等譯（2019）。**社會學習──關鍵發展指標與支持性教學策略**。北京：教育科學出版社。

霍力岩等譯（2019）。科學和技術──**關鍵發展指標與支持性教學策略**。北京：教育科學出版社。

親子天下（2013）。不一樣的學校。**親子天下**，*52*，2013年2月。臺北：天下雜誌。

盧秀琴、馬士茵（2019）。設計STEAM課程培養國小學生的STEAM素養：以「動物模仿獸」為例。**教育科學研究期刊**，*64*（3），85-118。

盧美貴、莊貞銀（1990）。**幼兒常識教材教法研究**。臺北：五南圖書出版公司。

盧美貴（2000）。**開放式幼兒活動設計**。臺北：心理出版社。

盧美貴（2003）。**我國五歲幼兒基本能力與學力指標建構**。教育部。

盧美貴（2014）。大學課室翻轉的美學研究。**科技部計畫**（MOST 103-2410-H-468-012-MY2），未出版。

盧美貴（2019）。部落文化回應教學──一所布農族國小「校本課程」教學模式建構。**科技部專題研究計畫成果報告**（MOST 107-2410-H-468-010），未出版。

盧美貴（2019）。**幼兒教育義務化主要問題及解決對策研究**。臺北：黃昆輝教授教育基金會。

盧美貴（2020）。**幼兒教保概論（第五版）**。臺北：五南圖書出版公司。

盧美貴、黃月美（2013）。**家庭型態變遷趨勢對幼兒園課程與教學之影響**。國家教育研究院專題研究報告——子計畫四。總計畫：**家庭型態變遷趨勢對幼兒園教育之影響**（編號：100-19）。總計畫主持人：陳伯璋講座教授。

聯合報（2015）。「願景工程・偏鄉教育」。**聯合報**，2015.6.16-2015.6.21。

謝綺蓉譯（2001）。第三智慧。臺北：大塊文化。

薛曉華譯（2002）。**學習自由的國度：另類理念學校在美國的實踐**。臺北：高等教育。

簡楚瑛（2016）。**幼兒教育課程模式**。臺北：心理出版社。

龔卓君等譯（2003）。**空間詩學**。臺北：張老師文化。

二、英文部分

Apple, M. (1976). "Making Curriculum Problematic", *The Review of Education*, 2(1), 52-68.

Apple, M (1979a). *Official Knowledge*. London: Routledge.

Apple, M (1979b). *Ideology and Curriculum*. London: Routledge.

Aoki, T. T. (2005). *Curriculum in a New Key: The Collected Works of Ted T. Aoki*. W. F. Pinar & R. L. Irwin (Eds.). Mahwah, NJ: Lawrence Erlbaum.

Barnes, D. R. (1982). *Practical curriculum study.* London: Routledge & Kegan Paul.

Beane, J. A. (1991). The middle school: The natural home of integrated curriculum. *Educational Leadership*, *49*(2), 9-13.

Beane, J. (1995). Curriculum Integration and The Disciplines of Knowledge. *Service Learning, General, 44.* http://digitalcommons.unomaha.edu/slceslgen/44

Beane, J. (1997). *Curriculum integration: Designing the core of democratic education.* NY: Teachers College Press.

Bestor, A. (1956). *The restoration of learning.* NY: Alfread A. Knopf.

Beauchamp, G. A. (1975). *Curriculum theory* (3rd ed.). Wilmette, IL:

The Kagg Press.

Berman, P. & McLaughlin, M. (1975). *Federal programs supporting educational change: V4.* The Hindings in Review. Santa Monica, CA: Rand Corporation.

Berman, P. & McLaughlin, M. (1978). *Federal programs supporting educational change: V8 implementing and sustaining innovations.* Santa Monica, CA: Rand Corporation.

Bobbitt, F. (1918). *The curriculum.* Boston: Houghton Mifflin Company.

Bredekamp, S. & Rosegrant, T. (1995). *Reaching potentials: Transforming early childhood curriculum and assessment* (Vol. 2). Washington, D.C.: National Association for the Education of Young Children.

Bruner, J. (1967). Man: A Course of Study. In J. Bruner & P. Dow. *Man: A Course of Study: A description of an elementary social studies curriculum*, pp. 3-37. Cambridge: Education.

Bruner, J. (1960). *The Process of Education.* NY: Vantage.

Chard, S. C. (1998). *The Project Approach: Book Two.* NY: Scholastic Inc.

Cherryhomes, C. H. (2002). Curriculum ghost and visions-and what to do? In W. E. Doll & N. Gough (Eds.). *Curriculum visions*, pp. 116-126. NY: Peter Lang.

Christie, S. (2016). Positivist scientific exploration: Can universal truths and grand narratives be discovered in research about human beings? In T. David, K. Goouch & S. Powell (Eds.). *The Routledge international handbook of philosophies and theories of early childhood education and care*, pp.189-199. NY: Routledge.

Cooper, B. S. (1994). Alternative Schools and Programs. In the *International Encyclopedia of Education. (Eds), Vol.1,* 260-266.

Dahlberg, G., Moss, P., & Pence, A. (2007). *Beyond quality in early childhood education and care: Postmodern perspectives.* London: Falmer Press.

Daignault, J. (1995). Understanding curriculum as poststructuralist, deconstructed, postmodern text. In W. F. Pinar, W. M. Reynolds, P. Slattery, & P. M. Taubman (Eds.). *Understanding curriculum*, pp. 450-474. NY: Peter Lang.

Dewey, J. (1910). *How we think*. Washington D.C.: Heath & Co., Publishers.

Dewey, J. (1934). *Art as experience*. Minton, Balch & Company.

Dewey, J. (2001). *The school and society: The child and the curriculum*. New York, NY: Dover.

Doll, W. (1993). *Postmodern Perspectiveon Curriculum*. NY: Teachers College.

Doll, R. C. (1996). *Curriculum improvement: Decision making and process* (9th ed.). Boston: Allyn & Bacon.

Eisner, E. W. (1979). *The educational imagination: On the design and education of school program*. NY: Macmillan.

Eisner, E. W. (1983) On the Relationship of Conception to Representation. *Art Education, 36*, pp. 22-27.

Eisner, E. (Ed.). (1976). *The arts, hunman development and education*. Berkeley, CA: McCutchan.

Erikson, H. L. (2001). *Stirring the Head, Heart, and Soul: Redefinig the curriculum and Instruction* (2nd ed.). Thousand Oaks, California: Corwin.

Espinoza, O. (2007). Solving the equity-equality conceptual dilemma：A new model for analysis of the education process. *Educational Research, 49*(4), 343-363.

Flinders, D. J. & Thorntor, S. J. (Eds.)(1997). *The Curriculum Studies Reader*. London: Routledge.

Freire, P. (1968). *Pedagogy of the Oppressed*. NY: Seahury.

Gage, N. L. (1963) (Ed.). *Handbook of research on teaching*. Chicago: Rand McNally.

Giroux, H. (1992). *Border Crossing*. NY: Routledge.

Glatthorn. A. A. (1987). *Curriculum leadership*. Glenview, Ill.: Scott, Foresman & Co.

Gitomer, D. H. & Bell, C. A. (2016) (Eds.). *Handbook of Research on Teaching* (5th ed.). Washington D.C.: American Educational Research Association.

Greene, M. (1971). Curriculum and Consciousness. *Teachers College Record, 73*(2), pp. 253-270.

Greene, M. (1993). Diversity and Inclusion: Toward a Curriculum for Human Beings. *Teachers College Record, 95*(2), pp. 211-221.

Goodlad, J. I., Klein, M. F., & Tye, K. A. (1979). The domains of curriculum and their study. In J. I. Goodlad (ed.). *Curriculum inquiry*, p. 43-76. NY: McGraw-Hill.

Greene, M. (1980). Aesthetics and the experience of the arts: Towards transformations. *The High School Journal, 63*(8), pp. 316-322.

Hamilton, D. (1989). *Towards a theory of schooling*. London: Falmer.

Herschbach, D. R. (2011). The STEM initiative: Constraints and challenges. *Journal of STEM Teacher Education, 48*(1), 96-122. doi:10.30707/JSTE48.1Herschbach

Heywood, C. M. (2001). *A history of childhood: Children and childhood in the west from West from medieval to modern times*. Oxford: Blackwell.

Hutchins, R. (1936). *The higher learning in America*. CT: Yale University Press.

Illich, I (1992). *Deschooling Society*. NY: Harper of Raw.

Irwin, R. L. (2008). Communities of A/r/tography Practice. In S. Springgay, R. L. Irwin, C. Leggo, & P. Gouzouasis (Eds.). *Being with A/r/tography* (pp.71-80). Netherlands: Sense Publishers.

Jackson, P. W. (1968). *Life in classrooms*. NY: Holt, Rinehart, & Winston.

Johnson, Jr. M. (1967). Definitions and models in curriculum theory. *Educational Theory, 17*(2), 127-140.

Katz, L. G. & Chard, S. C. (2000). *Engaging children's mind: The project approach.* (2nd ed.). Stamford: JAI Press.

Kilpatrick, W. H. (1918). The project method. *Teachers College Record, 19*(4), 319-335. 2004年8月9日下載自http://www.tcrecord.org/Content.asp?ContentD=3606

Kim, E., Kim, S., Nam, D., & Lee, T. (2012). *Development of STEAM program Math centered for Middle School Students.* Retrieved from https://pdfs.semanticscholar.org/7a48/fe7e5d58c7303175853dc7cb-1032cec3a3f0.pdf

Kliebard, H. M. (1975). Metaphorical roots of curriculum design. In W. F. Pinar (Ed.). *Curriculum theorizing: The reconceptualists*, pp. 84-85. CA: McCutchan.

Klein, J. T. (1991). *Interdisciplinary curriculum: History, theory, and practice.* Detroit: Wayne State University Press.

Kostelnik, M., Soderman, A., Whiren, A., & Rupiper, M. (2019). *Developmentally appropriate curriculum: Best practices in early childhood education* (7th ed.). New York, NY: Pearson.

Krogh, S. L. & Morehouse, P. (2014). *The Early Childhood Curriculum: Inquiry Learning Through Integration.* (2nd ed.). New York, NY: Routledge.

Laudan Y. Aron & Janine Zweig (2003). Educational Alternatives for Vulnerable Youth: Student Needs, Program Types, and Research Directions. Urban Institute (NJ1).

Greene, M. (1973). *Teacher as stranger: Educational philosophy for the modern age.* California: Wadsworth.

Maeda, J. (2013). STEM + art = STEAM. *The STEAM Journal, 1*(1), 1-3. doi:10.5642/steam. 201301.34

J. Dan Marshall, James T. Sears, Louise Anderson Allen, Patrick A. Roberts, William H. Schubert (2006). *Turning Points in Curriculum: A Contemporary American Memoir.* NY: Merrill, 2000.

MacDonald, J. B. & Leeper, R. R. (Eds.). (1965). *Theories of instruc-*

tion. Alexandria, VA: Association for Supervision and Curriculum Development.

Malewski, E. (2010). *Curriculum studies handbook: The next moment.* NY: Routledge.

McLaren, P. (1989). *Life in Schools.* NY: Longman.

McMillan, M. (1995). *Education through the Imagination.* England: Thoemmes.

Merleau-Ponty, M. (1964). The primacy of perception and its philosophical consequences. Translated by J. M. Edie. In Merleau-Ponty, *The primacy of perception and other essays on phenomenological psychology, the philosophy of art, history and politics.* Illinois: Northwestern University.

Miller, J. P. (2001). *The Holistic Curriculum.* Ontario: OISE.

Nicholls, A. & Nicholls, S. H. (1978). Developing a curriculum: A practical guide (2nd ed.). London: George Allen & Unwin.

Oliva, P. F. (2005). *Developing the curriculum* (6th ed.). Boston: Allyn & Bacon.

Parkay, F. W. & Hass, G. (2000). Curriculum planning: A contemporary approach (7th ed.). Needham Heights, MA: Allyn & Bacon.

Phenix, P. (1962). The disciplines as curriculum content. In A. H. Passow (Ed.). *Curriculum crossroad: A report of a curriculum conference*, pp. 57-65. NY: Teachers College Press.

Pinar, W. F. (1975). Currere: Toward reconceptualization. In W. F. Pinar (Ed.). *Curriculum theorizing: The reconceptualists*, pp. 396-414. Berkeley, CA: McCutchan.

Pinar, W. F. (1988) (Ed.). *Contemporary curriculum discourses.* Scottsdale: Gorsuch Scarisbrick.

Pinar, W. F. (1995). *Understanding Curriculum.* NY: Peter Lang.

Pinar, W. F. (1998). *Curriculum: Toward New Identities.* NY: Garland.

Pinar, W. F. (2004). *What is Curriculum Theory?* Mahwah, NJ: Lawrence Erlbaum.

Pinar, W. F. (2006). *The synoptic text today and other essays: Curriculum development after the reconceptualization.* New York: Peter Lang. *The making of curriculum: Collected essays* (2nd ed), pp. xix-xxi. Washington D.C.: The Falmer.

Pinar, W. F. (2015). *Educational experience as lived: Knowledge, history, alterity.* NY.: Routledge.

Posner, G. & Rudnitsky, A. (2001). *Course design* (6th ed). New York, NY: Addison Wesley Longman.

Pophan, W. J. & Baker, E. I. (1970). *Systematic instruction.* Englewood Cliffs, NJ: Prentice-Hall.

Pratt, D. (1980). *Curriculum: Design and development.* NY: Harcourt Brace Javanovich.

Popper, K. (1972). *Conjectures and Refuration.* London: Routledge.

Popkewity, T. (Ed.)(2000). *Educational Knowledge.* NY: SUNY.

Reid, W. A. (1999). *Curriculum as institution and practice-Essays in the deliberative tradition.* Mahwah, New Jersey: Lawrence Erlbaum Associates, Publishers.

Richderson, V. (2001). *Handbook of research on teaching* (4th ed.). Washington D.C.: American Educational Research Association.

Saylor, J. G., Alexander, W. M., & Lewis, A. J. (1981). *Curriculum planning for better teaching and learning* (4th ed.). NY: Holt, Rinehart and Winston.

Schwab, J. J. (1970). *The Practical: A Language for Curriculum.* Washington, D.C.: The National Education Association.

Schwab, J. J. (1971). The Practical: Arts of Eclectic. *The School Review, 79*(4), 493-542.

Schwab, J. J. (1983). The Practical 4: Something for Curriculum Professors to Do. *Curriculum Inquiry, 13*(3), 239-265.

Schubert, W. H. (1986). *Curriculum: Perspective, paradigm, and possibility.* NY: Macmillan.

Schiller, F. (1954). *On the aesthetic education of man.* NY: Dover Publications, Inc.

Schwab, J. J. (1969). "The Practical: A language for curriculum", *School Review, 78*(1), 1-23.

Shoemaker, B. (1989). Integrative education: A curriculum for the twenty-first century. *Oregon School Study Council, 33*(2), 46.

Silvia(2008/7/15). 習慣造就性格，性格決定成敗！隨意窩Xuite日誌 *https://blog.xuite.net/silvia61626/sherry/18157953%E7%BF%92%E 6%85%A3%E9%80%A0%E5%B0%B1%E6%80%A7%E6%A0%BC% EF%BC%8C%E6%80%A7%E6%A0%BC%E6%B1%BA%E5%AE%9A %E6%88%90%E6%95%97%EF%BC%81*

Skilbeck, M. (1984). *School-based curriculum development.* London: Harper & Row.

Snyder, J., Bolin, F., & Zumwalt, K. (1992). Curriculum implementation. In P. W. Jackson (Ed.). *Handbook of research on curriculum*, pp. 402-435. NY: Macmillan.

Slattery, P. (1995). *Curriculum Development in the Postmodern Era.* NY: Garland.

Smith, B. O., Stanley, W. O., & Shores, J. H. (1957). *Fundamentals of curriculum development: Renewal.* NY.: Harcourt, Brace, Jovanovich.

Sowell, E. J. (2000). *Curriculum: An integrative introduction* (2nd ed.). Columbus, PH: Merrill.

Springgay, S., Irwin, R. L., & Kind, S. (2008). A/R/Tographers and Living Inquiry. In J. G. Knowles & A. L. Cole (Eds), *Handbook of the ARTS in Qualitative Research* (pp. 83-92). London: Sage.

Stanley, W. B. (1992). *Educational reconstruction: Promise and challenge.* Albany: State University of New York Press.

Stenhouse, L. (1971). The Humanities Curriculum Project: The rationale. *Theory into Practice, 10*(3), 154-162.

Stenhouse, L. (1975). *An Introduction to Curriculum Research and Development.* London: Heinemann.

353

Stenhouse, L. (1983). *Authority, Education and Emancipation.* London: Heinemann.

Stenhouse, L. (1985). Action research and the teacher's responsibility. In J. Rudduck & D. Hopkins (Eds.). *Research as a basis for teaching: Readings from the work of Lawrence Stenhouse* (pp. 56-59). London: Heinemann.

Taba, H. (1962). *Curriculum development: Theory and practice.* NY: Harcou Brace & World.

Travers, R. M. W. (1973) (Ed.). *Second handbook of research on teaching.* Chicago: Rand McNally.

Tyler, R. W. (1949/1986). *Basic principles of curriculum and instruction.* Chicago: University of Chicago.

Tyler, R. W. (1982). *Basic principles of curriculum and instruction.* Chicago University of Chicago.

Vallanece, E. (2001). Aesthetic inquiry: Art criticism. In E. C. Short (Ed), *Form of curriculum inquiry* (pp.155-172). NY: State University of New York.

Weinert, F. E. (2001). *Concepts of competence: A conceptual clarification.* In D. S. Rychen & Salganik, L. H. (Eds.), *Defining and selecting key competencies* (pp. 45-65). Göttingen, Germany: Hogrefe & Huber.

Williams, R. J. (1967). *You are extraordinary.* New York, NY: Random House.

Willis, P. (2000). *The Echnographic Imagination.* Cambridge: Polity.

Wiles, J. & Bondi, J. (2007). *Curriculum development: A guide to practice* (7th ed.). Upper Saddle River, NJ: Merrill/Prentice-Hall.

Wills, G., Schubert, H. W., Bullough, R. V., Kridel, C., & Holton, J. (1994) (Eds.). *The American curriculum: A documentary history.* Westport: Praeger.

Wittrock, M. C. (1986) (Ed.). *Handbook of research on teaching* (3rd ed.). NY: Macmillam.

Young, M. F. D. (1971). *Knowledge and Control*. London: Macmillan.

Young, M. F. D. (1998). *The curriculum of the future*. London: The Falmer.

國家圖書館出版品預行編目資料

幼兒園課程設計／盧美貴，黃月美，黃秋華
著. -- 初版. -- 臺北市：五南圖書出版股
份有限公司, 2021.03
　　面；　公分
ISBN 978-986-522-450-9 (平裝)

1.學前教育　2.活動課程　3.課程規劃設計

523.23　　　　　　　　　　　110000797

112V

幼兒園課程設計

總 主 編 ― 盧美貴

作　　者 ― 盧美貴、黃月美、黃秋華

發 行 人 ― 楊榮川

總 經 理 ― 楊士清

總 編 輯 ― 楊秀麗

副總編輯 ― 黃文瓊

責任編輯 ― 陳俐君、李敏華

封面設計 ― 王麗娟

出 版 者 ― 五南圖書出版股份有限公司

地　　址：106台北市大安區和平東路二段339號4樓

電　　話：(02)2705-5066　　傳　　真：(02)2706-6100

網　　址：https://www.wunan.com.tw

電子郵件：wunan@wunan.com.tw

劃撥帳號：01068953

戶　　名：五南圖書出版股份有限公司

法律顧問　林勝安律師事務所　林勝安律師

出版日期　2021年3月初版一刷

定　　價　新臺幣480元

經典永恆・名著常在

五十週年的獻禮——經典名著文庫

五南，五十年了，半個世紀，人生旅程的一大半，走過來了。

思索著，邁向百年的未來歷程，能為知識界、文化學術界作些什麼？

在速食文化的生態下，有什麼值得讓人雋永品味的？

歷代經典・當今名著，經過時間的洗禮，千錘百鍊，流傳至今，光芒耀人；

不僅使我們能領悟前人的智慧，同時也增深加廣我們思考的深度與視野。

我們決心投入巨資，有計畫的系統梳選，成立「經典名著文庫」，

希望收入古今中外思想性的、充滿睿智與獨見的經典、名著。

這是一項理想性的、永續性的巨大出版工程。

不在意讀者的眾寡，只考慮它的學術價值，力求完整展現先哲思想的軌跡；

為知識界開啟一片智慧之窗，營造一座百花綻放的世界文明公園，

任君遨遊、取菁吸蜜、嘉惠學子！